RUSSIAGATE

ロシアゲートの闇

現代米国の情報戦を読み解く

小田健

ODA TAKESHI

日本経済新聞出版

はじめに

米国では二〇一六年から二〇二三年にかけて通称〝ロシアゲート〟なる一大政治劇が展開された。二〇一六年大統領選挙において共和党のドナルド・トランプ候補がロシアのウラジーミル・プーチン政権と共謀し、民主党のヒラリー・クリントン候補を落選させるため、あれこれ工作したという疑いが、その核心だ。共謀が真実であれば、トランプ大統領は多くの国民、さらには出身党の共和党の議員からも見放され、任期半ばで弾劾されるか、辞任に追い込まれただろう。

米国司法省、司法省傘下の連邦捜査局（FBI）、司法長官が任命した特別検察官二人、中央情報局（CIA）などの情報機関、議会、さらにメディアが膨大な時間と資源を費やしてその疑惑の解明をめざした。

公的機関による捜査・調査の結果は主に六つの公式報告にまとめられ、公表されている。米国情報機関コミュニティ（情報機関コミュニティとは情報機関の総体を指す）報告、下院情報委員会報告、ロバート・モラー特別検察官報告、マイケル・ホロウィッツ司法省監察総監報告、上院情報委員会最終報告、そしてジョン・ダーラム特別検察官報告だ。合わせると実に膨大な報告で、内容も微に入り細を穿つが、いずれも共謀の証拠を見出すことができなかった。メディアも同様だった。

どのような裁判でも有罪を立証できなければ、被告は無実だ。

ロシアゲートという言葉は、一九七四年にリチャード・ニクソン大統領が辞任するまでに発展したウォーターゲート事件をなぞっている。だが、ロシアゲートはウォーターゲートにはならなかった。空騒ぎに終わった。

トランプ嫌いの人からは、そうした結論はトランプの主張と同じではないかとの批判が出るかもしれない。だが、トランプを好きであるか嫌いであるかに関係なく、客観的にそうであるのだから、そう言わざるを得ない。いかにトランプ嫌いであっても、証拠を示さず「あいつらはやった」と言うことは流言飛語に過ぎない。

なお、トランプは二〇二三年に四件の刑事裁判の被告となり、この原稿の執筆時点では、うち一件について有罪判決を受け量刑言い渡しを待っているが、これらの裁判はロシアとの共謀疑惑とは直接関係がない。

モラー特別検察官が二〇一九年三月に共謀の証拠なしと結論を出した後は、メディアはさすがに、ロシアゲートという言葉を使わなくなった。今では「二〇一六年米大統領選挙へのロシアの介入事件」などといった表現が一般的だ。

トランプは選挙戦の最中も大統領就任後もロシアとの共謀を強く否定したばかりでなく、逆にクリントン陣営とFBIが共謀してトランプ候補・大統領に打撃を与えようとしたとの疑惑を提示し、反撃した。FBIがスパイをトランプ陣営に送り込んでいたとの「スパイゲート」の展開も示唆した。しかし、こちらも結局、不発に終わった。スパイゲートへの捜査機関、メディア、議会での注目度はロシアゲートに比べ圧倒的に少なかった。スパイゲートはクリントン陣営や捜査当局が攻撃対象だったせいかもしれない。

ロシアゲートを総括するにあたって特に二人の人物が果たした役割に注目すべきだと考える。マルタ人教授のジョウゼフ・ミフスード、そして英国の情報機関MI6のロシア担当だった英国人クリストファー・スティールだ。

ロシア人と接触していたミフスードは、本人は否定しているが、ロシアがクリントン候補に不都合なeメールを大量に入手し、それをインターネットで漏洩することでトランプ候補を支援するとの情報をトランプ陣営幹部に伝えた。この情報がFBIに伝わり、FBIが共謀の可能性を追及する捜査に着手した。

スティールは、クリントン陣営からトランプ候補のいわばあら探しをする調査を引き受け、ロシアとトランプ陣営が共謀してクリントン候補を蹴落とそうとしたとの報告をまとめた。米国の捜査当局がこの報告に注目、捜査に力を入れた。

ミフスードがロシアゲート捜査の引き金を引き、スティールが捜査に勢いを付けた。二人の間に接点はなく、それぞれ個別に動いていたと思われるが、二人はロシアゲート捜査を推し進めた車の両輪だった。

一連のドタバタ劇によって米国政治、社会の様々な問題点が浮かび上がった。反トランプ勢力とトランプ支持者の対立、我田引水があからさまに横行する党派政治、慎重を期したつもりが杜撰で政治的偏向を疑わせた捜査、首都ワシントンDCを舞台にした情報工作員の暗躍、そして時に真実から遠ざかり、意図的ではないにせよ党派政治に関与した有力紙を含めたメディアの報道だ。

一方で、そうした潮流に疑問を抱く人たちが官民それぞれにいて、検証作業が行われたことも指摘しなければならない。米国社会の奥深さを感じさせてくれる。

ロシアゲートをめぐる顛末は今では過去の話となってしまった感があるが、特に米国の現代政治におけるすさまじい情報戦についてのケース・スタディとして有効であると考える。

出版にあたっては、日経BPの堀口祐介氏と渡辺一氏に細部にまで目配りしていただいた。感謝を申し上げたい。

二〇二四年十月

小田　健

目次

第4章　ブレナンCIA長官の意気込み

第7章 共謀を確認できなかったモラー報告 —— 143

第8章 「捜査を捜査する」 205

第1章　ロシアゲート物語の全体像

ドナルド・トランプが意図せずして主人公を演じることになったロシアゲート※物語には多数の人物、団体が登場し、それらが複雑に絡み合い、物語の全体像は容易に掌握できるものではない。そこでまず、物語の展開を時系列に沿ってできるだけ簡潔にまとめてみた。

始まりは二〇一六年六月、民主党の事務局的存在の民主党全国委員会（DNC）※※がロシアのハッカーによる攻撃を受けたと、DNCから調査を依頼された民間サイバーセキュリティ会社のクラウドストライクが発表したことだ。その後、夏にかけ、ハッキングされたとみられるDNC幹部のeメールがいくつかのウェブサイトを通じて次々と漏洩した。ほぼ同時に連邦捜査局（FBI）がオーストラリア政府からロシアとトランプ陣営の共謀※※※を疑わせる情報を入手し、極秘でトランプ選挙対策本部（以下、トランプ陣営とも表記）の幹部を対象に捜査を開始した。

DNCへのハッキング問題は、中央情報局（CIA）、国家安全保障局（NSA）などの米情報機関が合同で二〇一七年一月六日にロシア情報機関の仕業であると結論を出しほぼ決着した。これは「情報機関コミュニティ評価（ICA）」と呼ばれる。

一方、共謀疑惑については、英国MI6（秘密情報部＝SIS）の元ロシア担当、クリストファー・スティールが順次作成した調査報告の全容が二〇一七年一月一〇日に報じられ、一気に盛り上がり、蜂の巣をつついたような大騒ぎとなった。この報告はメディアでは「スティール文書（Steele dossier）」と呼ばれ、トランプ陣営とロシア政府との間に共謀が存在すると断言していた。

ドナルド・トランプ
写真提供：共同通信社

トランプは二〇一七年一月二〇日に大統領に就任、一期四年、政権を担ったが、それは共謀疑惑との戦いの四年間でもあった。トランプ政権発足後もFBIは捜査を継続したが、嫌疑なしという結論を出さないことに怒ったトランプ大統領は同年五月初め、FBIのジェームズ・コミー長官を解任する挙に出た。これに対し議会、メディアではトランプ批判が渦巻き、独立した組織による捜査を求める声が高まった。そこで司法省は同年五月中旬、ロバート・モラーを特別検察官※※※に任命、捜査を進めた。

※**ロシアゲート（Russiagate）**
一九七二～七四年のリチャード・ニクソン大統領による陰謀事件であるウォーターゲート事件になぞらえた用語。モラー特別検察官が捜査したのは、表向きにはロシアによる米大統領選への介入についてだが、メディアが使ったロシアゲートという呼称には、トランプ大統領がロシアと共謀するという罪を犯したという意味合いが込められている。従っ

て、モラー報告などで共謀の存在が否定された以上、ロシアゲートという言葉は無効になったはずだが、日本ではモラー報告以降も、この言葉が使われ報道された。

ウォーターゲート事件は、ニクソン大統領の選挙対策本部が雇った五人が一九七二年六月一七日にワシントンのウォーターゲート・ビルにあった民主党全国委員会（ＤＮＣ）の事務所に侵入、電話に盗聴器を仕掛けようとしていたところを現行犯逮捕されたことがきっかけ。ＦＢＩや議会が捜査・調査に乗りだしたが、ニクソン大統領本人を含め政権幹部が捜査を妨害、そのことが明るみに出て、結局、大統領は一九七四年八月、辞任した。

※※民主党全国委員会（Democratic National Committee：ＤＮＣ）

米国民主党の全国組織で、大統領選挙を含め各種選挙での党候補の支援、党勢拡大、選挙資金調達などにあたる。四年に一度、大統領選候補者を決める党大会を運営、その際、党綱領の作成にも関与する。ただし、その委員長は日本の自由民主党総裁や立憲民主党代表のような実質的な政治権力を持たず、党運営の事務局長的存在。共和党には同様に共和党全国委員会がある。

※※※共謀（collusion / conspiracy）

日本語の共謀に相当する英語単語には collusion と conspiracy がある。その意味の違いは英語でも日常的にはほとんどないが、法的観点からは一点だけ決定的な違いがある。米国の刑法上、conspiracy 罪はあるが、collusion 罪はない。従って厳密に犯罪としての共謀を語る場合は conspiracy が使われる。メディアでは collusion が頻繁に登場、その場合、conspiracy の意味を含めて使われているように思われる。本書もそれに倣った。

別途、調整・協調（coordination）という言葉も時々登場する。ロッド・ローゼンスタイン司法副長官がモラー特別検察官任命にあたって発出した指示書には、ロシア政府とトランプ陣営の間のすべての coordination を調べるようにとある。元々善悪の道徳的判断を含んだ言葉ではないが、一連の報道では collusion の意味が込められている場合もある。

※※※※特別検察官（Special Counsel）

司法省自身が事件の利害相反に関係する場合、あるいは司法省の外から捜査官を起用することが「公的利益になる」場合に任命される。一九八〇年までは Special Prosecutor と呼ばれた。それも日本では特別検察官と訳された。

ロシアゲート関連の捜査ではロバート・モラーとジョン・ダーラムの二人が特別検察官に任命された。モラーは二〇一七年五月から二〇一九年三月まで、ダーラムは二〇二〇年一〇月から二〇二三年五月まで捜査した。（ただし、ダーラムはコネチカット州連邦検事としての肩書きで二〇一九年四月から関連捜査を始めていた）

モラー特別検察官は一年一〇カ月を費やして捜査、二〇一九年三月に終了した。その結論は共謀の証拠なし。これでロシアゲート物語に大きな区切りが付いた。

しかし、モラー特別検察官は共謀疑惑のほかにトランプ大統領によるFBIの捜査への妨害があったかどうかも捜査、その結果、明言を避けながらも、妨害があったことを強く示唆した。なお、ここで言うFBIの捜査とは、モラー特別検察官がそれを引き継ぐ前の二〇一六年七月末から二〇一七年五月中旬までのFBI単独の捜査を指す。

議会の民主党議員と主要メディアの多くは、モラー報告に乗じてトランプ攻撃の矛先をロシアとの共謀疑惑から司法妨害容疑へ変えた。いわばゴールポストを移動させ、とにかくトランプ大統領を窮地に追い込み、あわよくば弾劾、そして解任に持ち込もうと試みた。だが、結局この試みも実らなかった。

FBIの捜査については、逆にFBI自身が政治的に偏向していなかったか、つまりトランプつぶしを目的に捜査したのではないかとの疑問が共和党議員などから出されたため、マイケル・ホロウィッツ司法省監察総監が二〇一八年から二〇一九年にかけ調査した。その結果、FBIがスティール文書にあるセンセーショナルな内容の検証を怠りスティール文書に過度に依存していたことなど、杜撰な捜査実態が明らかになった。

しかし、監察総監はFBIの捜査が政治的に偏向していたとの結論は出さなかった。これに納得しなかったウィリアム・バー司法長官がトランプ大統領の意を受けて、二〇一九年五月、ジョン・ダーラム検事に改めてFBIの捜査についての検証を指示、二〇二〇年一〇月には彼を特別検察官に格上げして、監察総監とは別の観点から検証を続けた。

ダーラム特別検察官はほぼ四年後の二〇二三年五月に報告を出して捜査を終えた。彼は監察総監とは

表1　司法当局と議会の主なロシアゲート調査報告

(1)　情報機関コミュニティ評価

原題　Assessing Russian Activities and Intentions in Recent US Elections
2017年1月6日発表
https://www.dni.gov/files/documents/ICA_2017_01.pdf

(2)　ロバート・モラー特別検察官報告

原題　Report On The Investigation Into Russian Interference In The 2016 Presidential Election
2019年4月18日発表
https://www.justice.gov/storage/report_volume1.pdf
https://www.justice.gov/storage/report_volume2.pdf

(3)　マイケル・ホロウィッツ司法省監察総監報告

原題　Review of Four FISA Applications and Other Aspects of the FBI's Crossfire Hurricane Investigation
2019年12月9日発表
https://oig.justice.gov/reports/2019/o20012.pdf

(4)　ジョン・ダーラム特別検察官報告

原題　Report on Matters Related to Intelligence Activities and Investigations Arising Out of　the 2016 Presidential Campaigns
2023年5月15日発表
https://www.justice.gov/storage/durhamreport.pdf

(5)　上院情報委員会報告第1巻～第5巻

原題　Russian Active Measures Campaigns and interference in the 2016 U.S. Election, Report Volumes I-V
最終第5巻は2020年8月18日発表
(第1巻は2019年7月25日発表。その後累次発表)
https://www.intelligence.senate.gov/publications/report-select-committee-intelligence-united-states-senate-russian-active-measures

(6)　下院情報委員会報告

原題　Report on Russian Active Measures
2018年4月27日発表
https://apps.npr.org/documents/document.html?id=4448589-Hpsci-Declassified-Committee-Report-Redacted
同委員会の民主党議員は多数派の共和党議員が一方的に報告をまとめたと反発、同日、別途「少数派の見解」を発表。

違ってFBIの捜査には重大な欠陥があったと厳しく批判、政治的に偏向していたことを示唆したが、明言はしなかった。

一方、司法当局とは別に議会も積極的に真相解明にあたった。議会の主役は上下両院の情報委員会。二〇一七年一月の情報機関コミュニティ評価（ICA）報告発表を受けて両委員会が調査に着手した。

司法当局の捜査と議会の調査の違いだが、司法当局は犯罪捜査の観点に立ち、容疑が固まれば、大陪審を経由して起訴に持ち込む。議会は犯罪捜査の観点よりも、米国の政治への影響を明らかにするという観点から関係者を証人として喚問し、証言を得る。議会は偽証がない限り起訴に持ち込む権限を持たない。

議会の調査は共和党と民主党の思惑の違いから紆余曲折を経たが、上院情報委は超党派で膨大な量に及ぶ調査結果を逐次まとめ発表、二〇二〇年八月一八日に最終第五巻の報告を発表し、作業を終えた。

下院情報委も独自に調査を続け、二〇一八年四月二七日に多数派の共和党議員がまとめた報告の発表に漕ぎ着けた。しかし、民主党議員がその内容に強く反発、両党の見解の違いが浮き彫りになった。これら議会の報告は、ロシアによる選挙介入を認定したが、トランプ陣営とロシアの共謀を指摘することはなかった。司法当局の結論と同じである。

こうしてロシアゲート物語はほぼ終了した。その後もダーラム特別検察官が起訴に持ち込んだ三人の裁判やトランプがロンドンで起こした名誉毀損裁判が進行したが、二〇二四年秋の時点でロシアゲートを総括するには十分な情報がそろったと考える。

第2章　介入疑惑の発生

二〇一六年米大統領選挙においてドナルド・トランプ陣営がロシア政府と共謀してヒラリー・クリントン候補の勝利を阻止しようと動いたとの共謀疑惑が持ち上がった経緯には三つの出来事が関係する。

第一に、民主党の全国組織である民主党全国委員会（DNC）が二〇一六年六月一五日、クラウドストライクを通して自分たちのコンピュータ・サーバーがロシア情報機関によってハックされたと発表したこと。

第二に、オーストラリア政府が二〇一六年七月下旬に米政府に対し、ロシア当局がクリントン候補に打撃を与える情報を公にし、大統領選に介入するかもしれないと通報してきたこと。

第三は、英国の対外情報機関MI6の元ロシア担当、クリストファー・スティールがロシア当局とトランプ陣営の共謀の存在を指摘する報告をまとめたこと。スティールはクリントン陣営とDNCからの委託で二〇一六年六月から一二月にかけ順次、調査報告を書いた。その全文が二〇一七年一月、一部黒塗りで報じられた。

ロシア当局による民主党に対するハッキング、オーストラリア政府からの通報、スティール文書の三点があって、ロシアゲートは始まり、進行した。

〔A〕民主党に対するハッキング

DNCが二〇一六年四月下旬にサーバーからeメールが外部に流出していることに気付き、民間サイバーセキュリティ会社のクラウドストライクに調査を依頼した。調査の結果、ロシア軍情報機関がハッキング攻撃を仕掛け、eメールを盗んだとの結論を出した。

このニュースを特報したのは二〇一六年六月一四日のワシントン・ポスト(1)。同紙によると、クラウドストライクは、ロシアの二つの情報機関が使う「コージー・ベア Cozy Bear」と「ファンシー・ベア(Fancy Bear)」と呼ばれるマルウエア(不正ソフト)がDNCのコンピュータに侵入したと指摘した。ファンシー・ベアにはロシア軍参謀本部情報総局(GRU)※、コージー・ベアには連邦保安庁(FSB)、あるいは連邦対外情報庁(SVR)※※が関与しているという。ただし、クラウドストライクは、これらマルウエアとロシア情報当局との関係を示す具体的証拠は示さなかった。ワシントン・ポストの特報は、翌一五日にクラウドストライクの発表によって確認された(2)。

クラウドストライクによると、ハッキングの対象になったのは、DNCの幹部職員七人のサーバーで、二〇一五年一月から二〇一六年五月にかけて彼らが送信したeメールが流出した。DNCとメディアとのやり取り、クリントン陣営の選挙活動、民主党でクリントン候補と指名争いを演じていたバーニー・サンダース候補の陣営の選挙運動、各候補への寄付金、寄付者名簿などに関する情報が含まれていた。

ハッキングの犯人とされたロシアの二つの集団は、サイバーセキュリティ業界ではAPT28とAPT29としても知られている。APTとはAdvanced Permanent Threat（高度永久脅威）の略で、APT28はファンシー・ベア、APT29はコージー・ベアとされる。APT29は少なくとも二〇一五年夏から、APT28は二〇一六年四月からDNCのコンピュータに侵入していた。両者は別々に行動しており、相互に協力していたわけではないという。

クラウドストライク報告は基本的には技術的分析の記述であり、そこにはロシア当局がトランプ陣営

※**ロシア軍参謀本部情報総局（GRU）**
国防省・軍の対外軍事情報機関。二〇一〇年にそれまでの「参謀本部総情報局（GRU / ГРУ＝ロシア語読みはゲーエルウー）」から改称され、正式名称は、Главное управление Генерального штаба Вооружённых сил Российской Федерации で、文字通り訳せば「ロシア軍参謀本部総局」。略称は、GU / ГУ（ロシア語読み「ゲーウー」）。しかし、それでは対外軍事情報機関であることがわかりにくいためか、ロシア内外で従来のGRUが通称として使われ、日本では「ロシア軍（参謀本部）情報総局」と表記されることが多い。

※※**ロシア連邦保安庁（FSB）と対外情報庁（SVR）**
両機関ともソ連時代の強大な国家保安委員会（KGB / КГБ）がソ連崩壊の過程で分割、改組され、発足した。
FSBは、KGBの主な機能だった国内の保安維持機能を引き継いだ。正式名称は、Федеральная служба безопасности Российской Федерации で、略称 FSB / ФСБ（ロシア語読み「エフエスベー」）。
対外情報庁は、KGBが担っていた対外情報の収集、外国での諜報活動を引き継いだ。米国のCIAに相当。正式名称はСлужба внешней разведки Российской Федерации で、略称 SVR / СВР（ロシア語読み「エスベーエル」）。

と共謀しているなどといった指摘は一切ない。クラウドストライクの分析結果は、FBIなど米情報機関コミュニティも二〇一七年一月六日の報告で(3)、さらに二〇一七年五月に任命され共謀疑惑を捜査したモラー特別検察官も二〇一九年三月の報告で同じ見解を示している(4)。加えてフィデリス・サイバーセキュリティ、マンディアントといった米国のほかのサイバーセキュリティ会社も支持している(5)。従ってこれが定説と言ってよい。

〔B〕 ロシア犯行説への疑義

ところがその定説にも異論はある。一つは、「グシファー2・0／Guccifer 2.0」を名乗るハッカーからの異論。もう一つは、米国の元情報機関職員グループからの異論だ。

1 ―― グシファー2・0の犯行声明

グシファー2・0のグシファーとは、ルーマニアの著名なハッカー、マルセル・ラザー・レヘルが使っていた名前。レヘルはジョージ・W・ブッシュ大統領の側近や家族、クリントン一家の親友らのeメールをハックしたことで知られ、二〇一六年九月一日に米国での裁判で懲役五二カ月の判決を受けた。

そのグシファー2・0が、クラウドストライクの発表と同じ六月一五日に、ハッキングはロシア情報機関ではなく、自分がやったとワードプレスというウェブサイトで名乗り出た。そして実際にハックしたeメールを公表した。

それらのeメールには、民主党への寄付者の名簿などDNCの内部メモ、そして二〇一五年一二月以降にDNCが実施したトランプ陣営に関する調査報告の内容が含まれる。グシファー2・0はさらに、大量の文書を情報漏洩団体のウィキリークスに渡したので、ウィキリークスが近く公表すると予告した(6)。実際、ウィキリークスは七月二二日にそれまでに未公表のeメールを暴露した。

こうしてグシファー2・0、ウィキリークス、さらにはDCリークスといったハッカーおよび情報漏洩団体が六月から七月にかけて、それぞれのウェブサイトで、eメールを公表した。その数、合わせて一万九二五二通、添付文書八〇三四件という。ウィキリークスはその後も二〇一六年一一月六日に新たなeメールの漏洩を追加した。

グシファー2・0は、自分はロシア情報機関でないと主張、ウィキリークスを率いるジュリアン・アサンジもeメールの入手先はロシアではないと述べた。また、ウィキリークスの協力者、クレイグ・マレー元英国駐ウズベキスタン大使はeメールがワシントンでリークされたと明言した。

しかし、米情報機関や捜査当局の判断は、ロシア犯行説で揺るぎない。二〇一七年一月の米情報機関コミュニティ評価（ICA）報告は、グシファー2・0がGRUであると指摘し、ロバート・モラー特別検察官は二〇一八年七月一三日にロシア人一二人をGRUのエージェントだとして大陪審を通じて起訴した。米当局の技術的分析の詳細は不明だが、ロシア当局によるハッキング説を支える一つの根拠として、グシファー2・0が暴露したeメールのメタデータ※の中に、ロシア語で**Феликс Эдмундович**

※**メタデータ**
データを説明する付属情報のことで、eメールのメタデータは一般的に、eメールの題名、送信者、宛先、送信日時、送信側と受信側のサーバー名、IP、フォーマットなどの情報を指す。

ヒラリー・クリントン
写真提供：共同通信社

Дзержинский（フェリクス・エドムンドビッチ・ジェルジンスキー）※というロシア革命家の名前が記述されていたことが指摘されている。

eメールの暴露でDNCは激震に見舞われた。DNCの幹部が予備選挙の際にクリントンの対立候補であるバーニー・サンダースを不利な立場に追い込み、クリントンに有利になるよう活動していたことが明るみに出た。例えば、南部諸州では候補者のキリスト教信仰の程度が問題にされることを考慮して、DNC内部ではサンダースの信仰の薄さを訴えられないかといったやり取りがあった。各候補に中立であるべき党本部が特定の候補を支持していたということになる。

eメールの暴露を受けてサンダース候補に批判的だったデビー・ワッサマン・シュルツDNC委員長が党全国大会開幕の前日の二〇一六年七月二四日に辞任した。大会閉幕後もDNC幹部が相次いで辞任、余波が続いた。暴露されたeメールの中には、クリントン陣営とサンダース陣営が党の資金の配分をめぐり対立した際、クリントン陣営の顧問弁護士がDNCにサンダース陣営からの批判を一蹴するよう求めるeメールもあった。ただし、批判されたのはDNCだ。クリントン陣営が不当な圧力をかけていたとはみなされなかった。

クリントン陣営は、サーバー攻撃とeメールの漏洩に乗じて、民主党全国党大会（二〇一六年七月二五～二八日）が近づくにつれ、トランプ候補が対ロ融和的だとの批判を強め始めた。トランプへの票はロシアへの票だとのキャンペーンを展開し、ニューヨーク・タイムズなどにも同様の論調の記事が目立ち始めた。

2 ── 元米情報機関職員集団の異論

クラウドストライクと米当局によるロシア当局ハッキング説に対しては、VIPSなる元米情報機関職員のグループもグシファー2・0とは異なる観点から異論を唱えている。VIPSはそもそも、DNCのサーバーが外部からハックされたことを否定する。ではデータがどのように盗まれたと言うのかというと、DNCの内部で記憶装置のUSBを使って抜き取られたと主張する。

VIPSは「正気のための元情報専門家（Veteran Intelligence Professionals for Sanity）」という専門家集団。彼らは国家安全保障局（NSA）やCIAの元情報機関専門家らだから、その見解を一概に無視できないように思われる。

VIPSは二〇一六年一二月一二日に独自の分析結果を発表、二〇一七年七月二四日にその分析結果を大統領に送付(7)、またその後もメディアを通じて見解を明らかにしてきた(8)。

これらの情報を合わせると、二〇一六年七月五日にグシファー2・0がDNCのサーバーに侵入した際のデータの量、ハックした場合の伝送速度、時間、メタデータを分析した結果、DNCのコンピュー

※フェリクス・エドムンドビッチ・ジェルジンスキー（Феликс Эдмундович Дзержинский）
一八七七年、ロシア帝国下の今のポーランド生まれのボリシェビク革命家で、秘密警察の「全ロシア反革命運動・怠業取締非常委員会（略称チェーカー、またはベーチェーカー）」初代委員長。なお、ロシア人の名前ではミドルネームに父称（父親のファーストネームに由来。ジェルジンスキーの場合は、エドムンドビッチ）が英米に比べ頻繁に使われるが、本書ではロシア人名の表記にあたっては父称を省いた。

タに物理的にアクセスできる人物が外部保存装置にデータをコピーして盗み出したという結論になる。また、その人物はロシアがそれを実行したように見せかける情報をメタデータに挿入する工作をした。その一つがロシア語でジェルジンスキーという名前を残したこと。ロシア当局が犯人であるなら、自分の正体を明かすような情報をメタデータに残すはずがないとVIPSは主張する。

VIPSの分析によると、七月五日の夜にDNCのサーバーから一九七六メガバイトのデータがダウンロードされた。ダウンロードには八七秒かかっており、一秒当たり二二・七メガバイトとなる。だが、二〇一六年半ばの時点では、どのインターネット・サービス・プロバイダーもこの速度でのダウンロードを提供できなかった。

グシファー2・0はルーマニアからハックしたと主張しているが、そうだとするなら、もっと時間がかかっているはずだという。最新のサーバー速度の下で近距離間、同量のデータをダウンロードする速度は一一・八メガバイト／秒で、二二・七メガバイト／秒のダウンロードは不可能だとVIPSは言う。一方、USB－2・0フラッシュ・デバイスを使えば、二三メガバイト／秒のダウンロードができる。また、七月五日のメタデータを解読すると、ダウンロードは米国東部時間のおよそ午前六時四五分に発生したと記録されている。つまり操作した場所は、ロシアでもルーマニアでもないということになる。

さらにグシファー2・0が二〇一六年六月一五日に公表した文書には、「マーブル・フレームワーク」というサイバー・ツールを使ってロシアの仕業と見せかける操作が施されていたという。これはCIAがハッキングを自由自在に他人の仕業と見せかける技術として開発したソフトウエアで、その存在はウィキリークスが二〇一六年三月三一日に「ボールト7／Vault 7」と名付けて公表している(9)。

VIPSの結論は要するに、グシファー2・0はデータをハックではなく、コピーして盗んだということになる。そのデータの盗難をロシアの仕業であると見せかけ、非難の矛先をロシアに向かわせる工作があった。また、データのコピーと工作は米東海岸で実行され、ウィキリークスにはDNCの内部の者が抜き取ったデータが届けられたともいう。何か壮大な陰謀があったかのようである。

こうなると、コンピュータの専門家でない第三者としては、クラウドストライクや米情報機関・捜査当局とVIPSのどちらが正しいのか判断しかねる。実は、モラー特別検察官はアサンジにもマレーにも事情聴取していない。またFBIはハックされたというDNCのサーバーを直接、調べていない。

DNCはサイバー攻撃を受けたことに気付き、クラウドストライクに調査を依頼したが、警察、つまりFBIには捜査を依頼しなかった。そのためFBIがハックされたというコンピュータ機器を押収し自ら調べることはなかった。

FBIはクラウドストライクから調査資料の提供を受け、同じ結論に達したという(10)。(FBIのハッキングへの対応については、第8章「[C] 5 サーバーを直接調べなかったFBI」を参照のこと)民間会社もおそらくFBI同様、資料提供を受け、間接的に調べた上で結論を出したのだろう。

DNCのeメールがコピーされたとの説に関連して、それを実行し、ウィキリークスに流した人物は、DNC職員のセス・リッチだとの噂が一時流れた。FOXニューズが二〇一七年五月一六日に「連邦捜査官」の話として伝えた。

リッチは二〇一六年七月一〇日早朝にワシントン近郊の通りで銃撃を受け死亡した。犯人は捕まっていない。FOXによると、FBIがリッチ殺害事件の直後にリッチのコンピュータを調べ、リッチとウィキリークスの間のeメールのやり取りを発見、捜査官が両者の間でやり取りされたeメールを閲覧した。またFBIはそれらeメールを保管している。FBIはその後、捜査をやめてしまったという。

リッチ殺害事件は発生直後にはあまり注目されなかったが、ウィキリークスのアサンジが二〇一六年八月九日、ツイッター（現X）でリッチ殺害犯につながる情報の提供に二万ドルを出すと書き込んだことで、このeメール事件との関わりが取りざたされるようになった。元々アサンジはロシアからeメールを得てはいないと述べており、この書き込みはアサンジがリッチからeメールを受け取ったことを示唆しているのではないかと受け止められた。

FOXの報道に対しリッチの両親は事実無根だとして同社や執筆記者を批判した。これに対し、FOXは十分な検証に基づく記事ではなかったとして記事が報じられてから一週間後に記事を取り下げた。両親はその後、FOXを名誉毀損で訴えたが裁判官は両親の名誉が毀損されたわけではないとして訴えを却下した。FOXが記事を取り下げた以上、リッチがDNCのeメールをウィキリークスにリークしたとの説は根も葉もない話ということになる。

3 ― クラウドストライクへの疑義

最後に、DNCのサーバーの分析にあたったクラウドストライクが政治的に中立な会社とは言えないとの指摘があることを紹介しておきたい。

クラウドストライクの共同設立者、ディミトリ・アルペロビッチはロシア批判で有名なシンクタンク、アトランティック・カウンシルの上級研究員だ。

さらにクラウドストライクの分析能力が今一つ信用できないとの指摘もある。その一例とされるのがウクライナ軍の兵器に関する分析の過ちだ。

米政府が運営する報道機関、ボイス・オブ・アメリカ（アメリカの声）の二〇一七年三月二一日の報道によると、クラウドストライクは二〇一六年二月、ロシア軍がXエージェントと呼ばれるソフトを使ってウクライナ東部に展開するウクライナ軍の位置特定アプリをハックし、ウクライナ軍の榴弾砲※D－30を大量に破壊、大きな損害を与えたと発表した。ロシアが支援する勢力が二〇一四年七～八月にウクライナ軍と戦闘を繰り広げた際のことだという(11)。

クラウドストライクはその際、ウクライナ軍の榴弾砲が大幅に減少し、同部隊が縮小した根拠として英国の国際問題戦略研究所（IISS）が作成したデータを使った。しかし、IISSはウクライナ軍の榴弾砲がロシアの攻撃により大量に破壊され、減少したとの結論を出したことがないと発表した。

IISSの説明では、榴弾砲は減少したがロシア軍による攻撃が理由ではなく、部隊や兵器の「再配置」による結果であり、しかもその減少はウクライナ東部ドンバス地方での戦闘が発生する前のことだった。さらに、当のウクライナ国防省も、クラウドストライクが指摘するような榴弾砲の減少はなかったし、ハッキングもなかったと発表した。クラウドストライクの面目丸つぶれだ。同社はウクライナ軍当局からもIISSからも話を聞いていなかった。

クラウドストライクの分析力に疑義を示す人たちは、この一件が民主党関係者へのサイバー攻撃という分析と無関係ではないとみている。

クラウドストライクはDNCへのサイバー攻撃について当初、ロシアの二つの集団、ファンシー・ベ

※榴弾砲
火砲の一種で、比較的低速、高弾道で砲弾を撃ち込む。カノン砲（野戦砲）と迫撃砲の中間的存在。榴弾砲D－30はソ連製で、砲弾の口径は一二二㎜。

アとコージー・ベアのハッキングによるとの判断について、「中程度の自信」を持っていると説明した。しかし、二〇一六年一二月には自信の程度を引き上げ、その見解についてわざわざ「高度の自信」を表明した。自分たちの言っていることは間違いないというわけである。

自信を深めた理由について同社は、二〇一四年にウクライナ軍のアプリに入り込んだ不正ソフトがロシア軍事情報当局の二つの集団にのみ特徴的なXエージェントであったからだと説明した。つまりウクライナ軍へのハッキングとDNCに対するハッキングはいわば同じ手口による犯行で、ウクライナ軍へのハッキングがロシア当局によるのだから、DNCへのハッキングもロシア当局による犯行だという結論のようだ。

ところが、ウクライナ軍へのサイバー攻撃そのものがなかったのだから、その攻撃を根拠にロシア当局がDNCをサイバー攻撃したと自信を深めて言うことはできなくなる。

さらにサイバーセキュリティの多くの専門家によると、Xエージェントはファンシー・ベアなどだけが使うソフトではない。このソフトが一旦サイバー空間に広がると、誰でもそれを使用できる。リバース・エンジニアリングという手法やコピー、修正によって誰でも繰り返し使用できる。こうした指摘が的を射ているならば、サイバー攻撃がロシア当局による犯行だという説は揺らぐ。

第3章　FBI、捜査に乗り出す

民主党全国委員会（DNC）のサーバーがロシア当局によってハックされたとクラウドストライクが発表し、グシファー2・0などが盗んだ情報を暴露し始めたが、当初はまだ、これらの動きはロシアによる一方的な選挙妨害であると受け止められ、ドナルド・トランプ陣営と共謀しているかもしれないという疑惑は浮上していなかった。

しかし、メディアでは頻度は少ないが二〇一六年夏頃から「共謀（collusion）」の可能性への言及が散見されるようになった。

例えば、ニューヨーク・タイムズのマギー・ヘイバーマン記者は七月二九日、CNNの番組に出演し、「ヒラリー・クリントン陣営は基本的にはトランプとロシアの間に共謀が存在すると言っている。ただし彼らは証拠を持ち合わせていない」と述べた(1)。

アレクサンダー・ダウナー
写真提供：サン・テレフォト＝共同

トランプ候補が七月二七日の記者会見で、クリントン候補が国務長官時代に個人のパソコンを使って国家機密を含めたeメールをやり取りし、それらが行方不明になっている問題を取り上げ、「ロシアよ、(行方不明の) 三万件のeメールを見つけてくれ」と挑発的なことを述べ、そうした観測を刺激したようだ。

七月末の時点ではロシアがトランプ陣営に肩入れしているかもしれないといった指摘が広く注目されることはなかった。根拠がない以上、単なる推測に過ぎなかったからだ。

だが、七月末からは一般の国民の目に触れない水面下で、別途、共謀の可能性を示唆する情報を手に入れたFBIやCIAが動き始めた。ロシアによる二〇一六年米大統領選介入およびロシアとトランプ陣営との共謀疑惑の捜査は、三段階に分けられる。

二〇一六年七月三一日にFBIが捜査に着手、翌二〇一七年五月半ばまで単独で捜査した。それ以降は、モラー特別検察官がFBIの捜査を引き継ぎ、二〇一九年三月に終えた。さらに二〇一九年五月からはジョン・ダーラムが当初は連邦検事の身分で、その後、二〇二〇年一〇月から特別検察官として二〇二三年五月まで追加で捜査した。当局による捜査はほぼ七年間続いたことになる。

[A] クロスファイア・ハリケーンの特別班発足

FBIは二〇一六年七月三一日、特別捜査班を組んで「クロスファイア・ハリケーン」※と名付けた捜査に着手した。

既にロシアによるDNCに対するハッキングの情報が流れ、盗まれたeメールが漏洩していたという状況の中で、オーストラリアのアレクサンダー・ダウナー駐英大使※※から七月二六日に一件の情報が米政府に伝えられた。これがFBIのクロスファイア・ハリケーン捜査着手の引き金となった。

マイケル・ホロウィッツ司法省監察総監の報告には、FBI本部で七月二八日から三一日まで外国政府（つまりオーストラリア政府）から伝えられた一つの情報について協議したとある。ビル・プリスタップ防諜担当長官補が主査役だった。プリスタップによると、ジェームズ・コミー長官とはこの捜査に着手する前には話をしていないし、長官は捜査着手の決定には関与していないという(2)。

モラー報告第一部八九ページの脚注四六五には、FBIは外国政府（つまりオーストラリア政府）からの情報を受けて「ロシアとトランプ陣営の間の協力の可能性について」捜査を始めたと記述されている。

※**クロスファイア・ハリケーン（Crossfire Hurricane）**
「十字砲火の嵐」という意味。米国の報道では、英国のロックバンド、ローリング・ストーンズの歌の中にあるI was born in a crossfire hurricaneという歌詞から取ったとされている。厳密にはクロスファイア・ハリケーンはトランプ陣営とロシアの関係を対象とする捜査のコードネーム（内輪の名称）で、捜査班の名称ではない。

※※**オーストラリア駐英大使**
ダウナーの英国における正式な肩書きはHigh Commissioner（高等弁務官）でAmbassador（大使）ではない。旧大英帝国の諸国で構成する英連邦（Commonwealth of Nations）内の外交代表は相互にHigh Commissionerと称され、オーストラリアもその呼称を使用している。ただしその地位は一般の大使と同じであり、本論ではダウナー大使と表記した。

オーストラリアが米国に伝えた情報とは、ダウナー駐英大使が二〇一六年五月にロンドンでトランプ陣営の外交政策顧問のジョージ・パパドプロスと酒席をともにした際に出た一言だ。パパドプロスは、ロシア当局がクリントン候補に打撃を与える情報を持っており、それを匿名で漏洩するだろうと語ったというのだ。

ＦＢＩが捜査に着手したきっかけがダウナー大使からの情報提供だったことは、ニューヨーク・タイムズが二〇一七年一二月三〇日に報じる(3)までは、一般には知られていなかった。二〇一七年一月一〇日に英国の情報機関ＭＩ６の元ロシア担当だったクリストファー・スティールによる調査報告が公にされていたことから、二〇一七年一二月三〇日まではスティールがＦＢＩに情報を提供し、それが捜査着手のきっかけだと思われていた。

［Ｂ］　オーストラリア大使からの重大情報

ダウナー大使とパパドプロスの懇談については、モラー、ダーラムの両特別検察官報告のほか、ホロウィッツ司法省監察総監報告、上院情報委員会がまとめた報告が詳しく言及している。さらにダウナー大使がメディアのインタビューに答え、説明している。この懇談は、ＦＢＩがロシアゲート捜査着手のきっかけになった極めて重要な出来事だ。話は長くなるが、ダウナー大使とパパドプロスとの懇談について触れる前にまず、パパドプロスの人物像、さらにダウナー大使に伝えたとみられるクリントンに打撃を与える情報をロシアが持っているという話をパパドプロスが誰からどのようにして得たかについて紹介しておきたい。

1　パパドプロスとミフスード

パパドプロスはギリシャ系米国人で一九八七年八月、シカゴ生まれ。シカゴにあるデポール大学とユニバーシティ・カレッジ・ロンドンを卒業、米ハドソン研究所での無給インターンなどを経て二〇一六年二月から「ロンドン国際法センター（LCILP）」という研究所に入った。主に中東やエネルギー問題などの専門家だった。そして二〇一六年三月初めにトランプ陣営の外交政策顧問に採用された。

二〇一六年の大統領選予備選段階では当初、共和党のベン・カーソン候補の陣営にいたが、二月にカーソン陣営から抜け、LCILPに移った。カーソンは三月初めに選挙戦から撤退した。

モラー報告によると、パパドプロスはロンドンからトランプ陣営幹部に採用してくれるかどうか打診、トランプ陣営に外交政策担当の人材が薄かったことから、トランプ選対本部共同会長のサム・クロービスが電話で話を聞いた上、採用を決めた(4)。

トランプ候補は二〇一六年三月二一日、ワシントン・ポストの論説委員会を訪問、外交政策を説明し、外交政策チームを組織したと発表した。その際、トランプはパパドプロスをチームの一員で、エネルギー・コンサルタントだと説明した。

トランプ陣営は三月三一日にワシントンDCで外交政策を検討する会議を開き、パパドプロスも出席している。トランプの外交政策の一翼を担う重要人物のように思われた。

ただし、トランプ陣営内における彼の地位は実はそう高くなかったようだ。当時、彼は二八歳。トランプ政権発足後、ホワイトハウス報道官のサラ・サンダースは、二〇一七年一〇月にトランプ陣営内でのパパドプロスの役割について触れ、「極めて限られていた」と述べた。彼の提言に基づいてトランプ陣営が行動した例はないとも述べた。

パパドプロスは二〇一六年九月末にロシアの通信社、インタファクスとの会見に応じ、対ロ制裁がロシアを中国に接近させるとの見解を明らかにし[5]、その発言が米国内で批判されたため、二〇一六年一〇月初めに陣営から解雇された。トランプ陣営の外交政策顧問としての活動は二〇一六年三月から一〇月までの七カ月ほどだった。

パパドプロスが二〇一六年二月からロンドン国際法センター（ＬＣＩＬＰ）の研究員となったことは前述した。モラー報告によると、彼は二〇一六年三月一四日、この研究所の仕事の一環でイタリア・ローマにある私立のリンク・キャンパス大学を訪問、大学内で同じくロンドンから来ていたこの大学の教授の肩書きを持っていたジョウゼフ・ミフスードと会った[6]。この出会いは、ロシアゲート物語の展開上、極めて重要な出来事だった。ミフスードは謎の多い人物だ。まず彼の経歴を詳述する。

メディアの調べでは[7]、ミフスードは一九六〇年マルタ生まれで、マルタ大学で教育学を学んだ。一九九五年に英国北アイルランドのベルファストにあるクイーンズ大学で初等教育の改革についての論文を執筆、博士号を取得した。マルタで外相の私的事務所で務めていたとの情報もあるが、外交官の経験はない。

経緯は不明だが、二〇一〇年頃までにロシアとの間を往来するようになり、ロシアの学界などに知り合いがいた。ロシア政府が毎年、ロシア内外の国際問題専門家らを招き、ウラジーミル・プーチン大統領も出席して開催する「バルダイ討論クラブ」にも何度か出席していた。二〇一一年までにロンドンに移り住み、イースト・アングリア大学（イングランド・ノーフォーク郡ノリッチ）の教授に就任、二〇一六年にはスターリング大学（スコットランド・スターリング）に移った。

二〇一三年に「ロンドン外交アカデミー（London Academy of Diplomacy）」なる学校を設立した。一見もっともらしい教育機関だが、英国の公式の教育機関としては登録されていなかった。英国外務省が運営する「外交アカデミー（Diplomatic Academy）」とは何の関係もない。建物はロンドンの中心にあるリンカーンズ・イン・フィールズそばのタウンハウスにあった。職員用の机が一つ置いてあるだけだったという証言もある。現在は存在しない。いつ頃からか不明だが、イタリアのローマにあるリンク・キャンパス大学にも籍を置いており、パパドプロスとは二〇一六年三月にこの大学で出会った。

モラー報告によると、パパドプロスはローマでミフスードと知り合ってから一〇日後の二〇一六年三月二四日にロンドンで再会した。その際、ミフスードはロシア人女性のオリガ・ポローンスカヤを伴って現れ、パパドプロスに紹介した(8)。

ミフスードは彼女について、自分のリンク・キャンパス大学での教え子でプーチン大統領にコネがあるとの説明があった。パパドプロスは彼女がプーチンの姪であると勝手に思い込んでしまった（後に姪ではないことが判明）。米英の報道では、ポローンスカヤは当時、サンクトペテルブルクでワイン会社を経営していた実業家。彼女はパパドプロスに対し、ロシアのいろんな人物を紹介できると持ちかけ、駐英ロシア大使とも知り合いだと述べた。パパドプロスはその駐英大使と面会できるかもしれないと思ったという。なお当時の駐英大使はアレクサンドル・ヤコベーンコ。

モラー報告によると、パパドプロスは三月二四日の話し合いの内容をただちにトランプ陣営幹部に報告した。パパドプロスはポローンスカヤがプーチンの姪だと思い込んでいたせいか、彼女の口利きでトランプ陣営とロシア指導部との会談を設定できるかもしれないと伝えた。その際、プーチン大統領もトランプ候補との会談には前向きだと付け加えた。パパドプロスは三月初めにトランプ陣営に入ったばかりで、自分の存在感を誇示するため、はったりをきかせたのだろう。

だが、トランプ陣営幹部の反応は冷たかった。しばらく様子を見ることにしたと回答、前向きな指示はなかった。

トランプ陣営は二〇一六年三月三一日にワシントンで外交政策を検討する会議を開き、パパドプロスはこの時、改めてプーチン大統領が直々にトランプ候補に会いたがっている旨を述べ、前向きに検討するよう打診したが、この場でも反応は鈍かった。しかし、パパドプロスは会談設定の提案が拒否されたとは受け止めず、ロンドンに戻るとミフスードやポローンスカヤとeメールで連絡を取り合い、会談実現の可能性を探った。トランプ候補の外交担当として実績をあげたかったのだろう。

ミフスードは二〇一六年四月中旬にロシアを訪問、四月一八日、モスクワの滞在先からパパドプロスにeメールでロシア外務省にコネがあるという人物を紹介した。その人物はロシア外務省系の有力シンクタンク、ロシア国際問題評議会の幹部研究員、イワン・ティモフェーエフで、パパドプロスはその後、ティモフェーエフとスカイプやeメールを通じてトランプ陣営とロシア指導部との会談の実現をめざした。しかし、パパドプロスからの提案に対しトランプ陣営幹部の反応は冷淡で、結局、何も実現しなかった。

モラー報告によると、パパドプロスは、ロンドンに戻ったミフスードと四月二六日にシティーにあるアンダーズ・ホテルで朝食をともにした。この場でミフスードはＦＢＩの捜査班発足の契機となる重大な情報を伝えた。

ロシアはクリントン候補の選挙戦に不利となる情報「ダート（dirt：汚点やスキャンダルを意味する単語）」を含む「eメールを数千件」保有しているとのことだった。パパドプロスが二〇一七年一月二七日、FBIの事情聴取でそう述べ、モラー特別検察官と司法取引した際の二〇一七年一〇月七日付裁判所文書でもパパドプロス自身が確認している。

ここで疑問が湧く。パパドプロスは子供の使いではないのだから、こんな重大情報を聞いたのであれば、それらは誰のeメールか、どんな内容であるのか、少しは突っ込んで聞くべきだろう。だが、パパドプロスは数千件のeメールの中に「ダート」があると聞いただけだという。

一方、ミフスードはそもそもeメールだとか「ダート」といった話をパパドプロスには伝えていないと主張している。ということは、パパドプロスはダウナー大使やFBIに作り話を伝えたのか、もしそうであるなら、パパドプロスはダウナー大使、そしてFBIを手玉に取っていたということになる。彼はトランプ陣営内での地位を確かなものにし、トランプ政権が誕生したら、その中で然るべき地位を得るようにめざしていたので、「ダート」を持ち出したのか。

ミフスードがクリントンの「ダート」の話をパパドプロスに伝えたかどうかを知るのは、ミフスードとパパドプロスの二人だけだ。二人の言い分がまったく異なるため、録音テープでもない限り、判断は極めて難しい。だが、FBIによるパパドプロスへの聴取の頻度、内容、その一方で後述するようにミフスードからは、詳しい経緯の説明がほとんどないことを考慮すると、この点についてはパパドプロスの言い分に分があるとみる。

2 ── ワインバーでの一杯

パパドプロスはミフスードとアンダーズ・ホテルで会ってから半月後の二〇一六年五月一〇日にダウナー大使と懇談し、ミフスードから聞いたことをもとにしたと思われる情報を大使に伝えた。まずは、パパドプロス＝ダウナー懇談が設営された経緯を明らかにしておきたい。

ダウナー大使がそもそもどうしてパパドプロスと会うことになったのか。大使自らがオーストラリアの新聞、オーストラリアンや同国のテレビ局ＡＢＣに語っている(9)。またダウナー大使は二〇一六年八月二日にロンドンでＦＢＩの捜査官の聴取に応じたほか、後にダーラム特別検察官の聴取にも応じ明らかにしている。

それらの情報をまとめると、パパドプロスはイスラエルの駐英大使館のクリスチャン・カンター政務参事官と知り合いで、そのカンターが四月一九日にオーストラリア大使館のエリカ・トムスン政務参事官にパパドプロスに会ってみたらどうかと持ちかけた。トランプ候補の政策や米大統領選の見通しについて見解を聞けるだろうとのことだった。これを受けてトムスン参事官は四月二六日と五月六日にパパドプロスと会い、その後、ダウナー大使に懇談を勧めた。

ダウナー大使がオーストラリアＡＢＣに語ったところでは、トムスン参事官が懇談の場所を選び、二〇一六年五月一〇日午後六時頃からケンジントン・ワイン・ルームズというバーで、ダウナー、トムスン、パパドプロスの三人で一時間ほど懇談した。

懇談は和気藹々の雰囲気で進み、パパドプロスのあっと驚かせる発言は懇談の終わり近くで飛び出した。大使がトランプは大統領選で勝利するかどうかと見通しを聞いたところ、パパドプロスは、トランプ候補が間違いなく勝利すると答え、そう判断する理由の一つとして、ロシアがクリントン候補に打撃となるだろう情報を漏洩するだろうからだと述べた(10)。大使はＦＢＩなどに対しては、ロシアが「匿名で」そうした情報を漏洩するだろうと述べたと説明しているが、ＡＢＣへの指摘とたいした違いはない。

ダウナー大使はオーストラリアのスカイ・ニューズに対しては、そもそもパパドプロスが何かロシアについて語ってくれるだろうと思って会ったわけではないとも述べた(11)。

ダーラム報告によると、ダウナー大使はこの懇談内容について翌五月一一日と同一六日にキャンベラの本国政府に公電を送り連絡した。

オーストラリア政府は二〇一九年四月、このうち五月一一日に送った公電を大部分黒塗りにしながらも公表した。公電には「トランプの補佐官の見解」との題が付けられ、ダウナー大使が一〇日午後六時からパパドプロスと会ったことが確認できる(12)。

一方、五月一六日の公電は未公表だが、ダーラム特別検察官報告によると、この公電にパパドプロスとの懇談の内容が記述されている(13)。電報を受け取ったオーストラリアの本省の対応だが、すぐには米国政府には伝えなかった。ホロウィッツ司法省監察総監報告によると、ダウナー大使は電報でパパドプロスの話の信憑性には疑問も残る旨指摘していたからだ。

しかし大使は、七月二二日にウィキリークスが、民主党全国委員会（DNC）からハックされたという大量のeメールを公表したことを受けて、七月二六日にロンドンの米国大使館に連絡(14)、それがFBIに伝わり、FBIがこの情報をもとに七月三一日に捜査に着手することを決めたのだった。

FBIの捜査班幹部は早速八月二日にロンドンに飛び、ダウナー大使とトムスン参事官に聴取している。さらにダーラム特別検察官のチームが二〇一九年一〇月九日に改めて二人に聴取した。外国の外交官がこうした聴取に応じるのは異例。なお、ダウナー大使が接触した米国大使館の相手は、公的報告では明らかにされていないが、ウォール・ストリート・ジャーナルによると、エリザベス・ディブル公使（代理大使）(15)である。

また、当時オーストラリア首相だったマルコム・ターンブルは二〇二〇年に出した回想録『大局観』

（未邦訳）(16)の中で、ダウナー大使は本国政府の了解なしに米大使館に通報したと指摘しており、ターンブルは不快感を示しているという余話もある(17)。

では、もう一方の当事者であるパパドプロスはダウナー大使との懇談についてどう説明しているか。それはダウナー大使とはまったく異なる。パパドプロスはオーストラリアABCに対し、ロシアがクリントン候補に打撃を与える情報を持っていて近くそれを公表するなどとは言った覚えはないと述べた(18)。パパドプロスは二〇一九年三月出版の著書『ディープ・ステートの標的』（未邦訳）(19)の中でも、また、FBIの聴取に対してもそう指摘している(20)。パパドプロスはFBIの聴取を数度受けている。最初が二〇一七年一月二七日で、その後二月に数回、さらに後述する七月二七日の逮捕の後も数回聴取されている。

パパドプロスは二〇一八年九月の米ABCのインタビューでは、ダウナー大使との懇談については細かなことをたくさん覚えているが、クリントン候補に打撃を与える情報のことを「言った記憶がない」と述べた。質問者がさらにだめ押しで聞いても「覚えていない」と繰り返した(21)。日本の国会における「記憶にございません」を彷彿とさせる。

懇談の雰囲気についてもパパドプロスはまったく異なる印象をオーストラリアABCに語っている。ダウナー大使から尋問を受けている感じで不愉快だったという。大使は懇談の途中で携帯電話を操作しており、これは会話を録音するためであって、パパドプロスをスパイしていたとも主張した。ダウナーは録音などするはずがないと否定している(22)。

そしてパパドプロスは、ミフスードがFBIと協力し、自分を罠にかけようとしていた可能性があるとか、自分を含めトランプ陣営が米情報機関からスパイされており、そのスパイの中の一人がダウナー大使だったと言い始めた(23)。二〇一九年四月にはウォール・ストリート・ジャーナルに寄稿し(24)、ダウナー大使やステファン・ハルパー英ケンブリッジ大学教授、ジョウゼフ・ミフスードが米情報機関のスパイだったと論じた。

パパドプロスの主張が正しいとすると、米情報機関によるトランプ追い落としの壮大な陰謀が存在し、ダウナー大使もその参加者の一人で、大使が本省に送った公電やその後の彼の発言内容はすべてでっち上げということになる。トランプ大統領も似たようなことを喧伝したことがある。（ハルパーやトランプ陣営に対する陰謀説については、第8章「[C] FBI捜査の問題点」を参照のこと）

では、ダウナー大使がトランプ陣営に対する陰謀に加担する動機は何だったというのか。パパドプロスはオーストラリアABCに対し、大使が懇談でクリントン候補が好きでトランプ候補は嫌いだという趣旨のことを言ったと指摘した。しかし、そうだったとしても、好き嫌いだけでは陰謀への加担の証明とはならない。

どちらの言い分を信用するか。

ダウナーはオーストラリアの自由党党首（在任一九九四〜九五年）、外相（一九九六〜二〇〇七年）、さらに駐英大使（二〇一四〜一八年）を務めた人物。立派な政治家だからこの種の陰謀に加担しないとは断言できないが、五月一〇日の懇談の場にはトムスン参事官も同席しており、ダーラム報告によると、彼女もパパドプロスがそう言ったとFBIに説明している。

仮にパパドプロスの言う通り、ダウナー大使にクリントンの打撃になるような材料をロシアが持っているなどと言わなかったとすると、大使が嘘をつき、トムスン参事官が口裏を合わせたということになる。あるいは大使はパパドプロスではなく、別の人物からその話を聞いてパパドプロスからの情報だと嘘をついたということになってしまう。ミフスードはもちろんクリントンに打撃を与える情報の話について知っているはずだから、ミフスードがダウナー大使に直接、知らせた可能性もある。しかし、ダウナー大使がミフスードと接触したとの情報はどこにもない。

もう一人、クリントンに打撃を与える情報に関する話を知っていた人がいる。ギリシャのニコス・コジアス外相だ。パパドプロスは二〇一六年五月下旬にアテネでコジアス外相に会い、クリントン候補に打撃となる情報の話をしている(25)。ニューヨーク・タイムズによると、五月二六日だった(26)。しかし、五月下旬には既にダウナー大使は本国外務省に公電で、パパドプロスから聞いたという話を伝えているから、コジアス外相からの情報であるはずがない。

パパドプロスはギリシャ系米国人で、ギリシャ政界にもある程度顔が利いたようで、彼は二〇一六年五月一七日から同二七日までギリシャに滞在、この間、コジアス外相のほか、パナジョチス・カメノス国防相とも会った(27)。彼のこの頃のトランプ陣営内での行動についての各種報道、公的報告からパパドプロスはトランプ陣営幹部に顔の広さを印象付けたかったようで、それがギリシャ訪問の目的でもあったようだ。

パパドプロスがなぜコジアス外相にミフスードから聞いた話を伝えたかだが、パパドプロスはFBIの聴取に対し、うっかり口に出してしまったと答えた(28)。「俺はこんな情報まで持っているのだ」と誇示したかったのかもしれない。

コジアス外相はパパドプロスから聞いた話をどう処理したか。米国に伝えたかどうかなどは不明。米国の公的報告にはコジアス外相からの情報でFBIが動いたという話は出てこない。

パパドプロスは二〇一七年一月二七日にFBIから聴取され、ミフスードからロシアが「数千件のe

メール」の形でクリントンに打撃を与える情報を持っていると聞いたことを認めた。しかし、ミフスード、ポローンスカヤなどと会った時期などについて虚偽を述べたことから、二〇一七年七月二七日に逮捕され、司法取引の末、一五日間服役した。（パパドプロスについては第7章「［E］1(a) ジョージ・パパドプロス」も参照のこと）

ここで改めてパパドプロスがミフスードから聞いた話、そしてパパドプロスがダウナー大使に漏らしたとされる話を整理してみる。

パパドプロスはミフスードから、ロシアがクリントンに打撃を与える情報を数千件のｅメールの形で保有していると聞いた。ミフスードはその際、具体的に悪口とかスキャンダル情報という意味を持つ単語「ダート」を使った。このことはパパドプロス自身が認めている。

一方、パパドプロスはダウナー大使には、ロシアがクリントンに打撃を与える情報を保有しており、それを匿名で公表するだろうと伝えた。ダウナー大使がオーストラリアＡＢＣやＦＢＩへの聴取に対して、懇談ではパパドプロスからは「数千件のｅメール」とか「ダート」という言葉を聞いていないと説明している。

ダウナー大使の説明が正しいとすると、パパドプロスはミフスードから聞いた話を少し変えて大使に伝えている。そのことに意味があるのかどうかはよくわからない。気になるのはこの懇談が一杯やりながら行われたことだ。パパドプロスは二〇一七年九月一九日のＦＢＩの聴取に対し、懇談ではジン入りの酒を三杯飲み、酩酊したと述べた(29)。パパドプロスは一方で二〇一八年一〇月二五日に下院司法委員会と行政監視改革委員会合同の非公開の聴取で、懇談では彼もダウナー大使も「一杯」飲んだだけで、二人とも酩酊していないと発言しており(30)、パパドプロスの記憶は矛盾している。

懇談の場となったバーは約一五〇種類のワインを用意しワインが売り物だが、ダウナー大使はオーストラリアABCに対し、自分、トムスン参事官、そしてパパドプロスの三人はそれぞれジン・アンド・トニックを一～二杯飲んだと説明した(31)。

何が言いたいかというと、特にパパドプロスは少々飲み過ぎたため、彼の記憶に曖昧なところがあるのではないかということだ。

実際、パパドプロスは二〇一七年九月一九日のFBIの聴取に対し、二〇一六年五月一〇日のこの懇談の場はケンジントン・ワイン・ルームズではなく、ウォーターウェイ・パブ（ウェスト・ロンドンにある一流レストラン、ザ・ウォーターウェイのことと思われる）だったと述べている(32)。これも酩酊による勘違いの可能性がある。

ダウナー大使とパパドプロスのどちらを信用するかというと、ダウナー大使の説明が理路整然としているし、パパドプロスは似たようなことをギリシャの外相に漏らしている。パパドプロスの記憶には曖昧なところがあるし、何よりも、ダウナー大使を糾弾するにあたって、具体的証拠を提示していない。ダウナー大使に軍配が上がることは明らかだ。

［C］　謎のマルタ人教授ミフスード

パパドプロスがダウナー大使に、ロシアがクリントン候補に打撃を与える情報を保有し、それを漏洩するだろうと言ったことは間違いないとみる。その情報をもたらしたのは、パパドプロスによると、ミフスードだ。ミフスードの略歴は既述の通りだが、彼はパパドプロスと接触することで一体何をめざしていたのか。

ミフスードが伝えたと思われる情報はパパドプロスとダウナー大使を経由してFBIに伝わった。こうしてミフスードがFBIのトランプ陣営に対する捜査の引き金を引いた。

従って、ミフスードが何をめざしていたかは、ロシアゲート捜査を語る上で極めて重要だ。そこで彼が西側情報機関のスパイだったという説と、そのまったく反対にロシアのスパイだったという説が飛び交う。しかし、いずれの説も根拠薄弱で証明されていない。そのことがかえってミフスードが謎の人物であるとの印象を増進した。

1　西側スパイ説

ミフスードは米英あるいはイタリアの情報機関のスパイ（諜報員）として、トランプ候補がロシアと共謀しているとの情報をばらまき、FBIがそれに飛びつきトランプ陣営を捜査するよう仕向けたという説がある。その場合、目的はもちろん、トランプの勝利の阻止である。この説を様々な場で繰り返し述べているのは、パパドプロス。例えば二〇一八年一〇月二五日、下院司法委・行政監視改革委の合同聴聞会で、ミフスードが「FBIと一緒に」パパドプロスを罠にかけるための工作を行ったかもしれないと述べた。

パパドプロスはメディアに対しては、ミフスードに会うきっかけを作ってくれた人物が英国のいわゆるヤメ検の弁護士アービンダー・サムベイであり、彼女はFBIの英国における法律顧問で、MI6とも関係を持つと主張する(33)。また、サムベイが設営してくれたミフスードとの面会の場所は、イタリア・ローマにあるリンク・キャンパス大学で、パパドプロスは、この大学がCIA、FBI、MI6など西側情報機関要員を養成する学校になっていると主張する(34)。パパドプロスによると、この大学の創設者はビンチェンゾ・スコティ元内相（在任一九九〇年一〇月〜一九九二年六月）で、各国の情報機関関係者を招いての会議を開いていた。

トランプ陣営幹部、共和党議員の一部などもパパドプロスと同様の主張を展開した。デビン・ニューネス下院議員（共和党）は二〇一九年五月五日、FOXニューズの番組で、「ミフスードは米国、英国、イタリアの情報機関とたくさん関係しているようだ」と述べた(35)。またミフスードの顧問弁護士だったスイス人弁護士のステファン・ローは、二〇一九年八月にワシントン・ポストにeメールを送り、「ミフスードは西側の情報機関に関係しているので彼は保護されるべきだ」と指摘した(36)。

ミフスードが西側の安全保障専門家や情報機関の関係者と幅広く交流していたことも、この説を支える一つの材料とされる。北大西洋条約機構（NATO）の軍事専門家、米英の元情報機関幹部、フランス大統領府の高官、米国務省高官らと親しく話をしている時の写真があるとワシントン・タイムズのローワン・スカボロー記者は指摘する(37)。

だが、否定意見も多い。パパドプロスからFBIやMI6と関係していると指摘されたサムベイはワシントン・ポストに対し、パパドプロスとは彼がローマに向かう直前にコーヒー・ブレイクで言葉を交わしたことはあるが、ミフスードとの面会を仲介したことはないと述べた。そもそも検事を辞めてから英国政府とは何も関係しておらず、パパドプロスの指摘には驚いているという(38)。

二〇一九年一二月発表のホロウィッツ司法省監察総監報告によると、FBIが二〇一六年四月にパパドプロスに情報を提供するという罠を仕掛けることで捜査着手を正当化しようと試みたことはない。ホロウィッツはFBIの「秘密情報提供者（CHS）」※管理記録である「デルタ・ファイル」を調べたが、ミフスードとCHSの契約を結んだ記録はなかったとわざわざ指摘した(39)。

また、二〇一九年八月一五日にウィリアム・バー司法長官が、九月二七日にはバー長官とダーラム連邦検事（のち特別検察官）がともにローマを訪問、イタリア情報機関幹部にミフスードとの関係について聞いたが、イタリア側からは何の関係もないとの答えが返ってきた。当時のジュゼッペ・コンテ首相自ら関係を否定した(40)。

ミフスードが西側情報機関のスパイであるとの説を聞くと、様々な疑問が生じる。この説が成立するには、西側情報機関、例えばFBIは、パパドプロスがオーストラリアのダウナー駐英大使に会うことを知っていなければならない。さらにパパドプロスがクリントン候補の汚点となる情報「ダート」の件を大使に伝え、それを聞いた大使が米当局に通報することも予想していなければならない。

その場合、ダウナー大使はもちろんのこと、パパドプロスと大使の懇談を設営したイスラエル大使館参事官とオーストラリア大使館参事官はミフスードとグルだったということになるが、果たしてそうか。あるいは、西側情報機関と組んでいたのはミフスードまでで、ダウナー大使以下はミフスードの工作に

※秘密情報提供者（CHS）

FBIが捜査に役立つと思われる情報を提供してもらうため採用する協力者で、一般的に契約を結び、報酬も支払う。CHSは一般に言うスパイの範疇に入るかもしれない。ただし、スパイとは通常、外国や他機関の重要機密情報を秘密裏に入手し提供するための諜報活動（espionage）の要員。「エスピオナージ・エージェント（espionage agent）」「アセット（asset：財産）」「プラント（plant：敵陣に潜入させた者）」「モール（mole：もぐら）」「オペラティブ（operative：工作員）」「インフォーマント（informant：情報提供者）」などの通称がある。FBIの場合、CHSのほかに「隠密職員（Undercover Confidential Employee：UCE）」を配置することもある。

乗せられたのか。

いずれにせよ、パパドプロス＝ダウナーの懇談設営からFBIに情報が伝わるまでに偶然が重なり合っている。その展開が予め仕組まれていたとは考えられない。それに、トランプの勝利を阻止する目的があるのなら、FBIが選挙戦の最中にトランプ陣営を捜査していることを明らかにすれば効果的であるはずだが、FBIが捜査していることを公に認めたのは選挙戦が終わってからだ。選挙戦の期間中にトランプ候補に打撃を与える情報がメディアに流れたことはあるが、それはミフスードではなく、クリストファー・スティールによる工作の結果だった。

しかもその影響は比較的軽微だった。例えば、ニューヨーク・タイムズは二〇一六年一〇月三一日、FBIがトランプ陣営を捜査していると伝えたが、選挙戦への影響を考慮してか、長文の記事の中で目立たなく言及した。見出しにもなっていない。

一一月八日の投票日直前にジェームズ・コミーFBI長官は、クリントンのeメール事件の捜査を再開すると発表、その直後、捜査再開はないと否定、ドタバタ劇を演じたが、トランプ候補の勝利を阻止するためならあり得ない動きではないか。こうした疑問を考えると、ミフスードが西側情報機関のスパイだという説には無理がある。

2　ロシアのスパイ説

ミフスードが西側情報機関のスパイであるとの説とは真逆に、彼がロシア当局のスパイであるとの説も流布している。ロシアはトランプ候補の当選を後押ししていることをトランプ陣営に知らせ、トランプ政権が誕生したら対ロ関係の改善に取り組んでもらう目的があるとされる。彼はロシアとトランプ陣営の共謀の先兵ということになろうか。

確かにロシアはトランプ候補の勝利に期待をかけていたとは言える。トランプがクリントンに勝利したとの知らせが一一月九日に開会中のロシア下院本会議場に伝わると、議員の間から拍手が起きた(41)。クリントンが勝利した場合、こんなことはなかっただろう。

ミフスードがロシアのスパイであると明言したのは、コミー元FBI長官だ。二〇一九年五月二八日のワシントン・ポストへの寄稿で、「パパドプロスがロンドンで会った人物」と匿名にしながらも、ミフスードを「ロシアのエージェント」と指摘した。だが、そう判断する根拠は何も示さなかった(42)。

モラー特別検察官はミフスードの役割を重視し、報告ではその名前に八七回も言及し、彼がロシア人と幅広く接触していたことを強調している。もちろん、ミフスードが二〇一六年四月にモスクワに旅行し、「ロシア政府高官（複数）」と会ったとか、ロンドンでもロシア人と接触していたことにも触れている。ミフスードがロシアの手先だったかのような印象を与える。だが、ロシアのスパイだったとは断言しない。

ミフスードがロシアのスパイではないかとの説を支える一つの根拠は、ロシアがクリントン候補に打撃を与える情報を持っているとパパドプロスに伝えたとされるからだ。次に、彼が政府系シンクタンクの幹部を含め幅広くロシア人と接触・交流していたからだ。だが、それらは明確な根拠とは言い難い。コミー元FBI長官はその後も何も具体的な根拠を示さないままだ。

二〇一九年七月二四日、下院司法委員会と同情報委員会が合同でモラー特別検察官を呼んで聴聞会を開いた際、共和党のジム・ジョーダン議員が執拗にミフスードについて質問を浴びせたが、モラーは報告にある以上のことは何も答えなかった。西側情報機関のスパイであると言わなかったことはもちろんだが、ロシアのスパイであるとも言わなかった(43)。

3――本人の説明

では、ミフスード本人は何と言っているか。

実はＦＢＩは二〇一七年二月一一日に彼がワシントンＤＣで開かれた「グローバル・タイズ・ユーエス（Global ties U.S.)」という非営利団体（ＮＰＯ）が主催した国際交流会議にやってきた際、彼に聴取している。（聴取の期日については、二月一〇日説もある）ミフスードは別途、聴取を受けた数時間後にＦＢＩに改めてｅメールを送り、聴取で答えたことを補充した。

ＦＢＩはミフスードへの聴取の記録を二〇二〇年九月一日に公表した。スティール文書を公表したインターネット・メディアのバズフィードが情報の自由法に基づいて解禁を求め訴訟を起こしたことで得た。わずか一ページ半の情報だ。

それによると、ＦＢＩはワシントンＤＣのオムニ・ショラム・ホテルのロビーで聴取した。ミフスードは、ロシアがＤＮＣのｅメールを持っているとの話をロシア人から聞いたことがないし、ロシアがクリントン候補に不利になるｅメールを持っているとパパドプロスに伝えたこともないと全面的に否定した(44)。

聴取は短時間で大ざっぱに終わったようで、ミフスードはＦＢＩの聴取を終えた後、別途、ｅメールで改めてＦＢＩに言い分を伝えた。そのｅメールの内容はインターネット・メディアのザ・ヒルの特ダネ記者ジョン・ソロモンによって既に二〇一八年八月に明らかにされている(45)。

ミフスードはＦＢＩへのｅメールで、パパドプロスと何度か会ったことを認め、パパドプロスにロシア外務省系シンクタンク、ロシア国際問題評議会の幹部研究員ティモフェーエフを紹介したと説明した。しかし、パパドプロスとの接触では、国際問題について幅広く意見交換したのであって、クリントン候補のeメールをハックするなどといったサイバーセキュリティに関することは一切話題に上らなかったと繰り返し強調した。パパドプロスとのやり取りは「人畜無害」とも表現した。

この二〇一七年二月のFBIのミフスード聴取はいかにもおざなりだ。FBIはオーストラリアのダウナー大使から通報を受け、ミフスードがクロスファイア・ハリケーン捜査着手に重要な役割を果たしていたことを知っていたはずだ。それなのに、聴取はミフスードの言い分を聞いただけに終わった印象を受ける。こうした杜撰とも言えるFBIの聴取がいらぬ疑惑を招いてしまっているのかもしれない。

ミフスードはパパドプロスと違ってほとんどメディアの前には姿を現さなかったが、三度ほど取材に応じている。

二〇一七年八月にワシントン・ポストにeメールを送り、自分は学術的な関心しか持っておらず、ロシアでは学者と会っていたが、ロシア政府関係者とは一切接触していないと主張した。ティモフェーエフとは知り合いだが、ミフスードは彼を政府関係者とはみていないようだ。eメールではさらに、モスクワ国立大学の客員教授という地位を得ていたが、それは無給の名誉職で、ほかの学校やシンクタンクから提供してもらっている地位と同じだと伝えた。「私は学者であり、ロシア語も喋れない」と強調した(46)。

また二〇一七年一〇月三一日にはイタリア紙のラ・レプッブリカ、さらに英紙デイリー・テレグラフに対し、FBIに述べた同様のことを訴えた。ラ・レプッブリカの記者とはローマのリンク・キャンパス大学内でインタビューに応じ、パパドプロスと三〜四度会い、パパドプロスに政府関係者や民間人などを紹介したことは認めた。しかし、「私は秘密エージェントではない」と述べ、ロシアからカネを受け取ったことはないし、何も悪いことはやっていないと強調した(47)。デイリー・テレグラフに対しても、パパドプロスとクリントン候補のeメールの話をしたことはないと繰り返し、「私にも良心がある」と述べた(48)。

一連のミフスードの説明を信じる限り、パパドプロスが話をでっち上げたことになる。パパドプロス対ダウナー大使同様、ここでも二人の言い分に決定的な食い違いがある。ミフスードが西側情報機関あるいはロシアのスパイだったとして、自ら、「はい、私はスパイです」とすんなり認めるはずもないが、説明だけは聞いておく必要がある。

4　個人的利益追求説

ミフスードがどちらのスパイでもないとすると、もう一つ、彼が自らの個人的利益のためにパパドプロスにいろいろ吹き込んだという説が考えられる。自分にはロシアに人脈があることをトランプ陣営に売り込み、トランプが当選した場合に、米国での仕事、例えば、米国の大学での教授の地位、米ロ間の学術交流の橋渡し役としての地位、あるいは、トランプ政権内での地位の確保を念頭に動いたという観測だ。

ミフスードと接触したことのある人たちに聞くと、ミフスードは社交的で西側諸国でもロシアでも顔が広く、物静かで教養のある人物だとの声が返ってくる。例えば、元欧州議会議員でイタリアの中道左派の社会民主進歩同盟の上院議員のジアーニ・ピテラは、ミフスードが国際的な陰謀の中心にいるような人物ではないという。話し上手で各国の教育当局と関係を築いていたとロイターに述べた(49)。ピテラ議員はミフスードとパパドプロスが二〇一六年三月に最初に会ったローマのリンク・キャンパス大学での会議に出席していた。

一方で、彼ははったり屋だとか、あちらこちらで名前を売り込むことに積極的だったとの指摘もある。彼の夢は国際的な学術交流機関を作ることだったともいう(50)。こうした彼の人物評がこの個人的利益追求説の根拠と言えば根拠だが、ほかの説との比較において、この説が一番もっともらしいように思える。だが、彼の口からもっと語ってもらわない限り、単なる推定にしか過ぎないとも言える。

5 ―― 行方不明で死亡説も

ミフスードはどの国のスパイでもなく、自ら「良心のある人間」だと言っているのだから、もっと公の場に出て正々堂々とそう主張すべきだとも思うが、彼は二〇一七年一〇月三一日にリンク・キャンパス大学内でラ・レプッブリカの記者と会って以降、公の場には姿を現さなかった。

その後、二〇一八年五月二一日にスイスの弁護士ステファン・ローのチューリヒのオフィスで「顧問弁護士委任状」に署名した際に撮られたとされる写真を二〇一九年四月一八日にイタリアの新聞イル・フォリオ（発行部数二万五〇〇〇部という）が掲載した(51)。

この写真には委任状のほかに、二〇一八年五月一七日付スイス紙ジューリックシ・ツァイトゥンも写っているから二〇一八年五月二一日撮影は間違いないようだ。これが本当に最後に目撃されたミフスードの姿だ。（なお、米国のインターネット・メディアのデイリー・コーラーが二〇一九年一〇月一日に同じ写真を流している）

このフォリオ紙の記事によると、ミフスードはラ・レプッブリカ紙などの取材を受けた後、七カ月間ほどローマ市内の賃貸アパートメントで暮らしていた。賃貸料はリンク・キャンパス大学が払っていたという。賃貸契約は二〇一八年七月か八月に切れた。

リンク・キャンパス大学は二〇一七年から二〇一八年の期間限定でミフスードを客員教授として迎え入れたが、彼が実際に講義することはなかった。二〇一七年一一月には大学の教授陣の名簿からミフスードの名前は削除された。ミフスードの居場所は不明で、フォリオ紙は多くの人が彼は死亡したのではないかと思っていると指摘した。

FBIによるクロスファイア・ハリケーン捜査着手の元をたどるとミフスードに行き着く。彼がパパドプロスと知り合いとなった場所がリンク・キャンパス大学。フォリオ紙は、「すべての道はローマのこの大学に通じている」と指摘した。リンク・キャンパス大学との関係を調べれば、ミフスードの活動がより明らかになるのかもしれないが、どうか。

なお、二〇一九年一一月にイタリアのラ・レプッブリカなど三報道機関にミフスードを名乗る人物から録音テープが届いたことがある。その人物は不正行為を否定、自分は学術目的の単なるネットワーカーだと主張していたという。だが、オランダの調査報道機関のベリングキャットが専門家に依頼した調査では、その声の主はミフスードではなかったという(52)。

ミフスードには娘がいてロンドン在住、元妻がマルタで暮らしているともいう(53)。

第4章 ブレナンCIA長官の意気込み

オーストラリア政府からの情報伝達を受け、FBIが迅速に特別調査班を発足させたことは前述したが、当時のバラク・オバマ政権内ではジョン・ブレナンCIA長官（在任二〇一三年三月～二〇一七年一月）がオーストラリア政府からの情報とは異なる独自の「懸念される情報」を入手し、ドナルド・トランプ陣営とロシアの関係の究明に強い関心を示した。それは、ウラジーミル・プーチン大統領がサイバー攻撃を通じて米大統領選に介入、しかもヒラリー・クリントン候補に打撃を与え、トランプの当選を後押しすることをめざしているとの情報だった。

ブレナン長官はこの情報を重視、二〇一六年七月末に、FBIの捜査班とは別にチームを発足させ、ロシアによる米大統領選への介入を調べた。CIAのほか、国家安全保障局（NSA）、FBIの職員からなる調査・分析班で、ブレナンは「フュージョン・セル」※と呼んだ。その作業の成果が二〇一七年一月、トランプ政権発足直前に発表した情報機関コミュニティ評価（ＩＣＡ）報告で、プーチン大統領自らが米大統領選への介入の指示を出していたと糾弾した。

ブレナン長官がこのＩＣＡ報告の作成を主導したことは間違いないが、それだけでなく、ＦＢＩの共謀疑惑捜査を強く後押ししたという説が二〇一九年頃からワシントンＤＣで流布した(1)。

ジョン・ブレナン
写真提供：CQ Roll Call／ニューズコム／共同通信イメージズ

そこでジョン・ダーラム特別検察官のチームは二〇二〇年八月二一日にＣＩＡ本部でブレナン元長官を八時間にわたって聴取した。聴取は日本で言う「事情聴取」とは違って容疑者への取り調べではないが、元ＣＩＡ長官をこれほど長時間聴取することは極めて異例だ。

ブレナンは自らの対応を詳しく説明したのであろう。情報源についても喋ったと思われるが、当然のことながら、ダーラム報告には情報源が書かれていない。それでもブレナン長官が共謀を強く疑っていたことは伝わってくる。

ブレナン長官はトランプ陣営を標的にした捜査に積極的だったが、一方でクリントン陣営の選挙戦略にも政権内で警鐘を鳴らした。

クリントン候補は、国務長官時代（在任二〇〇九年一月〜二〇一三年二月）に個人的サーバーで国家機密情報を扱っていたという事件への有権者の関心をそらすため、トランプ＝ロシアの共謀疑惑を積極的に喧伝するとの選挙戦略を承認した――ブレナン長官は二〇一六年夏にそんな情報を海外から入手した。長官はこの情報を重視し、ＦＢＩに捜査参考情報として伝えた。

ブレナン長官の対応はトランプ陣営とクリントン陣営の双方に厳しく、中立的であるようだ。だが、実はクリントン候補の選挙戦略情報をいわば「だし」にしてトランプ＝ロシア共謀疑惑をもり立てようとしたのではないか。そんな観測も可能だ。なぜならブレナンはトランプ政権発足を機にＣＩＡ長官を辞した後は、口を極めてトランプ大統領を批判しているからだ。現役時代からトランプ大統領の誕生を阻止したかったのではと疑われる。もちろん、ＣＩＡ長官にも個人的な政治信条、思想の自由はある。

トランプ大統領はブレナン元ＣＩＡ長官による厳しい批判に反発、二〇一八年八月一五日、ブレナンを特定機密取扱資格（セキュリティ・クリアランス）を持つ対象から除外する決定を下した。ただしその手続きが進められたかどうかは不明だという。元ＣＩＡ長官がただの一般人になった可能性はある。

〔A〕 CIA、FBI、NSA合同調査班の結成

ブレナンはＣＩＡ長官退任後の二〇一七年五月二三日、下院情報委員会での証言で、二〇一六年夏にロシアの政府関係者とトランプ陣営の間に「私が懸念する接触とやり取り」があることを示す情報を得たと述べた。従ってＦＢＩによる捜査を支持したと明らかにした(2)。懸念される情報を誰からどのように入手したのかは言わなかった。

※フュージョン・セル (fusion cell)
英語にはセル・フュージョン（cell fusion）という細胞融合を意味する用語があるが、フュージョン・セルはあまり聞かない。複数の機関の合同を意味する政府機関や業界の内輪の用語だろう。

下院情報委での証言以降、ブレナンCIA長官の役割についての報道、議会の調査が相次ぎ、さらにブレナン自身もあれこれ論評した。

これらの情報をまとめると、ブレナン長官は二〇一六年夏、プーチン大統領がサイバー攻撃を通じて米大統領選に介入、しかもクリントン候補に打撃を与え、トランプの当選を後押しすることをめざしているとの情報を受け取った。そこで同八月四日にはロシアのアレクサンドル・ボールトニコフ連邦保安庁（FSB）長官に介入を止めるよう電話で警告したという。

またブレナン長官は別途、クリントン陣営がロシアによる選挙介入をトランプ陣営と結び付ける選挙戦略を作成したとの情報を入手した。

ブレナン長官はこれらの情報をもとに早速七月下旬にCIA、FBI、NSAから数十人を集めチームを作り、その情報の検証を開始した。ただし、トランプ陣営やクリントン陣営に対する直接の捜査は、CIAの権限外であるためFBIに任せた。

このブレナン主導のチームがブレナン長官の言うところのフュージョン・セル。七月三一日発足のFBIのクロスファイア・ハリケーンと銘打った捜査のチームと似ているが別組織で、FBIはFBIで独自に動いたという(3)。なお、このフュージョン・セルは二〇一六年一一月八日の大統領選投票日を過ぎた一一月中旬に解散した(4)。

二〇一六年八月に入り、ブレナン長官はオバマ大統領や複数の議員に対し、ロシアとトランプ陣営の接触についての「懸念される情報」を説明した。オバマ大統領に対しては八月初めに「厳秘」の但し書きを付けて封書をホワイトハウスに送った。閲覧を大統領のほか三～四人に限定、閲覧後はその書類を回収した(5)。

ブレナン長官は有力議員に対しても八月一一日から九月六日にかけ知らせた。特に上院少数党（民主党）院内総務のハリー・リードへの説明を重視した。リードはブレナンからの情報提供を受けて八月二七日付と一〇月三〇日付の二回にわたりジェームズ・コミーFBI長官に書簡を送り、トランプ陣営とクレムリンとの関係について捜査に力を入れるよう求めた。すべて一一月八日の大統領選投票日前だ。

ブレナン長官の捜査に対する極めて積極的な姿勢がうかがえる。

［B］諸説飛び交うブレナンの情報源

ブレナン長官はロシア政府関係者とトランプ陣営との間の関係についての情報を誰から得たか。ブレナンが特別班を組織、大統領や議会にも説明しているくらいだから、高度に信頼の置ける情報源だと認識していたことは間違いない。ブレナンは公には情報源について一切口を閉ざしているが、いくつか説が浮上している。

あれこれ詮索が進む中、ワシントン・ポストが二〇一七年六月二三日、「（米情報機関が）ロシア政権内部の奥深くに抱える情報源」の存在を報じた⑹。名前は書かれていなかった。

この報道を受けてまず、それはクリストファー・スティールではないかと推測された。スティールについては、後で詳しく触れるが、彼が作成した報告「スティール文書」が二〇一七年一月一〇日に公表されており、その中でスティールはクレムリン内にいる情報機関元幹部を情報源として抱えていると記していたし、その報告の内容はブレナン長官が説明する情報と似ていたからだ。

しかし、スティール自身はロシア人ではないし、ロシアの政権内の人物でもない。

一方、ブレナンは議会や報道番組でスティール文書を知ったのは二〇一六年一二月だと述べ、スティールの情報を受けてオバマ大統領や議会に警鐘を鳴らしたわけではないことを繰り返し強調した。情報源は東欧筋だとか、エストニア情報当局だなどの噂も流れる中、二〇一七年一一月一五日に新たな情報が報じられた。

英紙、ガーディアンが、英国の通信傍受機関、政府通信本部（GCHQ）からの情報だろうとの記事を掲載した(7)。その記事によると、二〇一六年夏にGCHQのロバート・ハニガン長官が米国を訪問、GCHQが収集したトランプ候補とロシアとのやり取りをブレナンCIA長官に直接伝えた。ハニガン長官が伝えた情報はもちろん、GCHQが独自に集めた可能性はあるが、スティールがGCHQに接触していたとの情報もあり、突き詰めるとスティール情報かもしれない。

ブレナン情報はオーストラリアのダウナー大使からの情報にも似ている。しかしダウナー大使からの情報はCIA宛てだったというよりも米国政府に伝えられたのであって、ブレナン長官だけが知っていたわけではない。

このほか、米欧の情報機関と関係してきたことで知られるステファン・ハルパー英ケンブリッジ大学教授の名前も挙がったが、ハルパーはFBIの「秘密情報提供者（CHS）」であり、CIAよりもFBIとの関係が深い。ジョウゼフ・ミフスードをブレナン長官の情報源として疑う声もあるが(8)、説得力のある証拠は何もない。

［C］ クレムリン内の〝もぐら〟スモレンコーフ

ブレナンの情報源はスティールか、それともほかの人物か、この疑問の存在感も徐々に薄れ始めていた二〇一九年九月になって、ロシアのオレグ・スモレンコーフなる元外務省・大統領府職員の名前が登場した。

CNNが九月九日、米情報当局は二〇一七年にロシア政府内にいた情報提供者（匿名）をロシアから出国させ、保護していたと特報した[9]。翌日、ニューヨーク・タイムズやワシントン・ポストが後追いで報道した[10]。これら米国メディアはブレナンの情報源の名前を伏せて報じたが、ロシアの有力紙、コメルサントが同じ一〇日、それはオレグ・スモレンコーフであろうと伝えた[11]。

コメルサントによると、ロシアのSNS、テレグラムの「容赦ない宣伝マン Беспощадный пиарщик / Ruthless PR」というチャンネルに九月九日夜、渦中の人物はスモレンコーフだという情報が流れたという。

二〇一九年九月の米国とロシアでの一連の報道をまとめると、スモレンコーフは一九六九年一月生まれ。大学卒業後、一九九九年に外務省に採用された。二〇〇七年にロシアの駐米大使館に二等書記官として勤務していた。その際、CIAにリクルートされたようだ。当時の駐米大使はユーリー・ウシャコーフ（駐米大使在任一九九八～二〇〇八年）。ウシャコーフはその後、二〇一二年からは外交問題担当の大統領補佐官を務めている。

スモレンコーフは二〇〇八年に本国に帰任、既にモスクワに戻り内閣官房副長官だったウシャコーフの下で勤務した。二〇一〇年にドミトリー・メドベージェフ大統領から公務員として第三級の地位（階級）を得ている。これは軍人で言えば少将級というから一応、高級公務員だった。

ウシャコーフが二〇一二年に大統領補佐官に就任すると、スモレンコーフは彼の補佐として大統領府に異動した。こうした経歴から彼はウシャコーフに気に入られていたと推察される。しかし、スモレンコーフは二〇一七年六月に妻、三人の子供とともに旧ユーゴスラビアの一国、モンテネグロに休暇に出かけ、そこから米国に渡った。亡命である。

彼は米国にどのような役に立つ情報をもたらしたか。ニューヨーク・タイムズによると、スモレンコーフはプーチン大統領自らが二〇一六年米大統領選に介入するよう命令を出し、工作を指揮、さらに大統領がトランプ候補の当選を望んでいたとの情報を伝えた(12)。

二〇一七年一月六日発表の米情報機関コミュニティ評価（ＩＣＡ）報告に同様の情報が盛り込まれていることから、スモレンコーフ情報がこの報告の作成過程、その後の捜査にも影響を与えた可能性が十分ある。

スモレンコーフはＣＩＡがクレムリン内に抱えた極めて貴重なスパイだったと米国では報じられた。ＣＮＮは、彼がウシャコーフ大統領補佐官に仕える中でプーチン大統領の机の上の文書を写真撮影できたと伝えた。

一方、ロシアのコメルサント紙は、彼のスパイとしての役割について専門家の相異なる見方を紹介した。深刻な事態だという指摘もあれば、彼が噂話以上の情報を米国に伝えられたとは思えないという解説もあった(13)。

ロシアの公式の反応は後者の見方に近い。ロシア大統領スポークスマンのドミトリー・ペスコーフは

CNNなどの報道が流れた直後の九月一〇日、記者団に対しスモレンコーフが大統領府に勤務していたことを認めたが、数年前に職を解かれたと述べた(14)。

ペスコーフによると、スモレンコーフは政府高官とは言えず、プーチン大統領が主催する各種会議には出席していない。ペスコーフはさらにCNNが伝えたスモレンコーフがCIAの「アセット（スパイ）」だったとする報道は「パルプ・フィクション（安っぽい犯罪小説）」だと一蹴した。セルゲイ・ラブロフ外相も同日、スモレンコーフに会ったことはないと述べ、彼が重要人物ではなかったことを示唆した。ロシア大統領府としては、プーチン大統領の近くで米国のスパイの暗躍を許していたとすれば、大失態だから、当然の反応ではある。

スモレンコーフ一家は米国に逃れてきた後、ワシントンDCの西南六〇キロほど離れたスタッフォードに豪邸を購入、暮らしていた。（一家は二〇一九年九月九日の報道の後、この家から姿を消した）二〇一九年一月二八日に登記された邸宅は、一・二ヘクタールの敷地に立ち、ベッドルーム六つ、バスルーム六つを備えていた。二〇一八年六月に売りに出されていた時の価格は約九二万五〇〇〇ドル（当時の為替レートで約一億円）だった。ロシアの公務員がおいそれと買える物件ではないから、CIAからの報酬が高額だった可能性が高い。CIAは彼を極めて貴重なスパイだとみなしていたのだろう。

スモレンコーフの米国での生活については腑に落ちない点がいくつかある。例えば、彼は妻のアントニーナと実名の共同名義で邸宅を購入、その後も実名で堂々と暮らしていた。しかもワシントンDC近くに住むとは普通はあまり考えられない。

ロシアの元スパイや亡命者は外国にいてもその身は安全ではない。英国では二〇〇六年一一月に元連邦保安庁（FSB）エージェントのアレクサンドル・リトビネンコが、また二〇一八年三月には元軍参謀本部情報総局（GRU）エージェントのセルゲイ・スクリーパリが命を狙われた。

ところで、スモレンコーフがCIAにとって貴重なスパイであったとして、CIAはなぜ彼をクレムリン内にとどめておけず、ロシアから出国させざるを得なかったかという疑問が残る。スパイであることがばれそうになり身の危険が迫っていたと想像されるが、なぜばれそうになったかについては大きく分けて二説ある。一つはトランプ政権の機密情報管理が杜撰《ずさん》だったからという説。もう一つはメディアの調査報道のせいだという説だ。ただし、これら二つの説は相矛盾せず、複数の要因が重なったことも考えられよう。

CNNは前者の説を取る(15)。トランプ大統領と政権幹部が何度も機密情報の扱いを間違え、スモレンコーフの正体がばれる恐れが生じたことが「部分的」理由だという。

二〇一七年五月にトランプ大統領がホワイトハウスでロシアのラブロフ外相と会談した際、トランプ大統領はイスラエルが提供してくれたテロ組織「イスラム国（ISIS）」に関する機密情報をラブロフ外相に伝えた。機密情報がこんなに簡単に漏れるなら、スモレンコーフが米国のアセットであることもばれてしまうと米情報当局者は危惧し、スモレンコーフを出国させる決定を下したとCNNは報じた。

CNNはオバマ大統領が二〇一七年一月に米情報機関コミュニティ評価（ICA）報告を発表したこともアセットを危険にさらした可能性があると報じた。ICA報告はプーチン大統領自らが大統領選への介入を命令、指揮したと指摘している。ICA報告通り、プーチンが直接、介入に関与していた場合、ロシア情報機関はそのことを知り得る立場にいる人物を本格的に捜し始めるからだ。

一方で、ニューヨーク・タイムズとワシントン・ポストは、トランプ政権の情報管理に問題があったとの証拠はなく、米情報当局者のリークに基づいたメディアの報道がスモレンコーフを出国させた理由だと指摘した[16]。ニューヨーク・タイムズは、NBCの二〇一六年一二月一五日の報道[17]やワシントン・ポストの二〇一七年六月二三日の報道[18]がスモレンコーフを危険にさらしたと論じた。NBCは、プーチン大統領が個人的に介入に関与しているとの情報が「外交筋および米国の同盟諸国のために活動しているスパイ」から伝えられたと指摘した。ワシントン・ポストは既に述べたように、ブレナンCIA長官が「ロシア政権内部の奥深くに抱える情報筋」から情報を得たと報じた。

二〇一九年九月九日のCNNの報道を機に、ブレナン長官が重宝した情報源についての関心は一気にスモレンコーフに集中するようになったが、スティールや英国の政府通信本部（GCHQ）という説はまったくの的外れであるのかどうか。スモレンコーフ、スティール、GCHQという浮上した三つの情報源は実は交差しているということも考えられるのではないだろうか。

CNNが二〇一九年九月九日に上記の特報を流すと、CIAは早速それを否定した。CIAのブリタニー・ブラメル広報局長は翌一〇日、CIAが客観的な分析なしに重大な決定を下すことはないと述べ、さらに大統領の機密情報の扱いのせいでスパイを出国させざるを得なかったという報道は「誤っている」「不正確」だと強調した。

マイク・ポムペイオ国務長官も九月一〇日の記者会見でトランプ大統領の機密情報の扱いが原因でスパイを米国に呼び寄せたとの報道を「実質的に間違っている」と述べた[19]。ただ、これらの米政府の反応はスモレンコーフをロシアから引き揚げさせた事実自体を否定するものではない。

［D］「クリントン・プラン情報」の提供

ブレナンCIA長官の二〇一六年米大統領選に関連した動きの中では、政権内でクリントン候補の選挙戦略に関する情報を提供したことも注目される。ブレナン長官が二〇一六年夏に外国から得た情報の中に、クリントン候補がトランプ候補とロシアの間に怪しい結び付きがあることを喧伝しFBIに捜査させるという選挙戦略を承認した旨の情報があった。

クリントン候補は特に、国務長官時代に個人のパソコンで国家機密情報をやり取りしていたという事件への米国民の関心をそらす必要があると判断、七月二六日にこの選挙戦略を承認したという。この情報をダーラム特別検察官は「クリントン・プラン情報（Clinton Plan intelligence）」と呼んで捜査した。（ダーラム特別検察官がクリントン・プラン情報をどう扱ったかについては、第8章「［C］3　クリントン・プランの『放置』」で詳述した）

ブレナン長官は二〇一六年八月三日、ホワイトハウスでの会議でオバマ大統領、ジョー・バイデン副大統領らに、クリントン・プランが作られたとの情報を入手したことを説明した。ブレナンは説明した内容を手書きのメモに残しておいた。そのメモを二〇二〇年一〇月六日、国家情報長官（DNI）のジョン・ラトクリフが、かなりの部分を黒塗りにしてだが、公表した(20)。

ブレナン長官の八月三日付のこのメモには、クリントン陣営の外交政策顧問が、ロシア保安機関による選挙への介入をもり立てることによってトランプ候補を攻撃する作戦を提案、それをクリントン候補自身が承認したとの情報があると書かれていた。

この情報は実はロシアの情報機関が作成した米大統領選に関する分析であり、それを欧州のある国の情報機関が入手、CIAに伝えたことがわかっている。その国はオランダであることが後に報じられた。（第8章［C］3を参照のこと）

そしてブレナン長官がこの情報を大統領らに説明した。ブレナン長官は九月七日にはこの情報を正式にFBIに対し捜査参考情報として伝えた。ただし、FBIはこの情報には結局取り合わず、事実上放置した。

「クリントン・プラン情報」はクリントン陣営には打撃となる代物で、ブレナン長官はトランプ陣営だけでなく、クリントン陣営にも厳しく対処したかのような印象が生じる。しかし、かならずしもそうとは言えないのかもしれない。

ダーラム特別検察官は二〇二〇年八月二一日にブレナン（その時は元CIA長官）に聴取したが、その時の答えからは、ブレナンはクリントン・プラン情報をそう重視していなかった様子もうかがえる。ダーラム報告によると、ブレナンは聴取に対し、二〇一六年七月末にはロシアの選挙介入に関する様々な情報が入ってきており、その中にクリントン・プラン情報も含まれていたが、ブレナンはそれにだけ注目していたわけではないと述べた(21)。ブレナンはFBIに対しクリントン・プラン情報を徹底捜査しろと言ったわけではなく、外国からこんな情報が入ってきているので、みなさんにも伝えておきますといった具合に、事務的に処理したかのようでもある。

第5章　ロシア介入説を確定した米情報機関報告

二〇一七年一月六日、ドナルド・トランプ政権が発足する直前、ロシアによる米大統領選への介入についての情報機関コミュニティ評価報告が発表された。調査にあたった機関はCIA、FBI、国家安全保障局（NSA）というから、ジョン・ブレナンCIA長官が二〇一六年夏に組織した特別班の作業の産物とみてよいだろう。

米国に一七あるといわれる情報機関※の総体が米情報機関コミュニティであり、様々な調査報告を出しており、それら報告は一般に「米情報機関コミュニティ評価（ICA）」と呼ばれる。（ICAという言葉には報告という意味が内包されているが、ICA報告と表記した）当該のICA報告には「最近の米選挙におけるロシアの工作と意図の評価」との題が付く(1)。バラク・オバマ大統領が二〇一六年一二月九日に、それまでの調査・分析の作業をまとめた報告を出すよう米情報機関コミュニティのまとめ役

ウラジミール・プーチン
写真提供：共同通信社

である国家情報長官室（ODNI）に指示していた。

報告を発表したのはODNIだが、ブレナン長官が個人的に最初から最後までこの報告の作成を指揮し、CIAのアナリストらが中心になって起草し、NSAとFBIはお付き合い程度に関与しただけだといわれる。下院情報委員会の共和党議員が二〇一八年三月二二日に作成し、同四月二七日に公表した「ロシアの活発な工作に関する報告」(2)にそう指摘されているし、その見解には民主党議員からも異論は出ていない。

ワシントン・ポストのグレグ・ミラー記者の二〇一八年の著書『師弟関係』（未邦訳）(3)によると、ブレナン長官自身が深夜遅くまで執務室に居残り、作業を続ける姿がよく目撃された。

公表されたICA報告は全体で一四ページと短い。うち七ページをロシア国営国際テレビ放送局のRT（アールティー。ロシア語ではРТ＝エルテー）の批判に費やしている。その中には二〇一六年大統領選の四年も前のRTの報道についての批判もある。そして残り半分が大統領選への介入についての分析。

その結論は単純明快だ。

- ●ウラジーミル・プーチン大統領が米大統領選に影響を与えるよう指示した。
- ●プーチン大統領は米国の民主主義制度に対する米国民の信頼を危うくし、ヒラリー・クリントン候補の信用を貶め、トランプ候補を支援することをめざした。
- ●ロシアの軍参謀本部情報総局（GRU）がグシファー2・0やDCリークスといったハッカー集団

を使って民主党全国委員会（ＤＮＣ）のサーバーを攻撃、そこから盗んだ情報をウィキリークスに渡し、公表した。

ロシアがハッキングで米大統領選に介入したとの説はこのＩＣＡ報告で確定、米国社会に定着した。しかし、報告は最大の関心事であるロシア当局とトランプ陣営の間の共謀の有無については、触れていない。

［Ａ］スティール文書はどう影響したか

世界に名だたる米情報機関が出した結論だから多くの人は十分な証拠に基づいていると受け止めるだろう。だが、このＩＣＡ報告をすんなりと受け入れるには無理がある。いくつか疑問が投げかけられて

※米国の情報機関

米国には一七の情報機関がある。以下、列挙した。Air Force Intelligence, Surveillance and Reconnaissance Agency, Army Intelligence Corps, Central Intelligence Agency aka CIA, Coast Guard Intelligence, Defense Intelligence Agency aka DIA, Department of Energy aka DOE, Department of Homeland Security, Department of State (Bureau of Intelligence and Research aka INR), Department of Treasury, Drug Enforcement Administration aka DEA, Federal Bureau of Investigation aka FBI, Marine Corps Intelligence, National Geospatial Intelligence Agency aka NGIA or NGA, National Reconnaissance Office aka NRO, National Security Agency aka NSA, Office of Naval Intelligence, Office of the Director of National Intelligence aka ODNI.

このうち外国情報の収集、分析にあたるのは六機関で、ＣＩＡ、国防情報局（ＤＩＡ）、国務省、国家地理空間情報局（ＮＧＡ）、国家偵察局（ＮＲＯ）、ＮＳＡだ。ここにはＦＢＩや麻薬取締局（ＤＥＡ）は入っていない。なおＯＤＮＩは二〇〇一年九月一一日の同時多発テロ事件を機に作られた調整機関だが実権を持たず名目的な存在。

きたが、疑問の一つはスティール文書に依拠して作成されたかどうかだ。

　スティール文書はICA報告よりも前に作成されており、その内容にICA報告と共通する部分があるからそうした疑問が生じる。プーチン大統領が介入を指示したといった基本的結論は二つの報告とも同じだ。

　だがスティール文書は、明らかに事実と異なる情報も盛りだくさんで、今では怪文書という扱いが妥当だ。ICA報告がそんなスティール文書に依拠しているとなると、信用度はがた落ちする。

　ジェームズ・クラッパー国家情報長官、ブレナンCIA長官、ジェームズ・コミーFBI長官、マイケル・ロジャーズNSA長官の四人の情報機関首脳が二〇一七年一月六日、ICA報告の公表前にトランプタワーに出かけ、トランプ次期大統領にICA報告について説明した。（オバマ大統領には前日に説明済み）

　その際、元々のICA報告には付けていたが、公表したICA報告からは外した二ページの注記も含め説明した。注記の内容は明らかにされていなかったが、二〇二〇年六月、ジョン・ラトクリフ国家情報長官が解禁した。注記はスティール文書について触れている(4)。

　「アネックスA」という注記には、「FBIの情報源」つまりクリストファー・スティールは、二〇一六年夏から秋にかけて、ロシアによる米大統領選への介入に関する情報をFBIに提供したが、「我々」つまり米情報機関は、スティールの情報の真偽について「限定的にしか証明できなかったので」ICA報告には使用しなかったと記述されている。

　つまり、ICA報告を作成するにあたり基本的にはスティール文書には依拠しなかったと読める。ブレナンはCIAを去ってから議会証言などで何度もそう強調している。その一方で注記はスティール文書の主な内容を列挙している。そこには、その内容はおかしいといった評価はほとんどない。

また、四人の情報機関の長による説明が一旦終わった後、コミー長官だけが部屋に残り、別途、トランプに追加説明した(5)。コミー長官はこの時を含め彼がこの年五月九日に解任されるまでのトランプ大統領との七回に上る面会の内容をメモに残した。司法省は二〇一八年四月にそれら計七件のメモを公表した(6)。

それらのメモ、さらに解任後のコミー元長官の議会証言などによると、トランプタワーに残ったコミー長官は、スティール文書の中味をより具体的に伝えた。二〇一三年の放尿ショーについても説明した。(放尿ショーについては、第6章「[A]乱痴気騒ぎ付き共謀情報」で詳述)トランプはもちろんそんな事実はないと否定したという。

スティール文書をICA報告の中でどう言及するかについては情報機関内部で議論があったとマイケル・ホロウィッツ司法省監察総監報告が指摘している。監察総監報告によると、FBIのアンドルー・マケイブ副長官がスティール文書についてICA報告の本文で言及すべきだと主張したのに対し、CIA側がスティール文書は「インターネット上の噂」に過ぎないとして反対した。その結果、注記の形で触れることで折り合ったという。

FBI内にもスティール文書に対する疑問を呈する者はいたが、FBIは二〇一六年一〇月、さらに年明け以降もスティール文書の中の虚偽の内容を根拠としてトランプ陣営の幹部、カーター・ペイジの通信傍受の許可申請を裁判所に提出している。(FBIのペイジを対象とした通信傍受申請については、第8章「[C]FBI捜査の問題点」を参照のこと)それはFBIの捜査にとっての汚点であり、ホロウィッツ監察総監もジョン・ダーラム特別検察官も厳しく批判している。

今振り返るとCIAの主張によってICA報告は救われた感じがするが、ICA報告はスティール文書を完全に否定しているわけではないことには留意すべきだ。気になる情報ではあると受け止めていたから、コミー長官がわざわざ別途、トランプ次期大統領にスティール文書について説明したと考えられる。そのスティール文書は、ICA報告公表の四日後の一月一〇日にほぼ全文が報じられた。

ICA報告はプーチン大統領がクリントン候補を敗北させトランプ候補を当選させるよう工作を指示したと明記、別途、スティール文書はそれに加えてトランプ陣営とロシアとの共謀の存在を指摘している。トランプ政権発足直前にこの二つの調査報告が相次いで公にされ、ロシアゲート疑惑が一気に盛り上がった。トランプ政権はまさに大波を受けて船出した。

[B] CIA・FBIとNSAで食い違う評価

プーチン大統領が二〇一六年米大統領選への介入を命令し、実行したとのICA報告の指摘は重い。だが、そう判断した根拠が今一つ明確ではない。もちろん情報源を明らかにすることは、情報収集に重大な支障を及ぼす恐れがあるが、それがスティール文書でないというのなら、もう少し説得力のある説明がほしいところだ。

ICA報告の最後には次のような脚注が付いている。「諸評価はしばしば不完全であるか断片的である収集情報、さらに推論（logic）、推理（argumentation）、前例（precedents）に基づいている」と指摘、さらに「高度の自信 high confidence という判断はそれが事実であるとか確実であることを意味しない」(7)。この説明はこのICA報告だけに付いているわけではないが、それを踏まえ報告を読むと、興味深い記述があることに気付く。

繰り返しになるが、ICA報告は、プーチン大統領が二〇一六年米大統領選に介入する命令を下し、ロシアはクリントンの信用を貶め、彼女の当選の可能性を引き下げることをめざしたと指摘する。続けて、プーチンとロシア政府は明らかにトランプが次の米大統領としてより好ましいと思っていたと記述し、こうした判断について「我々は高度の自信を持っている」と付け加えてある。

さらに、プーチンとロシア政府は、可能ならクリントンの信用を貶め、彼女がトランプに比べ好ましくないと公に対比させることで、トランプの当選の可能性を高めたいと熱望したと指摘し、これはCIAなど三機関の一致した判断だと記述してある。ところが、続けて、CIAとFBIはこの判断に高度の自信を持っているが、NSAの自信度は中程度だとある(8)。

要するに、プーチン大統領の命令でロシア政府がクリントン候補の信用を下げる工作を実施したことについて、三機関の見解は一致するが、ロシアがトランプの当選を助けるために工作したとの評価については、NSAはCIAおよびFBIとは少し異なる判断を下していたのだ。

この評価の違いについて報告作成時にNSA長官だったマイケル・ロジャーズは二〇一七年五月九日、上院軍事委員会の公聴会で、ロシアがクリントン候補に打撃を与えようとしたとの評価にはNSAも高度の自信を持っていたが、トランプを支援しようとしたかどうかにはそれほどの自信が持てなかったと説明した(9)。

プーチン大統領がトランプ候補を支援し、クリントン候補に打撃を与えようとしたとの評価については、CIA内でも議論があったことをブレナンは二〇二〇年発売の著書『不屈』(未邦訳)(10)の中で明らかにしている(11)。ブレナンによると、CIAでは一二人以上の分析官がトランプ候補を支援するため介入したとの結論に「高度の自信」を示したが、ほかの二人がそれに異議を唱え「中程度の自信」に表現を格下げするよう求めた。ブレナンはこれに対し、自分は二〇一六年夏から関連の様々な情報・資料を調べているからと述べて、二人の意見を押し切り、CIAとして「高度の自信」を持つとの結論を出したという。

プーチンがトランプを支援するため介入したとの結論については、議会内でも評価が分かれる。下院情報委が二〇一八年四月に公表した報告(12)は、プーチンの介入意図に関する結論が「適切な分析」を経ていないと批判している。ただしこの報告は共和党のデビン・ニューネス委員長が中心にまとめており、民主党議員は同意していない。

一方、上院情報委員会が二〇二〇年四月に公表した報告(13)では、「確かな情報に基づき一貫した」分析に基づくと高く評価した。こちらの報告は超党派で作成された。

なお、当然のことながら、二〇一六年米大統領選挙戦の最中にプーチン大統領がどちらの候補がよいか公言したことはない。また、選挙戦が本格化していた当時は一般的にクリントンが勝利する可能性が高いと思われており、プーチン大統領が、わざわざ次期大統領に就任するとみられる人物との関係を事前に複雑にしておきたいと思うかどうか。

この報告は情報機関コミュニティの評価であると銘打っているが、米国には情報機関が一七あり、それらすべてが参加して作成した報告ではないことにも留意しておきたい。CIA、FBI、NSAの三機関が収集した情報を三機関が分析、評価した。

なぜ三機関だけなのか、おかしいではないかという声が出た。

元CIA分析官らの間には、サイバー攻撃の主役がロシアの参謀本部情報総局（GRU）であるとされているのに、米国でGRUについて熟知している国防情報局（DIA）が評価に参加していないのはおかしいとの意見がある。国務省、国防省、国土安全保障省（DHS）も入っていない(14)。

ジャック・マトロック元駐ソ大使も重要な米情報機関が調査・分析に参加していないと指摘する。マトロックは一九八七年四月から一九九一年八月までロナルド・レーガン大統領とジョージ・H・W・ブッシュ大統領の下で駐ソ大使を務めた。一九八三年には国家安全保障会議（NSC）の大統領特別補佐官兼欧州・ソ連問題上級部長を務めており、外交、安全保障問題に詳しい元外交官だ。

そのマトロックは特に国務省の情報・調査局（INR）が加わっていないことに驚いた。外国の政治活動についての報告がINRの参加なしに作成されることは通常考えられないという。外国政府の意図、その外交政策についてINRが最も情報を持っており、分析能力も高いと彼は指摘する(15)。FBIが国内の捜査を担当、NSAは外国の通信を傍受し国内の通信を防御する役目を担っており、両機関とも外国政府の意図を判断する能力を持たないと指摘し、そうした能力を持つのはCIA、DIA、そしてINRだともいう。マトロックはさらに、政府幹部からINRが三機関とは異なる意見を持っていたが、それを表明することを拒否されたと聞いたと指摘した。

ICA報告のロシアによる選挙介入部分について取り上げてきたが、実はICA報告は米国におけるロシア国営メディアの報道についてあれこれ評価している。

報告はRTの報道が米大統領選に影響を与え、米国の民主主義を危うくしたと指摘している。だが、RTが米国でそれほどの影響力を持っていたとは考えられない。そもそも米国におけるケーブルニュース・チャンネルのRTの視聴者はごく少数に限られている。少々古いデータだが、米国の市場調査会社、ニールセンが、二〇一四年一二月から二〇一五年三月の毎日午後八時から午後一一時の時間帯に視聴者が多かった九四のケーブルニュース局を調査したところでは、RTはその上位九四局の中に入っていない(16)。米国でのRTの視聴率は〇・〇一%程度ともいわれ、一般の米国市民にRTと聞いてもそれがどんな媒体であるか知らない人がほとんどだ。

さらに、ICA報告がRT報道で問題だと指摘している具体的事例は、ほとんど大統領選とは関係がない。報告は「ブレイキング・ザ・セット（通説を覆す）」と「トラストシーカー（真実追究）」という番組をやり玉に挙げているが、二つの番組とも二〇一六年以前に放送が取りやめられている。

ICA報告はRTが二〇一六年の大統領選期間中、民主、共和両党の候補以外の第三党候補の討論を企画、報道したことを取り上げ、RTが米国の二大政党制を批判、米国の民主主義の欠点を喧伝したと指摘した。しかし、それ自体は不思議でも何でもない。RTが二〇一二年に「ウォール街を占拠せよ（Occupy Wall Street）」運動のドキュメンタリー番組を放送したことも問題視しているが、これも報道機関なら当たり前だ。NHKだってこの騒ぎを報じたはずだ。

米情報機関の評価と銘打った報告だからといって内容に瑕疵がないとは限らない。米情報機関といえども、過去に重大な間違いを犯している。例えば、サダム・フセインのイラクが大量破壊兵器を保有しているという二〇〇三年の評価が挙げられる。米上院は二〇〇四年七月九日、それが間違いだったとの調査報告を明らかにした。この間違いは米情報機関の歴史的な汚点として残っている。

第6章　スティール文書の衝撃

情報機関コミュニティ評価（ICA）報告が米国社会全般にロシアによる選挙介入を確信させたとすれば、そのロシアとドナルド・トランプ陣営の間に陰謀があったとの爆弾情報をもたらしたのが、スティール文書だ。（陰謀と共謀の用語の解説は第1章の側注「共謀」を参照のこと）

ロシアによる不法な介入はロシアだけの犯罪だが、トランプ陣営がロシアと共謀していたとなると、トランプ政権の基盤そのものが大きく揺らぐ。トランプ大統領の弾劾、追放は必至だったろう。

スティール文書は、ヒラリー・クリントン陣営と民主党全国委員会（DNC）による発注で作成された。発注先は、英国の調査会社、オービス・ビジネス・インテリジェンスのクリストファー・スティール。彼が情報を収集、二〇一六年六月から一二月にかけ順次メモを作成した。そのメモの総体をメディアではスティール文書と呼ぶ。スティールは英国の対外情報機関MI6※の元ロシア担当エージェント

米上院司法委員会公聴会でスティール文書のコピーを持って発言するリンジー・グラム委員長（2019年12月11日）。写真提供：ロイター＝共同

だ。

この一連のメモの中に、ロシア政府がウラジーミル・プーチン大統領の直接の指示を受けてクリントン候補を追い落とすため、トランプ陣営と「陰謀」をめぐらしたとの衝撃的な記述がある。それはクリントン陣営の内輪の調査報告で、一般には公表されていなかったが、米国インターネット・ニュース・メディアのバズフィードが二〇一七年一月一〇日、一部黒塗りで全文を報じた[1]。

バズフィードはこの文書の作成者の名前を伏せて「元英国情報機関職員」としたが、ウォール・ストリート・ジャーナルが翌一一日に、その人物はスティールだと明らかにした[2]。何しろ元ＭＩ６のロシア担当だった人物が調査、記述したのだから、その辺の怪文書とは違うと受け止められた。

だが、ＦＢＩ、そしてロバート・モラー特別検察官、議会、メディアによる捜査・調査で結局、スティール文書が指摘する「陰謀」の存在は証明されなかった。スティール文書の根幹が否定された。スティール文書に書かれた情報がすべて虚偽だったわけではないが、一般にも周知されていた事実も多く、何よりも肝心の「陰謀」が否定された以上、怪文書だったと言ってよい。

スティールへの調査発注、スティールの情報収集、クリントン陣営への報告、米政界やメディアへの情報提供・工作などスティール文書をめぐるもろもろの動きは、現代の米大統領選挙の戦い方、情報機関の動き、捜査や報道のあり方を赤裸々に映し出しており、極めて興味深い。

［A］　乱痴気騒ぎ付き共謀情報

スティールが二〇一六年六月二〇日から一二月一三日にかけ順次作成したメモは一七件、三五ページ。これを依頼主の調査会社「フュージョンGPS」に送った。

このうち、「095」という番号の付いたメモ（日付なしだが、メモの順番から判断して二〇一六年七月下旬作成とみられる）の冒頭に「トランプ陣営とクレムリン（ロシア指導部）の間に広範な陰謀が存在し、それには最高首脳の承認を受けた上で米国在住のロシア外交団が関与している」(3)との下りがある。スティール文書の指摘の核心だ。

スティール文書の要点を以下に列挙した。いずれも衝撃的だが、トランプが大統領選に出馬する前にモスクワを訪問した際、ホテルに売春婦を呼んで放尿ショーを楽しんだとの指摘もあり、スティール文書全体への注目度が跳ね上がった。（この一件は、本章「［G］2(a)　醜聞の創作」も参照のこと）

●トランプ陣営とクレムリンがクリントンを落選させるため広範囲に共謀した。トランプ選対本部会長を務めたポール・マナフォートと外交顧問のカーター・ペイジがその共謀の調整役だった。

※MI6　英国の対外情報機関「秘密情報部（Secret Intelligence Service：SIS）」の通称。外務大臣の管轄下にある。MI6はMilitary Intelligence, Section 6を表し、第二次世界大戦中にSISを便宜的にそう呼ぶようになった。英国にはほかに保安部（Security Service：MI5）や政府通信本部（GCHQ）といった情報機関がある。

●民主党全国委員会（DNC）関係者のeメールがウィキリークスに漏洩された背後にはロシアが存在する。

●トランプ陣営はロシアから支援を受ける代償としてロシアのウクライナ東部への軍事介入問題を選挙の争点から外し、また、米国民のウクライナ問題への関心をそらすため、バルト諸国と東欧に対するNATOおよび米国の防衛コミットメントを強めることに同意した。

●トランプ陣営の外交顧問、カーター・ペイジが二〇一六年七月初めの三日間、モスクワに滞在、七日か八日にロシアの国営石油大手、ロスネフチの最高経営責任者（CEO）、イーゴリ・セーチンと会った。その際、セーチンはロスネフチ株※の一九％を民間に放出する際の仲買業務をペイジに任せ、その手数料を稼がせる見返りに、トランプが当選したら、セーチンとロスネフチに対する制裁を解除してほしいと要請、取引を持ちかけた。ペイジはトランプが大統領になればそうするだろうと肯定的に返事した。

●ロシア当局は五年前（二〇一一年ということになる）からプーチン大統領の指示でトランプとの関係構築に乗り出し、彼を支援した。プーチンは西側諸国の同盟関係に亀裂を生じさせることをめざした。

●ロシア連邦保安庁（FSB）はトランプとの関係作りの過程で不動産取引を持ちかけ、また売春婦を送り込み、恐喝する材料を集めた。その一つが、放尿ショー（スティールは「golden showers（urination）show」と表記）事件。トランプが二〇一三年一一月にミス・ユニバース大会（一一月九日）の開催関係者としてモスクワを訪問、リッツ・カールトン・モスクワ※※に宿泊した。トランプはバラク・オバマ大統領が二〇〇九年七月六～八日に一家でモスクワを訪問した際に泊まった部屋を予約。そこに大勢の売春婦を呼び、ベッドの上に立たせ、目の前で放尿させた。ロシア当局がこのホテルに録画装置を設置しており、この時の模様も録画し、テープを保有している。

●トランプの顧問弁護士、マイケル・コーエンとクレムリンの代表者たちが二〇一六年八月にプラハで会い、マナフォート選対本部会長のスキャンダルやペイジのモスクワ訪問が暴露されたことについて対応を協議した。

リッツ・カールトン・モスクワのプレジデンシャル・スイート。オバマ夫妻が泊まったとされ、当時料金は一泊1万6700ドル(当時のレートで約160万円)。窓からは赤の広場とクレムリンを望める。
写真提供:Sputnik/共同通信イメージズ

※ロスネフチ株の民間売却
ロシア政府は二〇一四年一二月、国営企業の民営化の一環で大手石油企業、ロスネフチの株式の一九・五%を売却する方針を発表した。その後、売却時期を見計らい二〇一六年一二月初めに売却を完了した。売却先は英・スイスの商社、グレンコアとカタール政府ファンドのコンソーシアム。一一三億ドルを調達した。スティールが指摘するロスネフチ株の売却の話自体は根も葉もない話ではないが、スティールが報告を書いた時点では売却予定は周知の事実だった。

※※リッツ・カールトン・モスクワ
米国のマリオット・インターナショナル社の経営で二〇〇七年に開業したが、同社は二〇二二年七月に米国による対ロ制裁を受けて撤退、名称は現在、カールトン・モスクワ。ソ連時代のインツーリスト・ホテルの跡地に建てられた。

[B] MI6のベテラン・エージェントという経歴

米国では選挙運動の一環でスキャンダル情報を含め対立候補の行動を調査会社に委託して調べさせること(「オポジション・リサーチ」という)が普通に行われており、法的に問題はない。スティール文書は実は対立候補を標的にした政治色の極めて強い調査の産物だ。

調査の依頼主はクリントン陣営と民主党全国委員会(DNC)。両者が米国の調査会社、フュージョンGPSにトランプ陣営の活動を調べるよう発注、次にフュージョンGPSがスティールに丸投げした。スティール文書はクリントン候補のために作成された。

スティールの経歴についての各種公式報告、報道をまとめると、スティールは一九六四年六月二四日、イエメンのアデンで生まれた。父が英国の気象庁勤務でアデンに駐在していた。一九八六年ケンブリッジ大卒。弁論部の部長を務めた。

卒業の翌年一九八七年にMI6に入り、その後、ロシア語を勉強した。二〇〇九年の退職まで二二年間、MI6にいた。在任中の一九九〇年から四年間、モスクワの駐ソ・駐ロ英国大使館に勤務、その後、駐仏大使館勤務などを経て二〇〇六年から二〇〇九年までMI6のロシア・デスクを務めた。二〇〇六年にはロンドンで発生したロシアの元情報機関員、アレクサンドル・リトビネンコの毒殺事件の捜査にも参加した。MI6内での評判は「仕事のできる奴」だった。

二〇〇九年、四五歳の時、MI6を退職。MI6の元同僚、クリストファー・バローズとともにロンドンに調査会社、オービス・ビジネス・インテリジェンス(以下、オービス)を設立した。オフィス住所は非公開だが、瀟洒な建物が並ぶメイフェア地区にあるとされる。社員数は一〇人程度のようだ。

オービスの最初の顧客がイングリッシュ・フットボール協会。その依頼で二〇一五年に起きた国際サッカー連盟（FIFA）を舞台にした汚職事件を調査、FBIの捜査にも協力した。

二〇一九年一二月監察総監報告によると、スティールは二〇一〇年からFBIに情報を無償で提供していた。主にロシアと東欧における組織犯罪と汚職についての情報だったという。それが高く評価され、FBIは二〇一三年一〇月にスティールを「秘密情報提供者（CHS）」、つまり協力者として採用した。CHSとしての契約は二〇一六年一一月まで続いた。スティールはトランプ=ロシアの関係を調査していた時もFBIの協力者だった。

オービスでの仕事は順調だったようで、ロンドンまで電車で一時間余りのサリ州のファーナムの邸宅に住み、ランドローバー・ディスカバリ・スポーツを乗り回していたという(4)。

スティールの経歴でもう一つ興味深いのは、彼がドナルド・トランプの娘のイバンカ・トランプと付き合っていたこと。二〇一九年一二月発表のマイケル・ホロウィッツ司法省監察総監の報告は、イバンカの名前を伏せ「トランプ家の一員」と表現しながらも、スティールが二〇〇七年から数年間、イバンカと「親しい」「個人的」関係にあったと指摘した。

クリストファー・スティール
写真：ブルームバーグ提供・ゲッティ／共同通信イメージズ

監察総監チームが二〇一九年初めにロンドンでスティールから話を聞いた際、トランプ家が嫌いであるなどの偏見を抱いていない証拠の一つとして彼自ら明らかにした。スコットランドの「家庭用タータン（毛織物）」を贈ったこともあるという。

イバンカ・トランプ
写真提供：ロイター＝共同

なお、監察総監報告にある匿名の人物がイバンカであると報じたのは米ABCニューズだ(5)。スティールが彼女と付き合うようになった経緯については、監察総監報告や報道は触れておらず不明。

スティールがトランプを調査することにした動機の一つとして、スティールがトランプ嫌いだったことも考えられるが、スティール自身は上記のように否定する。スティールの知り合いで彼に調査を発注した米調査会社フュージョンGPSの共同設立者、グレン・シンプスンもスティールが特にトランプ嫌いというわけではなかったとみている(6)。

[C] 調査発注元はクリントン陣営

二〇一六年五月、米国の調査会社、フュージョンGPSのシンプスンがロンドンのヒースロー国際空港に到着した。（ホロウィッツ司法省監察総監報告では五月と表記されているが、スティールは二〇二一年一〇月一八日のABCニューズとのインタビューで、六月初めと述べ、食い違いがみられる）空港内イタリア料理店でスティールと昼食をともにしながら、ロシアが米大統領選挙にどう対応するのか調査してほしいと持ちかけた。スティールはこの話を持ち帰り、同僚のバローズと協議、受けることにし、六月初めに契約した。

フュージョンGPSは、ウォール・ストリート・ジャーナルの記者だったシンプスンと同僚のピーター・フリッチが二〇一〇年にワシントンDCに作った調査会社。スティールがロンドンにオービスを設立した翌年だ。

シンプスンは二〇一五年夏に、共和党支持者だがトランプ嫌いで有名な投資家、ポール・シンガーに接触し、米大統領選に出馬するトランプを標的にした調査に関心があるなら引き受けると持ちかけた。シンガーはマーコ・ルービオ上院議員を支持していた。

シンガーはこの話に乗り、二〇一五年一〇月、資金面で面倒を見ているインターネット・ニュースサイトのワシントン・フリー・ビーコンを通じてフュージョンGPSに調査を依頼した。しかし、二〇一六年五月までにはトランプが共和党候補として指名されることが確実になり、フリー・ビーコンは調査から降り、資金を出さなくなった。

そこでシンプスンは、四月中に今度はクリントン陣営の顧問弁護士事務所でシアトルにあるパーキンズ・クーイに所属するマーク・イライアス弁護士に、この調査を続けたいが資金を出してくれるかどうか打診した。イライアスは民主党全国委員会（DNC）の法務担当でもあった。

イライアスがクリントン陣営およびDNCと調整し、両団体から調査に資金を出すとの同意を得て、フュージョンGPSに調査を発注した。それを受けてフュージョンGPSのシンプスンが二〇一六年春、スティールに調査を依頼したのだった。スティールは早速、二〇一六年六月に調査に着手した(7)。

シンプスンは二〇〇九年にウォール・ストリート・ジャーナルを退社したが、当時、ブリュッセルに駐在しており、知り合いから退社後の仕事に役立つだろうということで、スティールを紹介された。スティールとはロシア支配層の腐敗問題への関心を共有、その後、交流していた(8)。

調査の最初の成果が二〇一六年六月二〇日付のメモ「2016/080」だ。最後に作成されたメモは二〇一六年一二月一三日付で番号「１６６」。

クリントン陣営のロビー・ムック選挙対策本部本部長※は二〇一七年一一月、CNNの番組で調査に資金を出すことにした理由について、トランプ候補のビジネスが経営実態のない名目だけの会社だらけで調べる必要があると思ったと説明した(9)。

[D] 蚊帳の外のクリントンと陣営幹部

スティールはシンプスンからの発注を受け、早速調査に着手し、次々と情報をフュージョンGPSに送った。フュージョンGPSはそれをイライアス弁護士に伝えた。イライアスは二〇一六年六月末か七月初めからパーキンズ・クーイ法律事務所のワシントンDCにあるオフィスで毎週、面会あるいは電話を通じて情報を受け取り、クリントン陣営幹部に伝えた(10)。

しかし、イライアスは受け取ったスティール情報をすべてクリントン陣営幹部に伝えたわけではない。情報を仕分けし、有益で検証可能であると判断した情報を伝えていたという(11)。イライアスからスティール情報を伝えられたクリントン陣営幹部は、ジョン・ポデスタ会長、ムック本部長、ジェニファー・パルミエリ広報担当、ジェイク・サリバン上級政策顧問(後にバイデン政権での国家安全保障担当大統領補佐官)。

スティール情報は、フュージョンGPS→イライアス弁護士→クリントン陣営幹部というルートで流れたわけだが、不思議なことに、クリントン陣営幹部は誰が集めた情報かを知らずに聞いていたとされている。彼らはイライアス弁護士が調査をフュージョンGPS、さらにスティールに依頼したことを知らなかったという。

イライアス弁護士は二〇二二年五月の裁判（マイケル・サスマンを被告とする裁判＝第8章「［F］ダ
ーラムが起訴に持ち込んだ三人」を参照のこと）で、スティールが情報源であることを幹部には言わな
かったと証言、ムック本部長も同じ裁判でフュージョンGPSに委託したことを知らなかったと証言し
ている(12)。当然、スティールからの情報だとも知らなかったということになる。

ポデスタ会長以下、クリントン陣営幹部はトランプを標的にした調査に資金を出すことは承認したが、
誰が実際に調査にあたるのかまでは知らなかったというのだ。

ではクリントン候補自身は知っていたかどうか。サリバンが二〇一七年一二月に下院情報委員会で証
言したところでは、サリバンらがイライアス弁護士から調査の説明を受けた場にはクリントンはいなか
った(13)。またクリントン候補の側近二人がニューヨーク・タイムズに述べたところでは、クリントンは
二〇一七年一月一〇日にスティール文書が報じられて初めてスティールが調査していたことを知っ
た(14)。

DNCの幹部もクリントン陣営幹部と同じように、この調査については知らなかったという。DNC
の広報部長だったソチ・イノホサは、自分もDNC首脳もパーキンズ・クーイがフュージョンGPSに
調査を依頼したことを知らなかったと述べ、二〇一六年七月の民主党大会までDNC委員長だったデビ

※選挙対策本部本部長

選挙対策本部本部長はcampaign managerと表記され、実務を司る。別途、名目的に選対本部を代表する会長（chairman）がいる場合がある。なお、この著書ではcampaignを基本的には「陣営」と訳した。Clinton Campaignは「クリントン陣営」とした。ただし、本部長など役職を付ける際には、選挙対策（選対）本部とした場合もある。

ー・ワッサーマン・シュルツも同じことを言っている(15)。クリントン陣営の中で調査にフュージョンGPS、パーキンズ・クーイ法律事務所、スティールが関与していることを知っている人は、イライアス弁護士だけだったということか。にわかには信じられない話ではある。

一方、スティールも調査の究極の発注主がクリントン陣営とDNCであることは当初知らなかったという。しかし、七月五日にFBIエージェントと接触した際には、フュージョンGPSが「ある法律事務所」から発注を受けていること、スティールの究極の顧客はクリントンを支持している「民主党幹部」であると、そのFBIエージェントに伝えている(16)。

なお、クリントン陣営とDNCがスティールによる調査を発注していたことは、二〇一七年一〇月二四日にワシントン・ポストが報じて初めて公に明らかになった(17)。

クリントン陣営とDNCは多額の調査費用と報酬をパーキンズ・クーイ法律事務所経由でフュージョンGPS、そしてスティールに払った。フュージョンGPSには計一〇二万ドル余りを払い、フュージョンGPSはそのうち一六万八〇〇〇ドルをスティールの会社、オービスに支払った。フュージョンGPSが二〇一七年一〇月三一日に声明を出して明らかにした(18)。

なお、フュージョンGPSに払った一〇二万ドル余りのうちDNCが八四万九四〇〇ドル、クリントン陣営が一七万五〇〇〇ドルをそれぞれ負担したという数字も報じられている(19)。

以上はトランプとロシアの関係を調査する費用の詳細だが、パーキンズ・クーイ法律事務所はクリントン陣営およびDNCの顧問法律事務所であり、当該調査以外にも両団体から報酬を受けている。クリントン陣営はこの法律事務に二〇一五年六月から二〇一六年一二月までに調査費用も含め、五六〇万ドル、DNCは二〇一五年以降、三六〇万ドルを支払ったといわれる[20]。米国での選挙で弁護士や顧問法律事務所がいかに重要な役割を担うかがこうした金額からわかる。

フュージョンGPSが調査の仲介料として八割を懐に入れたが、それに比べるとスティール側に渡った額は少ないようでもある。それはともかく、クリントン陣営もDNCも多額の資金を出して調査を依頼したのだから、幹部が集まって誰が実際に調査するかぐらいは確認するのだろうと思うが、そうではなかったようだ。二団体の幹部が重要事項を掌握しているわけではないことには驚かされる。

なお、この調査資金の拠出をめぐっては、後にクリントン陣営とDNCは選挙資金の使い方を監視する連邦選挙委員会（FEC）に罰金を払う羽目になった。

各陣営は連邦選挙運動資金法に基づいて選挙資金の使い方をFECに報告しなければならないが、クリントン陣営とDNCは法律顧問会社のパーキンズ・クーイに払った調査費用を「法務サービス」として報告した。これが、調査費用であることを明記しない虚偽の報告であることがわかり、クリントン陣営は八〇〇〇ドル、DNCは一〇万五〇〇〇ドルの計一一万三〇〇〇ドルを支払うことに同意せざるを得なかった[21]。何とも締まらない話ではある。

[E] 重大情報放置という不可解

クリントン陣営幹部はイライアス顧問弁護士を通じてスティール発の数々の衝撃的な情報を受け取った。それなのに誰からの情報か無頓着だったというのも不可思議だが、たとえ情報源を知らなかったとしても、せっかく多額のカネを出して調査させた成果であるのだから、当然、選挙戦に生かしたのだろうと誰もが思うだろう。ところがそんな形跡はあまり見当たらない。

フュージョンGPSやスティールはFBI、米政府関係者、さらに報道機関に調査で得られたとする情報を流す計画を立て、イライアス弁護士がそれに同意した。だが、クリントン陣営幹部ではイライアス弁護士以外はそんな計画についても知らなかったようだ。

クリントン陣営がスティール情報を選挙戦略に基本的に利用しなかったのは、その情報の真偽のほどを確かめられなかったことが、第一の理由か。陣営幹部の一人だったジェイク・サリバンの議会証言からはそう推察される。彼は二〇一七年一二月二一日、下院情報委員会でクリントン陣営がスティール文書をどう扱ったか、要領よく説明している(22)。

以下に要点を列挙した。

- トランプとロシアの関係を含め調査が外部で行われていることは知っていた。しかし、誰が調査しているか、誰が資金を出しているかなどは知らなかった。
- イライアス弁護士から調査結果について聞いたのは選挙運動の終わりで、毎日聞いたわけではない。時々だった。ムック本部長、ポデスタ会長、そして時にパルミエリ広報担当とともに説明を受けた。
- クリントン候補自身はそうした場にはいなかった。
- 私は二〇一六年にはフュージョンGPSという調査会社を知らなかった。クリントン陣営の一員だった期間、フュージョンGPSの誰とも会ったことはない。また、クリントン陣営がパーキンズ・クーイ法律事務所を雇っていることも二〇一六年一〇月に公になるまで知らなかった。
- スティールもオービスについても選挙戦が終わってから後で知った。
- イライアス弁護士から説明を受けた情報の中には記者たちから聞いたものと同じような情報が含ま

れていた。

●私は基本的に調査の成果を聞くだけで、調査自体を担当したわけではない。確固たる証拠があっての情報であれば、クリントン候補の演説や自分の発言に折り込んだと思うが、そんな性質の情報ではなかった。説明を聞いた人たちは基本的にそれを証明する必要があると思って聞いていたと思う。

●スティール文書にある情報を一切利用しなかった。文書にあるあれやこれの事項に私は関知していない。

クリントン陣営が、今では怪文書と呼んで差し支えのないスティール情報を選挙戦で使っていたら、大恥をかいただけでなく、名誉毀損罪などで捜査を受けるか、損害訴訟を起こされただろう。FBIはスティール文書を利用して捜査を進め、味噌を付けたが、クリントン陣営はそれを何とか回避できた。その意味で、クリントン陣営本体は意図していたかどうかは別にして、概ね正しく行動した。しかし、調査の成果を生かさなかったのだから無駄金を使ったことは間違いない。

一方で、スティール文書は選挙が終わった後に、トランプ政権を苛む効果を多いに発揮した。その意味では関与したクリントン陣営幹部はスティールへの調査発注には成果があったと思っているのかもしれない。

クリントン陣営本体はスティール情報には無頓着だったが、トランプとロシアの関係が怪しいと言って追及し続けた。ロシア当局による民主党関係者のeメールのハッキング、それを促すようなトランプ候補の発言など攻撃材料はいろいろあった。

クリントン候補は二〇一六年一〇月九日の第二回大統領討議会で、「彼ら（ロシア）はトランプを当選させるためそう（ハッキング）している」と述べ、さらに一〇月二〇日の第三回討論会では、トランプ候補はロシアの「操り人形だ」と糾弾した。だが、スティール文書にあるようなことは具体的に言っていない。

情報漏洩団体のウィキリークスが二〇一六年一〇月七日、クリントン陣営のポデスタ会長のeメールを暴露した際には、ポデスタはトランプがロシアの選挙介入を手助けしているのではないかと疑義を表明した。だが、それ以上のことは言っていない。

大統領選で対ロシア政策が論戦の対象になることは当たり前で、クリントン候補やポデスタ会長のトランプ攻撃に特にスティール文書の影が見当たらなかったことは、救いだった。

〔F〕クリントン陣営以外への情報拡散

スティールはフュージョンGPSを通じてクリントン陣営から調査を請け負ったのだから本来、クリントン陣営にだけ調査結果を報告すべきであるように思うが、フュージョンGPS、イライアス弁護士の事実上の了解を得て、クリントン陣営以外のFBI、政府関係者、議員、メディアに情報を流した。実に積極的な工作だ。スティールは幅広く外部を巻き込んで何としてもFBIにトランプ陣営を捜査させ、政権内に警鐘を鳴らし、さらにメディアにトランプを攻撃する材料を与えようとした。

ただし、FBIの捜査は極秘で進められたし、報道機関も提供された情報の信憑性を確認できなかったことから、二〇一六年中は一部の報道機関がスティールの名前を伏せ調査内容を限定的に報じるにとどまった。スティール文書の全容が報じられたのは、繰り返すが、大統領選挙が終わって、年明け二〇一七年の一月一〇日のことだ。

1　FBI・政府関係者・議員への精力的働きかけ

スティールは大統領選期間中も選挙が終わってからも、とにかくFBIにトランプ陣営を捜査してもらいたかった。彼は義憤にかられ、FBIへの情報提供に積極的だったとフュージョンGPSのシンプスンは議会で説明した(23)。

彼は三つの経路を使ってFBIに捜査を促した。一つは旧知のFBIエージェントを通じて、二つ目はこれも旧知の司法省や国務省の幹部を通じて、そして最後にジョン・マケイン上院議員を通じてだ。政府関係者、議員への通報はロシアの脅威について米政界全体に警鐘を鳴らす目的があったと思われる。

(a)　在ローマFBIエージェント

スティールは最初の調査報告を書いた同じ二〇一六年六月二〇日に米国の駐イタリア大使館員で旧知のFBIエージェントのマイケル・ガエタに、重要な情報があるからロンドンに来てほしいと要請、七月五日にオービスのオフィスで会った。このあたりの経緯はホロウィッツ司法省監察総監報告やジョン・ダーラム特別検察官報告に描写されている。

スティールは二〇一〇年に当時司法省の組織犯罪※・恐喝事件担当のブルース・オアからガエタを紹介され、二人は知り合いだった。スティールはその頃からFBIに協力し始め、スティールを担当したのがガエタだ。監察総監報告など公的報告ではガエタの名前は伏せられ、「ハンドリング・エージェント

1」と表記されている。

七月五日にガエタと会った際、スティールは「080」と番号の振った六月二〇日付メモを手渡すとともに、調査の発注主がフュージョンGPSで、その先に「ある法律事務所」、そしてクリントン候補を支持する民主党幹部（複数）が控えていることも明かした。さらにFBIに情報を伝えることにした理由について、それが米国の国家安全保障に関係すると判断したからだと説明した。FBIへの情報提供はフュージョンGPSも了解していると伝えた。スティールはその後も調査報告をガエタに伝え、ガエタは出身部署だったFBIのニューヨーク支部に報告した。

ガエタはスティールから得た情報を二〇一六年七月初めから逐次、FBIに送っていた。ところが不思議なことに、このスティール情報がワシントンDCのクロスファイア・ハリケーンの捜査班に届いたのは二〇一六年九月一九日。捜査班はこの日、スティールが作成した最初の六件のメモを入手した。スティール情報は七五日間もFBIという組織の中で放置されていたことになる。

ダーラム特別検察官はスティールのメモがなぜ捜査班に届かなかったかについて、FBIの関係部局に聴取したが、「納得のいく説明は得られなかった」。わけのわからない「官僚的遅延」があったというのが、ダーラム報告の結論だ。

しかし、とにかくクロスファイア・ハリケーン捜査班は九月一九日に最初の六件のスティール・メモを受け取った。この中には例のトランプの放尿ショーの情報も含まれる。ところが捜査班はそれらスティール情報を検証することなく、トランプ陣営幹部のカーター・ペイジの通信を傍受するための申請に利用した。（ペイジに対する通信傍受申請については、第8章「［C］FBI捜査の問題点」を参照のこと）

スティールはガエタを通じてFBIにトランプ陣営を捜査してもらうために調査内容を伝えた。しかし、FBIとの関係は二〇一六年一一月一日に終焉を迎える。米国の保守系団体、ジュディシャル・ウォッチがFBIに情報公開を請求し、二〇一八年八月に解禁された資料によると、FBIは一一月一日にスティールとの秘密情報提供者（CHS）の契約を解除した(24)。

その理由はスティールがメディアと接触していたことがわかったためだという。後述するように、スティールは九月から一〇月にかけ報道機関に調査情報を伝えており、特にマザージョーンズ誌が一〇月三一日に報じた記事にFBIは我慢がならなかった。この記事は、ロシアがトランプ候補を支援する工作を展開しているとの情報をFBIが「ある西側の国の元幹部情報機関職員」から受け取っているとの内容だった(25)。CHSがFBI以外に情報を伝えたのでは、CHSを抱えている意味がなくなる。なお、ダーラム特別検察官報告によると、FBIはスティールとのCHSの契約を打ち切った後も司法省高官のブルース・オアを通じて情報を受け取った。

一方、フュージョンGPSのシンプスンが二〇一七年八月二二日に上院司法委員会で説明したところでは、むしろスティール側からFBIとの関係を打ち切ったという。負け惜しみのようにも聞こえるが、スティールはFBIが彼の情報をまともに受け止めていないと判断したという。FBIはスティール情報を二〇一六年一〇月からペイジの通信傍受申請に使ったが、そのことを知らなかったのだろう。

※**組織犯罪（organized crime）**
組織犯罪は暴力団による犯罪を指すばかりでなく、テロリスト集団、武装集団など政治的目的を持った組織による犯罪も意味する。

FBIは当然のことながら、情報提供者であるスティールに報酬を払っていた。ジュディシャル・ウォッチが入手した先のFBI資料には、FBIが二〇一六年にスティールに少なくとも一一回報酬を支払ったとの記述がある(26)。ただしこの資料は大部分が黒塗りされ非公開で、いつ、いくら、どのような情報に対して支払ったか詳細は不明だ。

FBIからのスティールへの報酬については、こんな話もある。ダーラム報告によると、FBIの三人が二〇一六年一〇月三日にローマでスティールとガエタに会った際、スティールに対し、文書に書いた情報が確かなものであるとの証拠を提示すれば、一〇〇万ドル以上払う用意があると伝えた(27)。スティールの調査会社、オービスが当該の調査でフュージョンGPSから受けた報酬は一六万八〇〇〇ドルだったことは既に述べた。一〇〇万ドル以上とは破格の高額報酬案で、飛びつきたい話だったろう。しかし、証拠の提供がなく、結局、FBIが支払うことはなかった。

(b) 司法省・国務省高官

スティールは二〇一六年七月三〇日、司法副長官補の職にあったブルース・オア夫妻とワシントンDCのホテルで朝食をともにした。

オアの二〇一八年八月二八日の下院司法委員会・行政監視改革委員会の非公式合同聴聞会での証言によると、オアはこの朝食時にスティールから伝えられた話を翌日から八月にかけ、クロスファイア・ハリケーン捜査を主導するピーター・ストロクと同僚のリサ・ペイジ、さらに司法省幹部に伝えた。その際、オアはスティールがクリントン陣営による依頼で調査しており、その情報の信頼性には疑問があるし、彼が強烈な反トランプ感情を抱いており、調査が政治的に偏っている可能性があるとも注意したという。オアのこの時の証言内容は米国メディアのザ・ヒルが二〇一九年一月一六日に報じた(28)。さらに、同年三月にダグ・コリンズ下院議員(共和党)もオアの証言内容を公表した。

スティールが二〇一六年七月五日にロンドンで会ったFBIエージェントのガエタはローマの米大使館員だから、ガエタの面会情報は大使館を管轄するワシントンの国務省本省には伝わる。当時、欧州を担当していたのは、ビクトリア・ヌーランド国務次官補。ガエタのロンドン出張の許可もヌーランドが出したという。

彼女が退任後の二〇一八年二月四日にCBSの報道番組「フェイス・ザ・ネイション」で述べたところでは、二〇一六年七月半ばに二〜四ページのスティール情報を受け取った(29)。従って国務省はFBI捜査班とは違って、早い段階からスティールの情報に接していたことになる。

スティールは、自分の情報がヌーランドに渡っていたことを、ガエタを通じて知っていたと思われるが、スティールはさらに二〇一六年九月と一〇月にワシントンで別の二人の国務省高官と会って調査内容を説明している。

一人はジョナサン・ワイナーで、当時、国際法執行担当の国務次官補代理だった。二〇一八年二月八日付ワシントン・ポストへのワイナーの寄稿によると、二〇一六年九月にワシントンでスティールと会った。その際に聞いた話を二ページの文書にまとめ上司のヌーランドに渡した(30)。

スティールはさらに二〇一六年一〇月一一日、ワシントンで国務省の欧州ユーラシア問題担当国務次官補代理のキャサリーン・カバレックと面会した。こちらの接触は、二〇一九年五月七日に判明した。カバレックは面会の模様をタイプで記録、そのメモを保守系団体のシチズンズ・ユナイテッドが情報公開を求めた訴訟の末、入手した(31)。

カバレックの記録によると、スティールは彼の調査が政治色を強く帯びていることを認め、さらに調査発注者（フュージョンGPSと思われる）が大統領選投票日の一一月八日までに調査内容が表に出ることを望んでいると述べた。面会にはオービス・ビジネス・インテリジェンスの同僚、タチアナ・デュランが同席していた。

スティールはその際、カバレックに仰天情報を伝えた。スティール文書にあるロシア・クレムリンの情報源は大統領府第一副長官や副首相を務めた経験のあるプーチン大統領の顧問ウラジスラフ・スルコーフ、そして対外情報庁（SVR）長官や第一外務次官や駐インド大使を務めたビャチェスラフ・トルーブニコフであると述べたというのだ(32)。

二人はプーチンに極めて近い重要人物で、本当に彼らがスティールに何らかの形で情報を提供していたとしたら、プーチン側近がスパイだったという大変な話だ。しかし、その後、スルコーフとトルーブニコフが逮捕されたという情報は一切ない。ということは、スティールはでまかせを言ったのか。それともスルコーフとトルーブニコフに近い第三者が二人から聞いた話だと言って情報を伝えてくれたので、スティールは二人を情報源と描写したのか。いろいろ考えられるが、スティール情報の肝心部分が虚偽であることから、スルコーフとトルーブニコフがスティールの情報源だという話も眉唾物だ。

(c) ジョン・マケイン上院議員

スティールの友人でオービスの顧問を務める人物にアンドルー・ウッド卿（英国の元駐ロ大使、在任一九九五〜二〇〇〇年）がいる。彼が大統領選終了後だが、ジョン・マケイン上院議員（共和党）へスティールの調査内容を伝え、マケイン議員が直接、ジェームズ・コミーFBI長官へ伝えた。

表2　スティールによる米政府関係者・議員への働きかけ（日付、場所、相手）

(1)	2016年6月20日、ローマ、マイケル・ガエタ米国大使館員。
(2)	7月5日、ロンドン、ガエタ
(3)	7月30日、ワシントンDC、ブルース・オア司法副長官補
(4)	9月、ワシントンDC、ジョナサン・ワイナー国務次官補代理
(5)	10月11日、ワシントンDC、キャサリーン・カバレック国務次官補代理
(6)	11月18日、カナダ・ハリファクス、ジョン・マケイン上院議員（アンドルー卿経由）

スティールは複数のロシア人実業家から名誉毀損で訴えられた裁判に関連して二〇一七年五月一八日に裁判所へ弁明書を提出(33)、その中でマケイン議員にも情報を提供していたことを明らかにした。また、マケイン上院議員の側近で元国務次官補のデービッド・クレイマーが二〇一七年一二月一三日、米国フロリダの裁判所に呼ばれ尋問を受けた際の調書によっても、そのことは確認される(34)。なおこの裁判もロンドンの場合と同様、ロシア人実業家がスティールを相手取って起こした名誉毀損訴訟だ。

これら文書によると、アンドルー（ウッド）卿が二〇一六年一一月一八日、カナダで開かれた国際安全保障に関する会議「ハリファクス国際安全保障フォーラム」の場で、出席していたクレイマーとマケイン議員にスティールの得た情報を紹介した。ただしこの時には文書は渡していない。

興味を示したマケインから指示を受けたクレイマーが英国に赴き一一月二九日にサリ州にあるスティールの自宅で話を聞いた。文書そのものは米国に戻ってからシンプスンから受け取り、それをマケイン議員に手渡した。そしてマケイン議員が一二月九日にコミーFBI長官に会い、文書を渡した。

クレイマーはマケイン議員以外にも国務省高官ら政府関係者、議員、さらには報道機関にスティール情報を幅広く伝えたが、これらの行動については後述する。

2　メディアへの情報提供

スティール、そして彼への直接の発注主であるシンプスンは報道機関への情報提供にも心血を注いだ。シンプスン自身はスティールよりも自分が積極的に動いたと議会で述べている[35]。

シンプスンはまず、二〇一六年九月中旬にスティールをワシントンDCに呼び、数人の記者を集めて調査内容をブリーフィングさせた。

ブリーフィングに来るよう呼びかけた報道機関は、ニューヨーク・タイムズ、ワシントン・ポスト、ヤフーニューズ、ザ・ニューヨーカー、そしてCNN。一〇月半ばには再度、ニューヨーク・タイムズ、ワシントン・ポスト、ヤフーニューズの記者に新たな情報を伝えた。さらに一〇月末には、インターネット電話サービスのスカイプを通じて、マザージョーンズ誌のデービッド・コーン記者にも情報を伝えた。

一連の接触はスティールが二〇一七年五月一八日にロンドンの高等法院に提出した弁明書に詳述されている[36]。ロシアのビジネスマン、アレクセイ・グーバレフらがロンドンでスティールを相手取って名誉毀損訴訟を起こし、これにスティールが弁明書を提出した。

スティールによるブリーフィングを受けて最初に関連の記事を報じたのは、ヤフーニューズ。二〇一六年九月二四日のマイケル・イシコフ記者執筆の記事は、米情報機関がトランプ陣営の外交政策顧問カーター・ペイジとクレムリンの関係を捜査しており、ペイジが二〇一六年七月初めにモスクワを三日間訪問し、国営石油会社ロスネフチのイーゴリ・セーチンCEOと会ったとの情報があると伝えた[37]。

イシコフ記者は記事の情報源について「有力な西側情報機関筋」だと記した。スティールの名前は明らかにしなかった。

スティール文書にはペイジとセーチンが会ったとの下りがあり（二〇一六年七月一九日付メモ「94」と、同年一〇月一八日付メモ「134」）、その情報はスティール文書以外には見当たらないし、さらにイシコフ記者がスティールのブリーフィングに呼ばれていることから、記事にある「有力な西側情報機関筋」がスティールであることは間違いない。

次いでマザージョーンズがほぼ一カ月後の二〇一六年一〇月三一日に新たな情報を盛り込んだ記事を流した。コーン記者による記事は、繰り返すが「ある西側の国の元幹部情報機関職員」がトランプ陣営とロシアの関係について調査し、FBIに調査内容を提供していると報じた(38)。

スティールは一〇月末にコーン記者と接触したことについて、コミーFBI長官が一〇月二八日にクリントン候補のeメール事件の捜査再開を決めたためだと説明している(39)。クリントン候補に不利な材料が出てきたので、これに対抗する意図があったのだろう。

マザージョーンズの報道と同じ一〇月三一日、ニューヨーク・タイムズはFBIがトランプ陣営を捜査していることを報じた(40)。極秘だったFBIの捜査がトランプ陣営を対象にしていることがこの記事で明らかになった。ただしこの記事は、トランプ陣営とロシアの間には特に問題となる関係は浮上していないと伝え、「共謀」という用語も使っていない。また情報源は米国の情報機関関係者とされ、スティールのブリーフィングをもとにした記事ではない。

こうして二〇一六年一一月八日の米大統領選投票日直前には、トランプ陣営とロシアの間に何か怪しい関係があるとか、FBIが動いていることを示唆する報道が流れていた。しかし、トランプ陣営とロシアの共謀だとか、放尿ショーへの言及はなかったし、情報源が元MI6のスティールだとか、スティールがクリントン陣営から請け負って調査していたことも明かされなかった。

スティールからブリーフィングを受けた報道機関はヤフーニューズ以外すぐには記事を書かなかった。提供された情報の信憑性を検証できず、その点、概して慎重だった。

従って、スティールとシンプスンによるメディアへの積極的な情報提供にもかかわらず、二〇一六年一一月八日の米大統領選投票日前には一般有権者の間にトランプ陣営とロシアの共謀の可能性についての情報が幅広く浸透していたとは言えない。

スティールは自ら報道機関の記者に直接、情報を漏らすだけでなく、第三者経由でも伝えた。その第三者がマケイン上院議員側近の元国務省高官、デービッド・クレイマーで、スティール、シンプスン、そしてクレイマーがそれこそ共謀してメディア工作を展開したと言ってよいだろう。

クレイマーが二〇一六年一一月末にロンドンに赴き、スティールから直接話を聞いた際、メディアへの情報伝達を頼まれ、帰国後、CNN、バズフィード、ウォール・ストリート・ジャーナル、ワシントン・ポスト、マクラッチー、NPR、マザージョーンズ、ガーディアン、ABCニューズといった報道機関の記者にスティール文書そのものを渡すか、文書にある情報を伝えた。

クレイマーはこのうちバズフィードのケン・ベンシンガー記者とは二〇一六年一二月二九日、マケイン上院議員の名前を冠したマケイン研究所（在ワシントンDC）で会った。クレイマーは面談の途中で三〇分間、部屋から出た。その間にベンシンガーは持参したカメラでスティール文書全三五ページを写真に撮った。

クレイマーは写真撮影を許可したわけではないし、スティール文書について説明した際、一応その情報の真偽のほどは不明だとも念押ししたという。

そして運命の日、二〇一七年一月一〇日がやってくる。

この日、まずCNNが、先週発表されたICA報告の非公開部分にトランプ次期大統領のスキャンダル情報が含まれていると報じた。そのスキャンダル情報は元英国情報機関員がまとめたメモであり、ジェームズ・クラッパー国家情報長官（DNI）ら情報機関首脳四人が一月五日にオバマ大統領、翌六日にトランプ次期大統領にも伝えたと続けた。また、CNNは元英国情報機関員がまとめた文書（スティール文書のこと）を入手していることも明らかにした(41)。クレイマーはこの記事を執筆したCNNのカール・バーンスタイン記者にスティール文書を渡していた。

CNNがこの記事を流した数時間後、今度はバズフィードがスティール文書を一部黒塗りで、その全文を公表した。こうして米政界は蜂の巣をつついたような騒ぎになった。

CNN、そしてバズフィードの記事の情報源はクレイマーだった。

ところがクレイマーはスティール文書の全文公表にびっくりし、ただちにベンシンガー記者に電話し、取り下げるよう求めた。また数時間後にスティールに電話を入れたが、スティールはショックを受けていたという。スティールもクレイマーも報道機関が文書のテキストをそのまま報じるとは思っておらず、報道機関が暴走したと言いたいのだろうが、何を今さらという感じだ。

クレイマーのメディアとの接触の経緯は、ロシアの実業家、アレクセイ・グーバレフがバズフィードを相手取って起こした裁判において、二〇一七年一二月一三日にクレイマーが提出した尋問調書に記述されている(42)。（グーバレフの裁判については本章「[H]名誉毀損訴訟の数々」を参照のこと）

なお、クレイマーはマケイン議員の指示でスティール文書を国務省高官のビクトリア・ヌーランド、国家安全保障会議（NSC）上級部長のセレスト・ウォランダー、さらにアダム・キンジンガー下院議員（共和党）にも渡している。

［G］ 見かけ倒しの情報源

スティールはトランプ陣営とロシアの「陰謀」の存在を断言するほどであるから、さぞかしクレムリン周辺に広範囲に、しかも深く浸透した情報源を抱えていたのだろうと思ってしまう。だが、まったくそうではなかった。ディープスロートと言えるような人物はいなかった。

スティール自身はロシアでMI6エージェントとして活動していたので出入り禁止になっており、ロシアに出かけて直接、ロシア人から情報を聞き出すことはできなかった。

スティールは作成した文書の中で、様々な情報源を匿名で列挙している。それら情報源は二種類に分けられる。

一つは「ソースA」といったようにアルファベットを付けた人物。彼はこうした情報源をAからGまで七人挙げ、それぞれ短評を付けている。例えばソースAは「ロシア外務省高官」、ソースBは「クレムリンで現在も活動するロシア情報機関の最高幹部」といった具合だ。

こうしたアルファベット付き情報源のほかに、アルファベットを付けずに簡単な地位を説明した情報源も多数紹介している。「移住してきたロシア人でトランプ陣営に近い人物」「ロシア政権幹部」、さらには、これらの人物から情報を聞き取ってスティールに伝えたという「（クレムリン内部の高官から）信頼されている同朋」という人物も多数回出てくる。同朋とはスティールにとっての同朋ではなく、情報源にとっての同朋、つまりロシア人ということだろう。

目を見張る情報ネットワークのように見える。そんな豊富な情報源に支えられた調査報告だからスティール文書の情報は信頼性が高いと多くの人は受け止めた。

ところが、FBIの捜査班やモラー特別検察官およびダーラム特別検察官が把握した情報網は、見かけとは違った。スティールの下にイーゴリ・ダンチェンコという在米ロシア人がいて、スティールは、情報の大半は彼を通じて入手した。ダンチェンコ自身はクレムリンとはほぼ無関係。FBIの調べでは、ダンチェンコの下には数人の情報源がいた。後述するように、彼らの中にもクレムリン中枢に近い人物はいなかった。

スティールの情報ネットワークを整理すると、スティール→下請けのダンチェンコ→孫請け数人、という構図になる。繰り返すが、その誰もがクレムリンとはほとんど無関係だった。

スティールはMI6エージェントとしての経験と知見を生かして、情報源としてもっともらしく見える人物からの情報をもっともらしく仕立て、世の中に一大センセーションを巻き起こした。

1 「噂を伝えた」と主役のダンチェンコ

スティールの情報源については、二〇一九年一二月のホロウィッツ司法省監察総監報告が詳しく触れ、さらにダーラム特別検察官が改めて調べ、二〇二三年五月のダーラム報告がホロウィッツ報告の指摘を確認、さらに補充して紹介している。

これら報告によると、スティールは二〇一六年一〇月三日、ローマでFBIエージェントのマイケル・ガエタに対し、「主要な情報源（Primary sub-source）」を一人抱え、その主要情報源がさらに下に数人の情報源を抱えていると説明した。その際、スティールは主要情報源の名前を明かさなかった。しかし、FBIは同年一二月下旬に、その主要情報源が在米ロシア人のダンチェンコであることを突き止めた。

彼の名前はホロウィッツ報告では伏せられ「主要な情報源」とだけ表記され、長い間、一般には不明だった。しかし、二〇二〇年七月に司法省がFBIによるダンチェンコへの聴取記録を議会に明らかにしたことを機に、インターネット上で詮索が始まり、ダンチェンコの名前が浮上した。結局、彼の弁護士がニューヨーク・タイムズに対し、スティールのその下請けがダンチェンコであることを確認した(43)。なお、ダーラム報告はホロウィッツ報告と違って、ダンチェンコの名前を明記している。

ダンチェンコは一九七八年五月五日生まれの在米ロシア人。米国で投資アナリスト、研究所研究員などを務め、仕事の拠点は米国だったようだ。クレムリンや情報機関で仕事した経歴はない。

ロシアのウラル地方のペルミ・クライ(クライは州より大きい行政単位で「道」とも訳される)で育った。ロシアでの高校生時代に米議会図書館のプログラムでルイジアナ州の高校に留学した後、ロシアに戻り、地元のペルミ国立大学を卒業。再び米国にやってきて、ケンタッキー州の公立大学、ルイビル大学、さらにジョージタウン大学で勉強した。

その後、ワシントンDCの民主党系の著名なシンクタンク、ブルッキングズ研究所に採用され、二〇〇五年から二〇一〇年まで研究員だった。主にロシアを中心にユーラシアの情勢の分析を担当し、ロシア研究で著名なフィオナ・ヒルと共同論文をまとめたことがある。ヒルは二〇一七年四月から二〇一九年七月までトランプ政権下で国家安全保障会議(NSC)の欧州・ロシア担当を務めた。(フィオナ・ヒルについては、本章「[G] 2(d) フィオナ・ヒルの思わぬ関与」を参照のこと)

二〇〇六年三月にはブルッキングズ主催のフォーラムで経済とロシア事情の専門家、クリフォード・

ガディと共同で、ウラジーミル・プーチンの一九九六年の博士号取得のための論文に米国の学者の著書の盗用がみられると報告している(44)。ダンチェンコは酒好きのようで、ワシントンDCなどで二度、泥酔で警察のお世話になっているが、研究員としては優秀だったという。

ガディとの共同作業でダンチェンコの名前は関係者の間で広まったが、ブルッキングズでの彼の地位は安泰ではなく二〇一〇年に雇用契約が終了。翌二〇一一年、ヒルから英国の調査会社、オービスのスティールを紹介してもらった。

つまりダンチェンコはヒルの仲介でスティールと知り合い、二〇一一年にオービスと仕事の仮契約を結んだ。当時ダンチェンコは米国のベンチャーキャピタル会社でも仕事をしており、オービス向けの仕事は副業だったと後にFBIに説明している。

スティールは当時、オービスの設立準備を進めており、情報収集に役に立ちそうな人を捜していたという。当初はダンチェンコにロシアを中心にユーラシアのビジネス動向についての分析を依頼し、その報告の出来が良かったので正式に契約した。

スティールは二〇一六年三月にトランプ陣営のポール・マナフォート会長を標的にした調査への協力を彼に求めた。この時点ではスティールはフュージョンGPSからトランプ陣営を対象にした調査の発注を受けておらず、独自に調べたかったようだが、ダンチェンコへのこの要請がトランプ陣営に対する後の本格的な情報収集の始まりだった。

その後、スティールは調査対象を広げ、トランプ陣営の四~五人の名前を具体的に明示して調査を依頼した。マナフォートのほか、外交政策顧問のカーター・ペイジ、顧問弁護士のマイケル・コーエンらが含まれていた。

ダンチェンコはスティールと違ってロシアに出入りでき、実際、スティール向けの情報を収集するためモスクワに出かけたこともある。しかし、クレムリンを含めロシア当局の中に特別な情報源を抱えていたとは思えない。ブルッキングズ研究所時代に在米のロシア大使館の情報担当者らと会っていたことがある程度のようだ。

ＦＢＩのクロスファイア・ハリケーン捜査のチームは二〇一六年一二月下旬にダンチェンコの存在を把握、二〇一七年一月一〇日にスティール文書全文が報じられてから二週間後の一月二四日から二六日までを手始めに同一一月まで複数回、ダンチェンコを呼んで事情聴取している。

その初回の聴取の記録が司法省によって二〇二〇年七月に公表された(45)。

ダンチェンコはこの聴取で、スティール文書に書かれている情報の八〇％、また分析の半分以上は自分が提供した情報がもとになっていると説明した上で、そのほとんどが「噂」「でまかせ」であると明かした。中には友人とビールを飲みながら出てきた話もあると述べた。さらにスティールがそれら情報を自ら色付けし、真実であるかのように仕立てたものもあると付け加えた。

ダンチェンコに聴取したＦＢＩ捜査官（アナリスト）のブライアン・オートンは、スティール文書にある重大な指摘のいずれについてもダンチェンコは何も根拠を示せなかったと述べている。二〇二二年一〇月にダンチェンコを被告とする裁判での証言だ(46)。

スティールは名誉毀損で訴えられたロンドンでの裁判で、トランプ陣営を標的にした調査報告は一般への公表を前提にして書いたわけではないと弁明した。しかし、彼は発注主以外にＦＢＩ、米政府高官、議員、そして報道機関に幅広く精力的に調査内容を伝えた。スティールはダンチェンコの与太情報を加工し喧伝したと言われても仕方あるまい。

FBIはダンチェンコに二〇一七年に数回、事情聴取し、その際、彼が五件の虚偽を申し立てたとしてダーラム特別検察官が二〇二一年一一月三日にバージニア東部地区連邦地裁でダンチェンコを起訴した。（正確には大陪審が起訴した）しかし、二〇二二年一〇月一八日に無罪の判決が下った。

五件の虚偽申し立てとは、ダンチェンコが自分の情報源として接触した米国人実業家のチャールズ・ドーランやベラルーシ出身の実業家で米国に帰化したセルゲイ・ミリアンとの関わりについてで、それにより捜査が妨害されたとダーラム特別検察官は主張した。

起訴状によると、ダンチェンコはドーランから聞いた話をスティールに伝え、それがスティール文書に盛り込まれたのに、自分は関係していないと述べた(47)。また、ミリアンから電話がかかってきてニューヨークで会う約束をしたと述べたが、ミリアンは電話もしていないし、会う約束もしていなかった。

FBIは捜査の過程で、外国情報監視法（FISA）に基づいてトランプ陣営の幹部、カーター・ペイジの通信を傍受する許可を裁判所に申請したが、ダンチェンコの虚偽がその申請に使われてしまったという。（FISA申請については、第8章「［C］FBI捜査の問題点」を参照のこと）

陪審は審理した四件について（一件は裁判官が判決の二日前に根拠がなくなったとして容疑から外していた）、ダンチェンコが虚偽を言ったとまでは断定できないとの評決を下した。ダーラム特別検察官にとっては手痛い敗訴だった。こうしてスティールに「噂」や「でまかせ」を伝え、文書作成に最も貢献した人物が処罰されることはなかった。

ダーラム特別検察官はこの裁判でも、二〇二三年五月のダーラム報告においても、FBIの捜査のあり方を徹底批判した。その一つの理由が、ダンチェンコの聴取結果を検証することなく鵜呑みにしてペイジの通信傍受の申請を出し、承認を得ていたことだ。さらにFBIがダンチェンコを「秘密情報提供者（ＣＨＳ）」、つまりＦＢＩへの協力者として三年半雇い、報酬を支払っていたことも挙げた。ＦＢＩが二〇一七年にダンチェンコに聴取したことを前に述べたが、実はこれらの聴取はＦＢＩがダンチェンコをＣＨＳとして採用するための面接でもあった。

面接を経てＦＢＩはダンチェンコと二〇一七年三月から二〇二〇年一〇月まで約三年半、ＣＨＳとして契約した。しかし、彼は実は、二〇〇九年から二〇一一年にかけＦＢＩから一時、防諜捜査の対象になっていた。ブルッキングズ研究所時代に在米のロシア大使館の情報担当者らと会っていたからだ。

この捜査はダンチェンコが米国から出国したとの間違った情報に基づき、うやむやに終わっていたが、そう深い接触だったとは思えない。仮にダンチェンコがロシアの情報機関のエージェントとして活動していたのであれば、ＦＢＩの調査をすり抜けたとしても、その後のダーラム特別検察官の徹底した捜査によって判明しているはずだ。しかし、ＦＢＩを捜査するダーラム特別検察官としては、ＦＢＩの失点として非難したかったのだろう。

ダーラム報告によると、ＦＢＩがダンチェンコに払った報酬は計二二万ドルだ。なかなかの額だ。ダンチェンコの報酬と言えば、スティールからいくら得ていたかも気になるところだ。スティールが英国での名誉毀損裁判で証言したところでは、スティール文書の情報源（複数）に月三〇〇〇ドルから五〇〇〇ドルを支払った(48)。

ダンチェンコが自分の下の情報源に報酬を支払った形跡はないことから、ダンチェンコは全額を受け取ったと思われる。スティールが当該文書作成のため、ダンチェンコに何カ月間報酬を支払ったかは不明だが、二〇一六年の五カ月間程度だとすると、計一万五〇〇〇～二万五〇〇〇ドル程度ということになる。フュージョンＧＰＳは、既に述べたように、スティールに対し一六万八〇〇〇ドルを報酬として払った(49)。スティールはその中からダンチェンコに謝礼を支払ったのだろう。

なお、ダーラム特別検察官のチームが、ダンチェンコの銀行口座、そのほかの記録を調べたところ、ダンチェンコは二〇一六年一月から二〇二一年六月までにオービス、そしてオービスが関係する団体から四三万六〇〇〇ドル以上を受け取っていた(50)。スティール文書のための報酬とは別だというが、この巨額の報酬が何に支払われたのかは不明。いずれにせよ、ダンチェンコはオービスから相当な収入を得ていたことになる。

2　スティールを知らない孫請け情報源

ダンチェンコはクレムリンあるいはロシア情報機関で直接働いたことはないから彼自身からプーチン政権のインサイダー情報が出てくることはなかった。ではダンチェンコと接触していた人の中にクレムリンに近い人がいたかどうかが問われる。しかし、ダンチェンコの周辺にはそんな人物はいなかった。

既に述べたように、ブルッキングズ研究所に籍を置いていた際、ロシア大使館員と接触していたことはあるが、ロシア出身の研究員として大使館員と接触することがおかしいとは言えないし、大使館員の中に情報機関から派遣されている者がいても不思議ではない。問題は、ロシアのエージェントとしての「活動実績」があるかどうかだが、何も見つかっていない。

ダンチェンコは二〇一七年一月のＦＢＩの聴取に対し、自分の情報源とした人たち、つまり彼の下請け（スティールにとっては孫請け）は六人いると述べた。その聴取内容は一応公表されているが、黒塗り部分が多く、六人の名前が判明しているわけではない。ここでは、その中で名前がはっきりし、ダンチェンコと実際に接触していた二人、そしてもう一人、ダンチェンコが会ってもいないのに勝手に情報源だとFBIに名前を出した人物の計三人を紹介する。

ダンチェンコと接触していた二人とは、ロシア事情に詳しい米国の広告ビジネスマンのチャールズ・ドーラン、そしてロシアの小中学校時代の女友達のオリガ・ガールキナ。ダンチェンコが会ってもいない情報源とされた人物はベラルーシ出身のミリアンである。

ドーランとガールキナはダンチェンコとの間で実際にやり取りを重ねているが、二人とも自分たちが話したことがスティールに伝えられているとは思っていなかったようだ。一方、ミリアンはダンチェンコと会ってもいないのだから、当然、スティールに情報を提供している認識はまったくなかった。

ドーランはビジネスマンとしてロシアを相手にしたPR事業の一環で大統領府報道官や駐米大使らと接触したことがあるし、ガールキナもロシアの地方政府の報道官や中央省庁で短期間広報担当を務めた経験がある。ミリアンは米国企業の対ロ投資事業に一定の関わりはあった。しかし、三人ともクレムリンの内幕に通じていたとは思えない。

(a) 醜聞の創作

スティール文書の中で最もセンセーショナルな情報の一つは例の放尿ショーだ。この情報の源がドーランである可能性が浮上、ダーラム特別検察官が徹底捜査した。だが、この話はドーランの話をもとにダンチェンコが創作した可能性が高いという結論に落ち着いた。

ドーランは民主党後援者として知られ、ビル・クリントン大統領は一九九七年あるいはその頃に、彼を米国務省の国民外交（パブリック・ディプロマシー＝外国の市民と直接交流する対外政策）審議会の委員に二期八年任命した。彼はクリントン一家と長年交流がある。

広告事業で名が知られ、ユーラシア諸国、特にロシアの政府や企業を顧客としていたことからロシア事情に詳しく、ドミトリー・ペスコーフ大統領報道官、セルゲイ・キスリャーク駐米大使、ミハイル・カルーギン大使館経済部長らロシア政府高官と接触していた。ロシア政府やロシアの大手ガス会社、ガスプロムの広報を引き受けていた米国のPR大手、ケッチャム社に二〇〇六年から二〇一四年まで勤めた。

ダーラム報告によると、ドーランは二〇一六年三月にブルッキングズ研究所の研究員からダンチェンコを紹介され、彼と知り合いになった。この研究員はダーラム報告では匿名だが、報道によってロシア研究者で著名なフィオナ・ヒルであることがわかっている(51)。

ダンチェンコはロシアでの小中学校の同級生であるガールキナから米国のPR会社に知り合いはいないかと問い合わせを受け、同じ研究所のヒルに相談したところ、ドーランを紹介された。ヒルには政治的動機はなかったようだ。

こうしてドーランはダンチェンコと知り合いになり、あれこれ話をした。ダンチェンコはドーランから聞いた話の中からスティールに気に入られそうな話をスティールに伝え、それがスティール文書に反映された。ただしドーランは自分発の情報がスティールに伝わっていることを知らなかったし、スティールには会ったこともない。

ではなぜドーランが放尿ショーについての情報提供者であるかもしれないとして名前が浮上したか。

ダーラム特別検察官は二〇一六年六月のドーランの動きに注目し、この乱痴気騒ぎの真偽を究明した(52)。

ドーランの知り合いの弁護士がこの年の一〇月にモスクワでロシアへの投資誘致会議を開催すること

を企画、ロシア・ビジネスに強いドーランの協力を得ることにした。ダーラム報告ではこの弁護士は匿名だが、ロシアの報道で(53)スティーブン・クプカであることが判明している。

クプカとドーランは会議を準備するため二〇一六年六月にモスクワに行き、会場となるリッツ・カールトンに宿泊した。二人は滞在中、ホテルの総支配人らにホテルを案内してもらった。その際、最高級スイートの「プレジデンシャル・スイート」も見学した。

クプカによると、案内してくれたホテルの女性従業員は、そのスイートにトランプも泊まったことがあると話した。しかし、トランプが引き起こしたという放尿ショーなるものの話はなかった。

ドーランはダーラム特別検察官のチームの聴取に対し、この女性従業員が何を話したか明確には覚えていないが、そんなショーの話がなかったことだけは確かだと述べた。

ドーランがモスクワ滞在中に何とダンチェンコもスティールのための情報収集を目的にモスクワを訪問中で、二人は六月一四日に昼食をともにした。ドーランによると、その時に何を話したかについてもあまり記憶にないが、プレジデンシャル・スイートを見学したと伝えたかもしれないという。

ダンチェンコはドーランと食事をしてから三日後の六月一七日にモスクワからロンドンに行き、スティールと会っている。

スティールが放尿ショーを記したメモを作成したのはそれから三日後の六月二〇日。そのメモ「080」によると、この乱痴気騒ぎの情報の出所は「ソースD」であり、西側出身のホテル幹部「ソースE」とホテル女性従業員の「ソースF」がその情報が正しいと確認したとされる。

当時、西側の国の出身でこのホテルに務めていた幹部といえば、ドイツ人の総支配人しかいない。その総支配人はドーランらと会ったことを認めたが、ダンチェンコとは会ったことがないとダーラム特別検察官のチームに答えている。なお、ダーラム報告では総支配人は匿名にされているが、報道でベルンド・クーレンであることがわかっている。ソースFとされる女性従業員にも話を聞いたが、乱痴気騒ぎの話などしていないと述べた。

ダーラム特別検察官のチームの捜査は徹底しており、乱痴気騒ぎが起きたとされる二〇一三年にトランプがリッツ・カールトンに宿泊したかどうかを調べたところ、そんな記録はなかった。ホテルの女性従業員もプレジデンシャル・スイートで乱痴気騒ぎがあったとは言っていないが、トランプがその部屋に泊まったとは言った。これは女性従業員の記憶違いということだろう。

こうした状況を総合すると、ダンチェンコがドーランと昼食をともにした際に聞いた話をもとに、ダンチェンコが放尿ショーの話を創作したと推測される。スティール文書にあるこの乱痴気騒ぎの情報源として記述されているソースEはドイツ人総支配人のクーレン、ソースFは女性従業員であることは指摘した。では肝心のソースDは誰かというと、ドーランということになる。

ここから話がややこしくなるが、ダンチェンコはFBIの聴取に対して、スティールがソースDと指摘した人物は在米のベラルーシ人のセルゲイ・ミリアンなる人物を指すのだろうと推定で答えた。スティール自身は二〇一六年一〇月のFBIの聴取に対し、ソースDはミリアンだと述べていることから判断して、ダンチェンコはスティールにミリアンの名前を伝えていたと思われる。

ダンチェンコが自らの情報源の正体について推定でものを言うのはおかしい話だ。いずれにせよ、後述するように、ミリアンがそんな情報を持っていたとは思えない。なぜダンチェンコはミリアンを持ち出したのか。それは、ソースDはドーランでないと装っておきたかったからだろう。ミリアンはトランプ支持者だが、ドーランはクリントン支持者。その時はドーランに迷惑をかけたくないと思っていたのだろうか、よくわからない。

ドーラン発でスティール文書に載ったことが確認されている情報の中に、トランプ陣営のポール・マナフォート会長が二〇一六年八月に辞任した際の背景分析がある。

マナフォートは二〇〇五年頃からウクライナで政治コンサルタントを務め、米国でもウクライナのためのロビー活動を展開したが、ロビイストとして登録していなかったとか、ウクライナでのコンサルタントとしての収入を違法に送金、脱税したことなどが二〇一六年選挙戦期間中にばれて、二〇一六年八月に辞任した。（マナフォートについては、第7章「［E］モラーが取り調べた容疑者たち」も参照のこと）

その辞任についてドーランがダンチェンコに解説、その内容が二〇一六年八月二二日付スティール・メモ「105」に記述されている。

ドーランはダンチェンコに対し「共和党の人物」から聞いたと言って、あたかも普通の人は知らない情報であるかのようにして伝えたが、ダーラム特別検察官のチームの聴取には、誰もが知り得る報道された記事の受け売りだったと明かした。ドーランの情報もその程度だった。

(b) 米国務省に入りたかったロシア人女友達

ガールキナは、ダンチェンコがFBIの聴取で、自分の有力な情報源の一人として挙げた人物で、十代からの友達。彼女の存在は一般にはウォール・ストリート・ジャーナルの二〇二〇年一〇月二八日の記事で広く知られるようになった(54)。しかし、ダンチェンコが言うほど重要情報を提供していたわけではない。

ガールキナ発でスティール文書に反映された情報としてダーラム特別検察官が確認しているのは、セルゲイ・イワノフ大統領府長官が二〇一六年八月一二日、環境活動・エコロジー・輸送問題担当大統領代表に異動したことについての背景分析だ。イワノフは安保会議書記、国防相、第一副首相などを歴任した有力政治家だった人物だ。

スティール文書の二〇一六年九月一四日付メモ「111」にイワノフに関する人事異動の理由についての分析が載っている。それによると、プーチン政権内で二〇一六年米大統領選への介入がロシアの対米関係にどのような影響を与えるかが議論された際、有害だという派と有益だという派が対立した。イワノフは介入が有益だと主張したが、プーチン大統領はイワノフの主張が間違っていたと判定し、イワノフを解任したという。

この分析はガールキナがドーランに伝えた説明と同じだった。ダーラム特別検察官のチームの調べでは、イワノフが大統領府長官を解任された当日の二〇一六年八月一二日にガールキナはドーランにフェイスブックでメッセージを送り、その数分後に今度は電話で十分間話をした。そのやり取りの中にイワノフ解任の分析がある。

この分析を聞いたドーランが九月一三日にダンチェンコに電話をしており、それがスティール文書に盛り込まれたと思われる。

ガールキナ発のこの分析が正しいのかどうか、仮に正しいとして彼女がどこから情報を得たのか、詳しいことはわからない。彼女は後述するように、二〇一六年にはキプロスで民間会社の仕事をしていたのだからロシアの政治情勢を直接取材できたとは思えない。ロシアの知り合いから聞いた話か、ソーシャル・メディアを含めたどこかのメディアの受け売りかもしれない。

ガールキナはウラル山脈に近い都市ペルミ生まれで、ダンチェンコとは小中学生時代からの友達(55)。大学もダンチェンコと同じペルミ国立大学に通い、二〇〇二年に法学部を卒業、さらに二〇〇四年にはロシア民族友好大学言語学部も卒業した。ロシア語のほか、英語、ブルガリア語を話し、グルジア語とスペイン語も辞書があれば読めるという。ダンチェンコは学生時代、彼女から金銭的な支援も受けていたというから、二人はかなり親しかったのだろう。

ガールキナは二〇〇〇年代半ばに国営メディアのリア・ノーボスチの国会担当記者を務め、その後、サラトフ州知事報道官や政府機関のロステフナゾール（連邦環境・技術・原子力監視庁）などの報道担当などを経て、二〇一六年にはキプロスにあるコンピュータ・サービス会社、サーバーズ・コムに勤務していた。この会社は著名実業家のアレクセイ・グーバレフが経営するIT大手、XBTホールディングズの傘下にある。後述するウェブジーラもXBTグループの一社。

ダンチェンコは二〇一七年一月にFBIから聴取を受けた際に、ガールキナはロシアの大企業や政府機関に広い人脈を築いていたと述べたが、彼女の経歴を見る限り、クレムリンのインサイダーという感じはしない。

しかしダンチェンコは二〇一六年秋に彼女に電話をかけ、トランプ陣営のマナフォート、ペイジ、コーエンら四~五人の名前を挙げて彼らとロシアとの関係について情報提供を求めた。

ガールキナが源となった情報は、友達のダンチェンコ、そして二〇一六年春に訪米した際にダンチェンコから紹介されたチャールズ・ドーランに伝わり、最終的にスティールに渡った。ただし、彼女もドーラン同様、スティールと面識はなく、本人は自分の話したことがスティールに伝わっているとは認識していなかったようだ。

イワノフ人事に関する分析は確かにガールキナ発だったが、ほかにダンチェンコがガールキナ発だとFBIに言ったものの、そうではなく、ダンチェンコによる創作と思える情報もある。トランプの顧問弁護士、マイケル・コーエンがプラハに出かけロシア要人と会談したとの情報、そしてロシアのIT企業、ウェブジーラが民主党全国委員会（DNC）のハッキングに関与したとの情報だ。

コーエンのプラハ訪問の話は、二〇一六年一〇～一二月のスティール・メモ「135」「136」「166」に出てくる。コーエンと三人のクレムリン高官が二〇一六年八月末～九月初めにチェコ共和国のプラハで会談し、DNCへのハッキングに対する報酬の支払い方法などについて話し合ったとある。ところがコーエンは当時のパスポート記録まで示してプラハには行っていないと全面否定、肝心のガールキナも二〇一七年八月にキプロスでFBIの聴取に応じた際、そんな話は知らないし、ダンチェンコにも言うはずがないと述べた。

結局、FBIもダーラム特別検察官もコーエンのプラハ訪問の証拠を見つけることはできなかった。スティール文書ではこの情報は「クレムリンのインサイダー」からロシア人を通じて得たとされている。この情報が本当であれば、トランプ陣営とクレムリンが共謀して選挙を妨害した可能性が一気に高まるところだが、そんな事実はなかった。ダンチェンコあるいはスティールによる創作だろう。

DNCへのハッキングは二〇一六年一二月一三日付のスティール・メモ「166」に記述されている。それによると、ロシアのIT実業家、アレクセイ・グーバレフが経営するXBTホールディングズと関連会社のウェブジーラがロシア連邦保安庁（FSB）の指揮の下、ハッキングに関与したという。コーエンがプラハに行ったのはこのハッキングへの報酬の支払い方法を協議するためだったと記載されている。ダンチェンコはFBIの聴取に対し、この情報もガールキナから得たと述べた。

これに対し、グーバレフはバズフィードが二〇一七年一月一〇日にスティール文書全文を報じた後、ハッキングには一切関与していないと主張し、翌二月に米国でバズフィードを名誉毀損で訴えた。裁判は控訴審まで行ったが、二〇二一年一一月、事実上の和解で決着した。（スティール文書が関係する一連の名誉毀損裁判については、本章「[H]名誉毀損訴訟の数々」も参照のこと）

また、DNCへのハッキングを調べたサイバーセキュリティ会社のクラウドストライクもモラー特別検察官も、XBTホールディングズやウェブジーラの存在について何ら言及していない。言及しているのはスティール文書だけだ。

ガールキナは二〇一七年八月にFBIの聴取に応じたほか、さらに二〇二一年一一月には米国でのスティール文書絡みの名誉毀損裁判に、書面ながら証言を提出するなど、米国側の真相解明の努力に協力的だった。この裁判は、スティール文書に登場するロシア人実業家、ミハイル・フリードマン、ピョートル・アベン、ゲルマン・ハンが二〇一七年に名誉毀損でフュージョンGPSとグレン・シンプスンを訴えて始まった。裁判は長期化したが、三人の原告は二〇二二年三月二〇日、訴えを取り下げた。同二月二四日のロシアのウクライナ侵攻開始で、米国政府もこれらロシアの実業家に制裁を科し、勝ち目はないと判断したのかもしれない。ガールキナは証言で、ダンチェンコは自分の仕事に箔を付けるため彼女の名前を持ち出したと指摘した(56)。

なお、ガールキナとドーランの関係だが、彼女はドーランがPR事業での有力者であり、クリントン一家にも近いことから、自分のキャリア形成に役に立つと考え、連絡を取り合った。ダーラム特別検察官のチームが入手したガールキナのロシアの友人宛のeメールには、ヒラリー・クリントンが大統領選で勝利したら、ドーランの取りなしで米国務省に就職できるかもしれないとの期待も綴られていたという。だが、大統領選でクリントンが敗れ、夢は叶わなかった。

(c)「陰謀」を伝えたという幻の電話

FBIやメディアが一時、ダンチェンコの有力な情報源だと思い込んだのが、セルゲイ・ミリアンだ。ダンチェンコ自身がFBIにミリアンと思われる人物から情報を得たと言ったからだ。だが、当のミリアンはそれを完全否定、ダーラム特別検察官もミリアンの言い分を支持する。ミリアンが貴重な情報をもたらしてくれたという指摘は、ダンチェンコの思い違いか、創作ということになる。

ミリアンとダンチェンコやスティール文書との関係は、とにかく話が込み入っているが、インテリジェンス(特殊情報)が飛び交う世界の有り様をうかがわせてくれ興味深い。

ダンチェンコは二〇一七年一月のFBIの聴取に対し、二〇一六年七月末に匿名のロシア人から電話があり、一〇~一五分間、話をしたと述べた。その人物がとんでもない情報を伝えてくれた。

トランプ陣営とロシアの高官たちとの間に「高度に進展した協力の陰謀」が存在していると指摘し、ポール・マナフォート会長と外交政策担当のカーター・ペイジがロシア側との調整役になっているというのだ。トランプがリッツ・カールトンで放尿ショーをさせたことにも触れたという。いずれも驚くような内部情報で、スティール文書に盛り込まれている。(陰謀の存在とマナフォートおよびペイジについてはメモ「095」、放尿ショーについては「080」に記述されている)

ダンチェンコはFBIの聴取で、この電話をかけてきた匿名の人物は多分、ミリアンだろうと述べた。なぜ、そう思ったかというと、ダンチェンコはユーチューブでミリアンが登場する映像を見たことがあり、その中のミリアンの声が匿名人物の声に似ていたからだと説明した。

ダーラム報告や米国の報道(57)によると、ミリアンは一九七八年一〇月二二日ベラルーシ生まれ。元々はシアルヘイ・クークツという名前だった。二〇〇〇年ミンスク国立言語大学卒。二〇〇一年に米国に移住、それを機にセルゲイ・ミリアンに改名、帰化し米国市民となった。

ニューヨークで不動産業を始め、二〇〇六年にジョージア州アトランタに「ロシア・米国商議所」なる団体を設立、二〇一六年まで会頭を名乗っていた。米ロ間の経済関係を発展させるための団体という。ロシア外務省などから翻訳や通訳の仕事を引き受け、周囲にはロシア政府高官に知り合いがいるとも語っていた。

実はミリアンも二〇〇七年九月から二〇一一年三月までFBIの秘密情報提供者（CHS）だった。ダーラム報告によると、ベラルーシとロシアに関する情報を提供したという。CHSはあちらこちらにいるものだ。

一方、二〇一九年一二月のホロウィッツ司法省監察総監報告では、ミリアン（報告では匿名で「人物1」とされている）がロシア情報機関員である可能性が指摘されている(58)。

米国の対ロ・ビジネスに関係する分野では彼の名前はある程度知られていたようで、二〇一六年六月のサンクトペテルブルク国際経済フォーラムに彼の姿があった。

ミリアンは二〇一六年四月にはロシアの国営報道機関、リア・ノーボスチの在米記者からインタビューを受け、トランプが経営するコングロマリット、トランプ・オーガニゼーションと不動産取引したことがあり、トランプ自身ともニューヨークのオフィスで会うなど、知り合いだと述べた(59)。また、トランプは米ロ関係を改善するだろうから、トランプを支持すると強調し、トランプ陣営のマイケル・コーエンや外交顧問のジョージ・パパドプロスと接触していることも明らかにした。二〇一六年大統領選ではトランプ候補の陣営に加わろうとした。しかし、断られたという。

トランプ・オーガニゼーションはミリアンとの取引はなかったと否定しており、ミリアンには何か怪しい影がつきまとう。それでもトランプ陣営とは一定の関係があったことは間違いなく、経緯は不明だが、二〇一七年一月のトランプ大統領就任関連式典に招かれ出席している。

ダンチェンコは二〇一七年一月のFBIによる聴取で、彼の有力な情報源としてミリアンの名前を出したが、ダンチェンコがミリアンを知るようになった元をたどると、リア・ノーボスチの上記のインタビュー記事に遡るようだ。

まず、この記事にトランプ陣営を標的にしていた調査会社のフュージョンGPSが注目した。フュージョンGPSはネリー・オアというロシア情勢の専門家を抱え、彼女がこのインタビュー記事を含め社内でミリアン関連の情報を取り上げ論評した。ネリー・オアは、スティールが接触した米司法省高官ブルース・オアの妻だ。ミリアンに関する論評を読んだフュージョンGPSの幹部がスティールに対し、ミリアンからも情報を取るように勧め、次にスティールがダンチェンコにミリアンに接触するよう求めた――これがダーラム特別検察官の見立てだ。

ミリアンのことを知らされたダンチェンコは早速、リア・ノーボスチ記者からミリアンの連絡先を聞き出し、会って話を聞きたい旨を二度eメールで送り打診した。

返信がなかったが、七月下旬にダンチェンコに匿名の電話がかかってきた。一〇〜一五分話をしたとダンチェンコはFBIに説明した。その際、この人物は先に紹介した「高度に進行した陰謀」や放尿ショーなどの情報を口にした。またこの電話でダンチェンコはこの人物と七月末にニューヨークのバーで会うことも約束したという。

既に指摘したように、ダンチェンコはこの人物について、声から判断してミリアンだったと思うとＦＢＩに述べた。だが、このミリアンと思われる人物は約束の日時、場所に現れなかった。ダンチェンコは結局、ミリアンとおぼしき人物とは一度も会っていない。

ダーラム特別検察官のチームは、そもそもなぜ、トランプ支持を表明しているミリアンが見ず知らずのダンチェンコに電話をかけトランプに打撃を与える情報を伝える必要があるのか疑問を抱き、あれこれ調べた。しかし、肝心の電話があったという証拠を見つけられなかった。それにそもそも一〇～一五分の会話で陰謀の存在や放尿ショーについて語ることは不可能だろう。ダンチェンコはミリアンについての情報を捏造したというのが、ダーラム特別検察官の結論だ(60)。

ダーラム特別検察官は、そう判断してダンチェンコをＦＢＩに対する虚偽の申し立ての容疑で起訴に持ち込んだ。しかし、裁判で敗訴した。（ダンチェンコ裁判については、第8章「「Ｆ」ダーラムが起訴に持ち込んだ三人」を参照のこと）敗訴はしたが、注意すべきは、判決は電話があったとダンチェンコの言い分を認めているわけではないことだ。ミリアンとおぼしき人物から電話があった可能性を排除できないというのが虚偽を言ったという容疑を否定した理由だ。

ダーラム特別検察官のチームはもちろんミリアンからも話を聞いている。二〇二二年二月五日の聴取で、スティール文書にある情報をダンチェンコに伝えたかとの問いにミリアンは「それはない。一〇〇％ない」と答えた。

ダーラム特別検察官のチームの緻密な検証を読むと、ダンチェンコがミリアンから情報を得たという主張は成立しない。

スティールは二〇一六年一〇月初めにＦＢＩのローマでの聴取に対し、主要情報源のダンチェンコはミリアンから情報を得ている旨を明らかにした(61)。この時からFBIのチームの間ではミリアンの名前は知られていたが、一般にはまず英国のフィナンシャル・タイムズ（FT）の二〇一六年一一月一日の記事で知られるようになった。FTは、ミリアンがモスクワとトランプをつなぐ橋渡し役の一人ではないかとの疑いが浮上していると報じた(62)。

しかし、ミリアンがスティール文書の有力な情報源ではないかとの報道は、年が明けて二〇一七年一月一〇日にスティール文書の全文が報じられてからで、例えばマザージョーンズが一月一九日に、FBI捜査班はミリアンに事情聴取すべきだと書き(63)、ウォール・ストリート・ジャーナルとABCニューズがその後、一段と明確にミリアンが有力な情報源だったと報じた(64)。

ワシントン・ポストは二〇一七年三月と二〇一九年二月に、ミリアンがスティールの情報源だったと遅れて報じたが(65)、結局、同紙は二〇二一年一一月にこれら二本の記事の中のミリアンに関する記述が間違っていたと認め、記事を取り消した(66)。

今ではミリアンはスティール文書の情報源ではないと広く認識されている。

ところで、ダンチェンコがミリアンを知ったきっかけがフュージョンGPSのネリー・オアが書いた報告だったことを前に述べたが、彼女はその報告の中にミリアンが登場する二〇一二年に撮られたユーチューブのビデオをリンクさせた。ダンチェンコは彼女の報告を読んだ際にこのビデオを見たのだろう。そのビデオの中でミリアンが発していた声が二〇一六年七月下旬にかかってきた電話の主の声に似ていたので、それはミリアンだと思ったというのだ。

ダンチェンコがミリアンを自分の情報源として引っ張り出し共謀情報を拡散するという種は、ネリーが蒔いたとも言えるのかもしれない。なお、ネリー・オアはハーバード大学でロシア史とロシア文学を勉強、その後、スタンフォード大学でロシア史の博士号を取得している。二〇一五年一〇月から二〇一六年九月末までフュージョンGPSと契約し、論文や記事を提出した。主に自宅でオンラインの公開情報から情報を集めたという。ロシア企業が関与した性的目的での女性の人身売買、トランプとロシアの組織犯罪との関わりについても調べたという(67)。そうした一連の仕事の中でリア・ノーボスチによるミリアンへのインタビュー記事に接した。

(d) フィオナ・ヒルの思わぬ関与

ロシア研究者としてよく知られたフィオナ・ヒルは、ある意味、スティール文書の作成に知らず知らずのうちだが、間接的に協力したと言えなくもない。彼女がダンチェンコをスティール、そしてチャールズ・ドーランに紹介したからだ。ただし、トランプ陣営を標的にしたスティールの調査に協力させるつもりで、紹介したわけではない。その意味ではスティール文書をめぐる騒動は彼女には迷惑な話そのものだ。

ヒルは英国出身。北イングランドの炭鉱夫の家庭に生まれ、スコットランドのセント・アンドルーズ大学で勉強した後、ハーバード大学で修士号と博士号を取得した。米国人と結婚し二〇〇二年に米国に帰化。

二〇〇六年から二〇〇九年まで国家情報会議(NIC=米国の諸情報機関と政策担当者の橋渡し役を務める政府機関で、その長が国家情報長官)に所属していた。その時に英国で同じような地位にいたのがスティールで、彼とは仕事上の付き合いがあった。

スティールは二〇一七年九月にFBIから聴取を受けた際、スティールの妻がヒルの知り合いだったことを明らかにした。妻とヒルは同じ大学に通っていたという。また妻とヒルの共通の知り合いで亡くなった女学生の名前をヒルは自分の娘に付けたと述べた(68)。

二〇〇〇年にブルッキングズ研究所の研究員となり、ダンチェンコと共同論文を書いたこともある。二〇一七年から二〇一九年までトランプ政権の下で国家安全保障会議（NSC）欧州・ロシア担当部長。しかし、ヒルの厳しい対ロ観はトランプ大統領と合わなかったという。ブルッキングズに復帰、二〇二三年六月には英国のダーラム大学理事長兼務となった。二〇一九年一一月に下院でのトランプ大統領弾劾審議に呼ばれ証言した。ただし、この証言はスティール文書とは関係がない。

二〇一一年、ヒルはスティールから分析の仕事を手伝ってくれる人を紹介してほしいと頼まれ、優秀だと評価していたダンチェンコを紹介した。ダーラム報告などではヒルの名前は伏せられているが、報道などで特定されている。

ヒルは二〇一六年三月にダンチェンコを米国のPR会社役員のドーランにも紹介している。ドーランはロシア政府・企業を顧客とする広報事業に携っていたことからロシア事情に通じている人物。ダンチェンコはドーランを自分の下請け情報提供者として重宝した。ただしドーランはダンチェンコがスティールに情報を上げているとは思っていなかった。

ヒルがダンチェンコをスティールに紹介したのは二〇一一年頃。トランプが大統領選に出馬するかどうかまったく不明だった時期であり、二〇一六年のトランプ陣営を標的にしたスティールの調査に協力するということを意識していたわけではないことは明らかだ。ダンチェンコをドーランに紹介したのもダンチェンコの新たな職場探しに協力したつもりだった。

［H］ 名誉毀損訴訟の数々

陰謀、極秘会談、売春婦を呼んでの乱痴気騒ぎ、ハッキングなど際どい情報満載のスティール文書だけに、やり玉に挙げられたトランプ、さらにはロシア人実業家が、米国、そしてスティールが居住する英国でスティールとスティールの調査会社オービス・ビジネス・インテリジェンスなどを相手に訴訟を起こした。すべて事実上、名誉毀損訴訟だ。

だが、原告勝訴はロシア人実業家三人がロンドンで起こした訴訟一件だけ。ほかは事実上、敗訴に終わった。スティール文書の根幹を含む大半の内容には証拠がなく、それはいまや怪文書と決めつけてよいが、原告がトランプという個性豊かな人物であったり、プーチン大統領に近い実業家たちであることが影響したのか、名誉毀損を認めさせることは難しかった。

1 トランプが渾身の大量提訴

トランプは米英で二〇二二年に提訴した。うち米国では二〇二二年三月二四日に自分が居住するフロリダ州で、ヒラリー・クリントンやDNCなど三十以上の人物・団体を相手に提訴した。訴状(69)は一〇八ページに上り、スティールとオービスはもちろん、スティールの主要情報源のダンチェンコ、スティールに直接調査を発注した調査会社フュージョンGPS、その設立者のシンプスン、捜査にあたったFBIのコミー元長官らも一括して被告とした。

クリントンらが政治的野心からトランプとロシアの関係について嘘を拡散、トランプの政治生命を絶ち、二〇一六年大統領選でクリントンが有利に立てるよう不正な工作を展開したなどと指摘、巨額の賠償を求めた。訴状を読むとトランプおよび弁護団の意気込みの強さが感じられる。

しかし、連邦地裁（フロリダ州南連邦地方裁判所）※の担当判事は二〇二二年九月八日、訴えを却下した。その理由について判事は、トランプが法的に受けた被害の回復を求めるのではなく、提訴内容は彼と政治的に対立した者たちを告発する政治的綱領であって、裁判にふさわしくないと説明した。原告の主張の大半はどのような法的権限にも支えられていないだけでなく、これまでの判例からも提訴を受け入れられないとも指摘した。門前払いである。

それどころか、この同じ判事が二〇二二年一一月一〇日、トランプの弁護団が司法制度の悪用に手を貸したとして、裁判所に対して五万ドル、さらに被告の一人で賠償を請求していたチャールズ・ドーランに対して一万六〇〇〇ドルの訴訟費用の支払いを命じた(70)。

続いて二〇二三年一月九日には、この判事は、今度はトランプが「司法制度を戦略的に悪用した」などと批判、トランプと主任弁護士におよそ一〇〇万ドルの訴訟費用を被告側に支払うよう命じた(71)。クリントンへの支払い額が最も多額で一七万二〇〇〇ドルとされた。トランプにとっては、踏んだり蹴ったりの結果だ。

※**米国連邦地裁**
米国では連邦と各州の裁判所が併存しており、連邦法の下で運用される連邦裁判所には、米国地方裁判所、米国控訴裁判所、米国最高裁判所がある。日本では意味を取って「米国」を「連邦」に置き換え、米国地方裁判所は「連邦地方裁判所（地裁）」と表記されることが多い。全米に九四ある。それぞれに地方の名前が付いている。

トランプは別途、英国ロンドンで訴訟を起こした。二〇二二年一〇月二六日、スティールとオービス・ビジネス・インテリジェンスを相手取って情報保護法違反で訴えた。その後、二〇二三年二月に被告をオービスのみに絞り、根拠とする法律も一九九八年施行の情報保護法とした(72)。トランプ弁護団は、ロンドン高等法院※での陳述で、スティールが「実に不正確で」「衝撃的でスキャンダラスな」情報を振りまくことで、トランプの名誉が傷つけられたと提訴理由を訴えた。

これに対しオービスは、スティール文書がそもそも公にされることを前提に作成されておらず、米国のメディア、バズフィードがスティールやオービスの承認なしに、勝手に報じたと指摘、訴えを却下するよう求めた。

高等法院判事は二〇二四年二月一日、原告の訴えを却下した。その決定文書によると、当該情報保護法には事案が発生してから六年以内に訴えなければならないという期限が付いており、トランプの訴えはこの期間を過ぎていた。スティール文書の内容が正しいかどうかに関係がなく、訴えが時効だったと判断したという(73)。これも門前払いだ。

さらに高等法院判事はトランプに追い討ちをかけるように、二〇二四年三月七日、トランプに対し訴訟費用三〇万ポンド（約三八万二〇〇〇ドル）をオービスに払うよう命令した。

2　ロシア人実業家の抵抗

ロシア人実業家たちによる訴えも米英それぞれの裁判所に提出された。

訴えは、ロシアのIT企業、XBTホールディングスを経営するアレクセイ・グーバレフが単独で、さらに別途、ロシアの大手民間銀行、アルファ銀行の役員であるミハイル・フリードマン、ピョートル・

アベン、ゲルマン・ハンの三人が共同で起こした。なお、イーゴリ・ダンチェンコの女友達でダンチェンコの下請け情報源の一人とされたオリガ・ガールキナがキプロスで働いていた会社はグーバレフが率いる企業グループに属する。

グーバレフは二〇一七年二月、英高等法院にオービスを名誉毀損で提訴した。スティールが二〇一六年一二月に書いた最後のメモの中で、グーバレフが米民主党のコンピュータ・ネットワークにポルノグラフィなどを使ってハッキングを仕掛けたと指摘した。グーバレフは、これが事実無根だと主張した。

しかし判事は二〇二〇年一〇月三〇日、訴えを却下した。スティール文書の中の当該メモは名誉を毀損する内容ではあるが、スティール文書を公表したのは米国のメディア、バズフィードであって、オービスに責任があるとは言えない旨を説明した。

グーバレフは米国では二〇一七年一二月二一日、トランプ同様フロリダ州で、バズフィードと同社の編集長だったベン・スミスを相手取って提訴した。原告はバズフィード側がスティール文書を報じる前にその内容を検証するという善管注意義務を怠ったなどと主張した。

しかし、担当したフロリダ州南連邦地裁の判事は二〇一八年六月二日、グーバレフの訴えを退けた。判事は、スティール文書が政府部内で捜査資料として扱われていたことなどを理由に、バズフィードには「正当な報道の権利」があると却下の理由を説明した。

※英国の高等法院（High Court of Justice）
名誉毀損など民事事件を扱い、地方に出張所を抱え監督権限を持つが、日本の高等裁判所と違って第一審裁判所でもある。

グーバレフは控訴したが、バズフィードとの話し合いの末、二〇二一年一一月に控訴を取り下げた。バズフィードはスティール文書にあるグーバレフに関する情報を支える証拠がないことを認めたというから、事実上の和解のようだ(74)。

一方、フリードマン、アベン、ハンの三人のグループは、二〇一八年四月、オービスを英国情報保護法違反で訴えた。二〇一六年九月一四日付のスティール・メモ「112」に、三人がプーチン大統領と相互に便宜を提供し合っているとか、特にフリードマンとアベンはプーチンがサンクトペテルブルク副市長だった時に巨額の非合法の現金をプーチンに提供していたと書かれている。三人はこれが虚偽であり、名誉回復を求めた。

こちらの提訴は裁判に持ち込まれ、高等法院は二〇二〇年七月八日、原告勝訴の判決を言い渡した。スティール文書の当該部分は真実ではないと認めた。そしてフリードマンとアベンにそれぞれ一万八〇〇〇ポンド（当時の為替レートで約二四四万円）の賠償を命じた(75)。ハンについては、非合法なカネを融通したとの下りには登場しないので、名誉が毀損されたわけではなく、賠償から外されたと思われる。

英国ではグーバレフも三人と似たような訴えを提起したが、グーバレフの訴えは退けられ、フリードマンら三人は訴えを認められ勝訴した。なぜこのような違いが出たのか。グーバレフは名誉毀損を問い、フリードマンら三人は情報保護法違反を問うたという違いがあるとの解説もあるが、判然としない。

三人は米国でも共同で三件の訴訟を提起した。一件はバズフィードとその編集長のベン・スミスら四人を相手取ってニューヨーク州ニューヨーク郡最高裁判所へ、二件目はフュージョンGPSとシンプスンを相手取ってDC連邦地裁（ワシントンDCを管轄する連邦地裁で、正式名称には「ワシントン」は付いていない）へ提訴した。三件目はオービスとスティールを相手取ってワシントンDCの別の裁判所

表3　トランプとロシアの実業家たちが原告となった裁判

●原告トランプ

(1) 米国での提訴：2022年3月、クリントンら30以上の人物・団体を提訴→2022年9月、却下

(2) 英国での提訴：2022年10月、オービスを提訴→2024年2月、却下

●原告グーバレフ

(1) 米国での提訴：2017年12月、バズフィードとスミスを提訴→2018年6月、却下→控訴→2021年11月、控訴取り下げ

(2) 英国での提訴：2017年2月、オービスとスティールを提訴→2020年10月、却下

●原告フリードマン、アベン、ハン

(1) 米国での提訴3件：2017年5月、バズフィードとスミスら4人を提訴→2021年3月、却下；2017年10月、フュージョンGPSとシンプスンを提訴→2022年3月、提訴取り下げ；2018年4月、オービス・ビジネス・インテリジェンスとスティールを提訴→2018年8月、却下

(2) 英国での提訴：2018年4月、オービスとスティールを提訴→原告勝訴

（DC上級裁判所）に提訴した。

ニューヨーク州での提訴は二〇一七年五月二六日で、審理は長期化したが、判事は二〇二一年三月一一日、言論の自由や国民の高い関心があったなどの理由で原告の訴えを退けた。

DC連邦裁判所への提訴は二〇一七年一〇月三日。被告は検証されていない情報をニューヨーク・タイムズ、ワシントン・ポストなど報道機関に売り込んだと主張したが、三人は二〇二二年三月二〇日、突然、提訴を取り下げた。この年の二月二四日にロシアがウクライナに侵攻開始、EU（欧州連合）と英国政府は直後にほかのロシアの実業家たちとともに三人の資産凍結などの制裁を発表した。これが提訴取り下げに影響したかもしれない。

三件目の訴えは二〇一八年四月一六日、DC上級裁判所へ提起された。しかし裁判所は同八月、訴えを却下した。

[I] スティールの矛盾する総括

スティール文書はロシアとトランプがクリントン追い落としへ陰謀を企てたという衝撃的な情報を提供したが、今では怪文書であったことが判明している。スティール自身は本当に自分が記した情報が真実だと思っていたのかどうか。彼の口からは、あまり自信がなかったような言葉が漏れてくる一方で、今も誇りを持っているとの強気の発言もある。

スティールはグーバレスがロンドンで起こした訴訟を受けて二〇一七年四月三日と五月一八日に高等法院に提出した弁明書の中で次のように指摘した(76)。以下、箇条書きにした。

●グーバレフと彼の側近たちが米民主党のコンピュータをハックしたとの情報は公表を前提に書いたわけではない。グーバレフに関する情報は「未確認の情報」で、さらに分析、検証が必要だった。

●報告のために収集した情報は「十分なものではない」。

●陰謀については単に「あり得る」と判断した。

●二〇一六年九月末に米国の報道機関の記者と会い、私の報告について説明した際、内容を直接引用せず、記者らが自分で調査を進める際の参考情報とするよう求めた。一〇月中旬にも記者たちに会ったが、いずれの場合も口頭での説明にとどめ、文書は渡さなかった。

●(名誉毀損に関する)最終的責任は文書を公表したバズフィードにある。

スティール文書は、トランプ陣営とクレムリンの間に広範な「陰謀」が存在し、それにはロシアの最高首脳の承認を受けた上で在米のロシア外交団が関与していると断定している。限定的な情報だとか、陰謀があり得るとか、さらなる検証が必要だなどと曖昧な記述ではない。報告を書いた時の勢いは裁判所への弁明書の中ではどこかに消え去っている感じがする。

　スティールは当初から情報の真偽について自信がなかったが、疑いがあるなどと付け加えたら文書の商品価値が下がると考えたのではないか。それとも、クリントン陣営のための内部文書だから、少々断定的に書いても許されると思ったのか。だが、彼はメディアに直接文書を渡さなくても、文書の内容を喧伝しまくっているのだから、公表を前提に書いたわけではないという弁明は通らないだろう。

　英ガーディアン紙のルーク・ハーディング記者の二〇一七年の著書『共謀』(77)によると、スティール自身は友人たちに内容の七〇〜九〇%は正しいと述べていたという。つまり最大三〇%が正しくないかもしれないというのだが、三〇%どころか、核心的情報が間違っていては、やはり怪文書というよりほかない。

　スティールは文書が報じられ米国政界に激震が走って以来、ほぼ五年間沈黙していたが、ダンチェンコが逮捕される少し前、二〇二一年一〇月一八日放送の米ABCニューズのインタビューに登場、思いを語った(78)。

「私は我々がやった仕事、我々の情報源、我々のプロフェッショナリズムを誇りに思っている」と強調し、強気の姿勢を崩さなかった。今では虚偽だと判明している放尿ショーの出来事についてもFBIは検証できないでおり、情報は信頼が置けると主張した。しかし、ロシア情報機関が放尿ショーをビデオに撮影したと文書にあり、そのテープがあるのかどうかと聞かれ、スティールは、「それは多分存在すると思うが、一〇〇%断言できない」と述べた。

　トランプの顧問弁護士だったマイケル・コーエンがロシア高官との協議のためプラハに旅行したと文

書にあるが、ホロウィッツ司法省監察総監はＦＢＩの捜査ではそれを証明できなかったと指摘している。

これについてスティールは、コーエンが今も嘘をついていると答えた。

スティールは文書の核心となる情報として以下の三点を挙げ、そのいずれも正しかったと主張した。
●ロシア情報機関が米大統領選に介入した。
●プーチン大統領が選挙介入を承認した。
●介入の目的はトランプを助けクリントンに打撃を与えることだった。
この三点は二〇一七年一月の米情報機関報告とほぼ同じで、お墨付きが得られているようだ。しかし、スティール文書の核心は何度も言うが、トランプ陣営とロシア政府との間に「広範囲の陰謀」があるという指摘だ。スティールは論点をずらしている。

第7章　共謀を確認できなかったモラー報告

ＦＢＩは二〇一六年七月末からドナルド・トランプ陣営とロシア政府との関係を捜査したが、トランプ大統領が二〇一七年五月にＦＢＩのジェームズ・コミー長官を解任すると、議会やメディアではＦＢＩの捜査へのトランプ政権の介入の恐れがあるとして独立した組織による捜査を求める声が高まった。そこで、司法省は二〇一七年五月中旬、ロバート・モラーを特別検察官に任命、捜査を進めた。

そのモラー特別検察官は二〇一九年三月二二日、一年十カ月に及んだ捜査を終え、報告をウィリアム・バー司法長官に提出した。

彼のチームは二二人の法律専門家、約四〇人のＦＢＩエージェントおよび情報分析官からなり、二八〇〇件以上の召喚状を発行、約五〇〇件の捜索令状を執行、二三〇〇件以上の通信記録提出命令を出し、約五〇〇件の電話利用記録装置の使用承認を得、外国政府に一三件の証拠提供を要請、約五〇〇人の証人から聴取した。つまり、徹底捜査した。FBI単独の捜査を入れると、捜査期間は二年八カ月に及んだ。

その成果が共謀の存在を否定したモラー報告の提出であり、さらに捜査の過程で三四人と三企業を起訴に持ち込んだことだ。うちロシア人は二六人（一人はウクライナ国籍も保有）。

[A] 異例のモラー特別検察官任命

モラー特別検察官の報告と罪人の摘発に触れる前に、彼が特別検察官に任命されるに至った経緯について触れておきたい。

モラー特別検察官は二〇一七年五月一七日、ロッド・ローゼンスタイン司法長官代行（副長官）によって任命された。本来であれば当時のジェフ・セッションズ司法長官が任命するところだったが、セッションズ長官は大統領選期間中にトランプ陣営を支援、駐米ロシア大使とも会っていたことから、二〇一七年三月二日にロシアに関係する捜査には一切関与しないとの姿勢を表明していた。ロシア捜査に関してはローゼンスタイン副長官が事実上の責任者だった。

ローゼンスタイン副長官はホワイトハウスとの相談なしに特別検察官の任命を決定した。モラー報告によると、トランプ大統領は特別検察官の任命をセッションズから聞いて、「大変だ。ひどい話だ。これで私の大統領職は終わりだ。やられた」と述べた(1)。大統領には寝耳に水の話だった。

ローゼンスタイン副長官は任命書の中で、「ロシア政府とドナルド・トランプ大統領の選挙運動に関係した人たちとの間の結び付き、および、あるいは協力（coordination）」を捜査するよう指示、「米国民に

（捜査の）結果を完全に信用してもらう必要がある」と説明した(2)。任命書には陰謀の疑いという言葉はないが、捜査の核心が当然、その有無であることは明らかだった。こうしてモラー特別検察官のチームがそれまでのFBIのクロスファイア・ハリケーンの捜査を引き継いだ。ただし、FBIの捜査官たちはモラーのチームの中に残った。

特別検察官による新しい捜査体制を指示した背景として、トランプ大統領が二〇一七年五月九日にコミーFBI長官を解任したことを挙げられる。FBIの捜査が政治的に歪められているというのが、解任の理由だった。

これに対し民主党や主要メディアは、トランプ大統領がFBIによる捜査を妨害した可能性を指摘し始め、特別検察官を任命して独立した捜査を求める声が強まった。ローゼンスタイン副長官がこれに応えた。

任命にはローゼンスタインの個人的動機もあるとの指摘もある。トランプ大統領は五月八日にセッションズ司法長官とローゼンスタイン副長官に対して、コミーがFBI長官にふさわしくない旨を記した

ロバート・モラー
写真提供：CNP／DPA／共同通信イメージズ

文書を出すよう指示した。ローゼンスタインがこれを受けて翌日、コミー長官のクリントンeメール事件への対応が間違っていたなどと厳しく批判する上申書を、セッションズ司法長官経由でトランプ大統領に提出した。（ヒラリー・クリントンのeメール事件については、第8章「［C］6　クリントンeメール事件への対応の揺らぎ」も参照のこと）表向き、大統領はこの申し出を受けてコミー長官解任を決定したと発表した。

これに対しローゼンスタインは上申書が公表を前提にしたものでなく、政治的に利用されたと困り果て、さらに民主党やメディアからはトランプ大統領の肩を持ったと批判された。ローゼンスタインはこうした批判に特別検察官の任命で応えた面もあったようだ。

ローゼンスタインがモラーを特別検察官に選んだことについては、民主党も共和党も歓迎した。モラーには、二〇〇一年九月から二〇一三年九月まで一二年間、共和党のジョージ・W・ブッシュ政権と民主党のバラク・オバマ政権の下で、FBI長官を務めたという実績がある。

[B] 幻のトランプ追放案

ローゼンスタインはロシアゲート史の中でモラー特別検察官を任命したことと、もう一つ、トランプ大統領解任を画策したとの噂でも名前を残す。

ニューヨーク・タイムズは二〇一八年九月二一日、ローゼンスタイン副長官が二〇一七年五月に、トランプ大統領を米憲法修正第二五条※の発動で解任する案を考えていたとの仰天情報を報じた(3)。この修正条項は副大統領と閣僚の過半数が大統領は職務を遂行できないと判断した場合に大統領を解任できることを定めている。

トランプ大統領支持者の中にはクーデターに発展する可能性があったと受け止めている向きもある。もちろん、そうはならなかったが、司法省の中に反トランプ感情が強かったことを物語る一件でもある。

このニューヨーク・タイムズ報道によると、ローゼンスタインは複数の司法省幹部やFBI幹部とこの件について話をした。そのうちの一人がアンドルー・マケイブFBI副長官で、二〇一七年五月一六日のことだった。マケイブによると、ローゼンスタインはその際、セッションズ司法長官とジョン・ケリー国土安全保障長官（その後、ホワイトハウス首席補佐官）を説得できるかもしれないと語ったという。この記事は、ローゼンスタインがトランプ大統領の会話を秘密裏に録音する案を同僚に提起したとも報じた。

トランプ大統領が五月九日にコミーFBI長官を突如解任した後、司法省とFBIは大混乱に陥った。しかもコミー長官解任の理由がローゼンスタインによるクリントンeメール事件に関する上申書だとトランプ大統領は発表、上申書を公表したことでローゼンスタインは極めて困惑していたことは既に指摘した。

ローゼンスタインはただちに記事は不正確だと否定したし、司法省の中には、彼が真剣にそう考えていたわけではなく、皮肉を込めてそう言ったのだろうという指摘も出たが、記事は大きな反響を呼び、副長官解任必至との観測も出た。

その後、トランプ大統領はローゼンスタイン副長官の説明を受け入れたのか、彼を解任しなかったため、この「舌禍事件」は収まったかと思われた。ところが、二〇一九年二月一七日、マケイブ元FBI長官代行（在任二〇一七年五〜八月）が米CBSテレビの報道番組「60ミニッツ」で、ローゼンスタイ

※米憲法修正第二五条（25th Amendment）

大統領が免職、死亡、辞職した場合に副大統領が大統領となることや、大統領が職務上の権限と義務を遂行することができない場合の対処法などを規定している。

四節からなり、その第四節に副大統領が「行政各部の長官ないしほかの連邦議会が法律で定める機関の長の過半数」（すなわち閣僚の過半数）とともに、大統領の執行不能を宣言できるとある。これまでに発動されたことはない。

ンが確かに米憲法修正第二五条の発動を口にしたことを明らかにし、再び発言に注目が集まった(4)。

マケイブによると、ローゼンスタインがトランプ大統領の能力などについて不安を募らせ様々なことを話している最中に突然、修正第二五条を発動した場合、何人の閣僚がそれを支持するだろうかと漏らしたという。マケイブ自身は聞き流しただけだった。マケイブがこのCBSの報道番組に出演した時は、彼は既に退職していた。

問題はローゼンスタインの考えが司法省の中で具体的に検討されたかどうかだ。これまでに明らかになっているところでは、彼が賛同者を集めて具体的に行動したことは確認されていない。

トランプ大統領は二〇一八年一一月七日にマシュー・ウィトカーを司法長官代行に任命、モラー・チームの監督者はローゼンスタインからウィトカーに移った。そしてウィリアム・バーを司法長官に任命する人事が二〇一九年二月中旬に上院で承認され、さらにモラー報告が同三月にまとまったのを機に、ローゼンスタイン司法副長官は同五月一一日に辞任した。副長官としての在任は二〇一七年四月から二年余りだった。彼にとってははらはらどきどきの激動の期間だったろう。

[C]「陰謀」なしだが、ロシアの介入ありという結論

さてモラー報告についての本論である。モラー報告の正式題名は「二〇一六年大統領選へのロシアの介入の捜査に関する報告」。

バー司法長官は報告を受けた二日後の二〇一九年三月二四日に四ページの報告要旨を公表、続いて四月一八日に一部非公表部分付き（黒塗り）でほぼ全文を公表した。報告は二巻に分かれ、計四四八ペー

ジある。第一巻は主としてトランプ陣営とロシア人との接触、およびロシアによる大統領選介入について触れ、第二巻はトランプ大統領の司法妨害疑惑、つまり捜査を妨害したかどうかの問題を取り上げている。ロシアゲート捜査は二〇一六年大統領選以来、米国政界を揺るがす一大問題だったが、モラー報告の公表で一応の区切りが付いた。

　モラー報告は次のような結論を出した。

　第一に、「トランプ陣営が選挙介入についてロシア政府と陰謀をめぐらす、あるいは協力したことを立証できなかった」。証拠がないのだから、トランプ陣営とロシア政府による共謀（陰謀と協力）はなかったということになる。この結論はトランプ大統領にとっては、勝利を意味する。だが、トランプ大統領を政治的に追及したいと考える人たちは、共謀の証明が不可能であるとわかると、後述するように、今度は、司法妨害容疑を持ち出し、トランプ批判を続けた。

　なお、モラー報告は、ロシアとトランプ陣営の間の陰謀を断定したスティール文書にはほとんど言及していない。報告に彼の名前は何度か出てくるが、報告に登場する人物一七〇人余りを紹介した「付記《アペンディクス》B」の中にはクリストファー・スティールの名前は見当たらない。モラー特別検察官はスティール文書の核心である共謀の存在を否定、それを怪文書扱いした以上、スティールを重視していないことを示したかったのだろう。

　モラー報告の第二の要点は、ロシアによる広範囲の選挙介入があったと指摘したことである。ロシア政府が「広範囲かつ組織的に二〇一六年大統領選に介入した」と断定した。ロシアによる選挙介入の方法は二つ。ソーシャル・メディアの利用とコンピュータ網への侵入、および盗んだ情報の漏洩・公表だった。ただし、「ロシアによる介入」という場合、普通はロシア政府当局による介入を想定するかもしれないが、モラー報告は、ソーシャル・メディアを使った介入の主体は少なくとも表向きはロシアの一民間団体であり、その一方でコンピュータ網への侵入、情報の漏洩・公表の主体は、ロシア情報当局であると分けて記述している。

［D］ 実質クロに近い大統領の司法妨害

モラー報告にはもう一つ、第三の要点がある。トランプ大統領による司法妨害の有無について明確な判断を回避したのだ。

トランプ大統領はFBIを中心にした一連の捜査に圧力をかけ、それを妨害したとの声が議会内外で高まったことから、モラー特別検察官はその疑惑の解明にも力を注いだ。その結果、それを疑わせる事例を一一件認定した。だが、結局、司法妨害があったとは断定せず、立件しなかった。

モラー報告は「事実を徹底調査して大統領が明確に司法妨害を犯していないとの自信があれば、我々はそう言うだろう。我々は事実と適用可能な法的基準に依拠してそうした判断には到達することができない。従って、この報告は大統領が罪を犯したという結論は出していないが、彼を免責にしているわけでもない」と非常にまどろっこしい(5)。

さらに「捜査に影響を与えようとした大統領の努力は大方、不首尾に終わった。しかし、それは大統領の周りの人たちが指示の遂行や彼の要求に従うことを拒んだからだ」と説明した。

モラー特別検察官はトランプが大統領でなければ、司法妨害で起訴に持ち込んだと言いたかったのかもしれない。一言で言うなら、クロだとは断定しないが、それに限りなく近いということだろう。

米司法省は二〇〇〇年一〇月から大統領は起訴されないとの憲法解釈を取っており、司法妨害があったと判断しても起訴に持ち込めなかったと思われる。それでも、司法妨害が確認されたと断言していたなら、米国民の間に大統領批判の声が一段と高まり、議会では下院による弾劾、そして上院による有罪判決と大統領解任の手続きの可能性が真実味を持って語られていたかもしれない。

モラー特別検察官がこの問題について明確な判断を示さなかったことから、この疑惑の扱いはウィリアム・バー司法長官に委ねられた。そのバー長官が出した答えは、「特別検察官が明らかにした証拠は大統領が司法妨害の罪を犯したと証明するには十分ではないと私は結論付けた」だった(6)。

この結論に対し民主党や一部メディアが反発、二〇二〇年大統領選段階では争点の一つとなった。

モラー特別検察官が指摘した一一件の司法妨害の疑いのうち、三件を代表例として以下、紹介する。三件とはジェームズ・コミーFBI長官に対する捜査圧力、コミー長官の解任、そしてモラー特別検察官解任の試みである。

1　FBIへの圧力とコミー長官解任

トランプ大統領は、マイケル・フリン大統領補佐官への捜査をやめるようコミーFBI長官に圧力をかけたのではないかと疑われた。

フリン補佐官はトランプ政権発足前の二〇一六年一二月にセルゲイ・キスリャーク駐米ロシア大使と接触していたにもかかわらずFBIに対し、接触を否定し嘘を言った。政権発足後にそのことが露見し、トランプ大統領は二〇一七年一月二七日、フリン補佐官を解任した。(フリン補佐官解任の経緯については、第7章「[E]1(c)マイケル・フリン」を参照のこと)

ジェームズ・コミー
写真提供：ロイター＝共同

モラー報告によると、ＦＢＩがフリンに対する捜査を継続していたところ、二〇一七年二月一四日午後にトランプ大統領はコミー長官をホワイトハウスに呼び出した(7)。一対一で面会、「この件をなかったことにし、フリンを解放する道を見つけてくれるよう希望する。彼はいい奴だ。君が彼を解放できたらよいと願っている」と述べた。コミー長官はその時の会話の内容をメモに記録していた。

コミー長官は二〇一七年五月九日に解任されるのだが、その直後の五月一六日にニューヨーク・タイムズが二月一四日の会話の内容を記したメモを報道(8)、二〇一七年六月八日には上院情報委員会でも証言した。確かにフリン補佐官の件は司法妨害の容疑が極めて濃い。

モラー報告によると、トランプ大統領はコミー長官に対し、大統領は捜査対象になっていないと公の場で明らかにするよう何度も要請した。しかし、コミー長官は渋った。モラー特別検察官は、そのことがコミー長官解任の「触媒」となったと指摘した。

ホワイトハウスの発表では、コミー長官がヒラリー・クリントンのeメール事件への対応を間違えたことで、セッションズ司法長官とローゼンスタイン司法副長官が解任を上申し、トランプ大統領がこれを受け入れたとされた。

しかし、モラー報告によると、トランプ大統領はその上申書を受け取る前に既にコミー長官の解任を決めていた。トランプ大統領はコミー長官解任を発表した翌日、テレビに対し、司法省からの上申書に関係なく解任する予定だったと認めた。

2 モラー特別検察官解任の試み

コミー長官解任後、モラー特別検察官はトランプ大統領を司法妨害の疑いで捜査に乗り出し、二〇一七年六月一四日にメディアがそのことを伝えた。大統領はこのニューズに怒り、司法省とモラー特別検察官を批判した。

トランプ大統領は六月一七日、ホワイトハウス法律顧問のドン・マクガーンを通じてローゼンスタイン司法副長官がモラー特別検察官を解任するように求めた。大統領はマクガーンの自宅に電話をかけローゼンスタインへの指示を伝えた。モラー特別検察官を任命したのはローゼンスタインだったから解任の権限も彼が持っていた。しかし、マクガーンはこの指示を受け流した。まったくおかしいと思ったからだという。

仮にマクガーンが大統領の指示を聞き入れ、ローゼンスタイン司法副長官に伝え、司法副長官がモラー特別検察官を解任していたとしたら、大統領、法律顧問、司法副長官は明確に司法妨害の容疑をかけられただろう。しかし、トランプ大統領の指示はマクガーンのところで止まった。トランプはマクガーンに感謝しなければならないのかもしれない。

マクガーンは結局、その出来事から一年以上経った二〇一八年一〇月に辞任した。

[E] モラーが取り調べた容疑者たち

モラー特別検察官は報告をまとめるだけでなく、ハッキングなどによる米大統領選への妨害や捜査担当者への虚偽供述などの容疑で、三四人と三企業を大陪審に告発、起訴※に持ち込んだ。また、立件に至らなかったが、多数のトランプ陣営関係者を取り調べた。

起訴されたトランプ陣営関係者は六人。三四人を国籍別にみると、米国人七人、オランダ人一人。ロシア人が二六人で、三企業もロシア企業だ。

裁判では九人の有罪の判決を勝ち取るか、あるいは罪を認めさせるという成果をあげた。ただし、いずれの被告に対しても米大統領選挙への介入のため共謀したとの容疑は含まれていない。このことは極めて重要だ。

起訴されたロシア人の多くはロシアの情報機関のエージェントとされ、ハッキングや情報漏洩によって米大統領選に介入した容疑がかけられた。繰り返すが、トランプ陣営との共謀の容疑をかけられた者はいない。また、彼らは米国の裁判所には出廷していないから、裁判は開かれていない。

トランプ陣営関係者で起訴された人たちの中にはマイケル・フリン大統領補佐官、マイケル・コーエン顧問弁護士、ポール・マナフォート選対本部会長らがいる。彼らへの容疑で目立つのは、取り調べ段階での虚偽の供述、脱税などの経済犯罪、外国エージェント登録違反など。彼らについても、ロシア政府との共謀の容疑はない。

1　起訴されたトランプ陣営関係者

米国人七人への容疑の多くは捜査機関や議会への虚偽の供述・証言。彼らがロシア当局と共謀していないのになぜか虚偽を申し立て、それが後でばれて逮捕、起訴された。

なぜ軒並み嘘を言ったかについて、トランプの顧問弁護士で彼自身起訴されたコーエンが興味深いことを言っている。

コーエンは二〇一九年二月二七日の下院行政監視改革委員会での証言で、トランプの企業統括組織であるトランプ・オーガニゼーションで働く全員にとって第一の仕事はトランプを守ることだったからだと説明した(9)。つまりボスが部下に嘘を言うことを望んでいたからだという。

ただし、コーエンはトランプが嘘をつくよう直接指示したわけではないとも付け加えた。「それは彼のやり方ではない。選挙運動期間中で私が彼のために一生懸命ロシアで交渉している時、彼と話を交わした際、彼は私の目を見て、ロシア・ビジネスなどやっていないと言った……こうして彼は私に嘘をつく

※**起訴**（indictment）

米国の司法制度では、連邦法に定める重大犯罪については大陪審が裁判所に起訴する（to indict）。検察官は犯罪の証拠をまとめ大陪審に提出する。この手続きは accuse とか charge といわれ、大陪審への犯罪の告発と訳すことができよう。その後、大陪審は提示された証拠を審理し、犯罪を立証するに相当の証拠があると判断すれば、書面の起訴状（an indictment）を裁判所に提出する。これが起訴である。ただし、一般の報道記事などでは、「大陪審が起訴した」と表現すべきところを「検察官が起訴した」といった表現も目立ち、混乱がみられる。本稿では、大陪審への告発と起訴の違いを考慮して記述した。

米国の刑法関連用語には indictment と似た言葉に prosecution がある。ややこしいが、prosecution は大陪審が容疑者を起訴した後、検察官が法廷で有罪判決をめざし犯罪を立証する行為を指す。裁判での立証手続きとも訳せるが、英和辞書では「起訴する」とも訳されている。ほかに似た言葉に charge があり、一般的には警察官の犯人逮捕も含め、司法当局の容疑者の告発、大陪審の起訴も含め犯罪として立件し法的手続きを取ること全般について幅広く使われている。

日本では「起訴」（「公訴の提起」ともいう）のほかに「訴追」という言葉も使われ、これも混乱させられるが、起訴は刑事事件以外にも使われ、そのうち刑事事件についての起訴を訴追というようだ。米国での司法手続きに関して日本の報道では「起訴」ではなく「訴追」という言葉がよく登場するが、どのような基準で使い分けているのかよくわからない。

よう言外に求めていた」と証言した。米国でも、ボスへの忠誠心は高く評価される基準のようだ。

以下、起訴された被疑者のうちまずはロシア人を除く人たちの人物像と活動、容疑、裁判結果を詳述する。(起訴順、これまでの記述との重複もある)

(a) ジョージ・パパドプロス

パパドプロスは、二〇一六年三月から二〇一六年一〇月初めまでトランプ陣営で外交政策顧問を務めた。二〇一七年一〇月三日、FBIへの虚偽証言の容疑で起訴された。同一〇月五日に罪を認め、司法取引※に応じた。DC連邦地裁判事は二〇一八年九月七日、一四日間の拘留、一年間の監視、二〇〇時間の地域奉仕、九五〇〇ドルの罰金の刑を言い渡した。

しかし、トランプ大統領は退任直前の二〇二〇年一二月二二日、パパドプロスに恩赦※※を与えた。

パパドプロスは一九八七年八月、米国生まれ。両親はギリシャ系移民。二〇〇九年に大学を卒業した後、ロンドンの研究所に入り安全保障問題を研究、さらに米ハドソン研究所での無給インターンなどを経て、二〇一六年三月初めにトランプ陣営に外交政策顧問として採用され、そこで一一カ月間活動した。パパドプロスは司法取引に応じ罪を認めたため、量刑は軽かったが、彼の行動は陰謀色に染められ、広くメディアで報じられた。

パパドプロスへの疑惑の焦点は、マルタ出身の大学教授でロンドン在住のジョウゼフ・ミフスードや同教授の知り合いのロシア人女性実業家のオリガ・ポローンスカヤ、さらにロシア人の国際関係研究者、イワン・ティモフェーエフとの接触にある。

彼らとの接触を通じて、ロシア政府がクリントン候補に打撃を与えるeメールを持っていると聞きつけ、さらにトランプ陣営幹部とロシア政府高官との会談の設営に努力した。共謀疑惑がふんぷんと漂うようだが、結局、FBIもモラー特別検察官も共謀を確認できなかった。

パパドプロスは二〇一七年一月二七日にFBIから聴取を受け、その際に嘘をつき、半年後の七月二七日に逮捕された。同一〇月五日には司法取引の上、虚偽供述の罪を認めた。モラー特別検察官は司法取引を一〇月三〇日に公表、パパドプロスに対する容疑が広く知られるところとなった。パパドプロス逮捕の事実は三カ月間伏せられていたことになる。

パパドプロスはFBIにいったいどのような嘘をついたか。モラー特別検察官の罪状文書によると、彼は二〇一七年一月二七日のFBIの聴取に対し、ミフスード、ポローンスカヤ、ティモフェーエフと接触した時期、その重要性、内容について次のような嘘を言った。

第一に、パパドプロスはミフスード教授と何度か会い、彼からクリントンに打撃を与えるeメールの話を聞いたことを認めたが、その時期は彼がトランプ陣営に入る前であり、トランプ陣営の一員でもな

※司法取引
容疑者が検察官に対し犯行を認め、それと引き換えに検察官から減刑の約束を得ること。一般的にはplea bargainと表記される。日本では二〇一八年六月一日から「捜査・公判協力型協議・合意制度」という官僚的なややこしい用語で事実上の司法取引を施行している。

※※恩赦に関する大統領権限
米憲法第二条第二項で大統領は恩赦（刑の執行停止や減刑措置）の権限を有すると規定されている。モラー特別検察官が起訴に持ち込んだ被告で恩赦を与えたのは、パパドプロスのほかに後述するポール・マナフォート、マイケル・フリン、ロジャー・ストーン、アレックス・ファンデルズワーン。

いのにそんな話をされるのは不思議だったと供述した。しかし実際には、パパドプロスがミフスードと会ったのは、二〇一六年三月一四日頃で、その時には彼が外交顧問としてトランプ陣営入りすることが決まっていた。ミフスードはパパドプロスのトランプ陣営での役割を知ったからこそ彼に関心を持った。

第二に、パパドプロスはミフスード教授について、ロシアと何かコネがあるような話をしていたが、たいした人物ではないとFBIに述べた。しかし、実際には教授がロシアの要人（ただしクレムリンとは直接関係のない人たち）と知り合いであることを認識していた。だからこそ、パパドプロスは教授のロシアにおけるコネを使ってトランプ陣営幹部とロシア政府高官との会談の実現へ努力した。

第三に、パパドプロスはトランプ陣営入りする前にポローンスカヤと会い、「元気ですか」といった類いのeメールをやり取りしていたと述べた。しかし、彼女と会ったのは二〇一六年三月二四日で、パパドプロスがトランプ陣営入りした後だった。

モラー報告は、こうした虚偽供述でFBIの捜査が妨害されたと指摘している。

パパドプロスのトランプ陣営での活動を改めて総括すると、一つはミフスード教授からロシアがクリントンに不利となるeメールを持ち合わせていると聞き出したこと。もう一つは、トランプ陣営とロシア政府要人との会談、トランプ候補とウラジーミル・プーチン大統領の会談の実現に努力したことだ。仮にそうした会談が実現していたとしても、双方がクリントンに不利な材料をどう利用するかといったことでも話し合わない限り、会談すること自体は何ら問題ではない。

ミフスード教授はパパドプロスとの接触についてどう説明しているか。FBIは二〇一七年二月一一日（あるいは一〇日）にワシントンDCを訪問していたミフスードから話を聞いている。モラー報告によると、この時、ミフスードはロシアがクリントン候補に打撃を与えるeメールを持っているということを知らなかったし、そんなことは話していないと述べた。パパドプロスとは一般的にサイバーセキュリティやハッキングについて話をしたのであって、パパドプロスは誤解していると述べた。

ＦＢＩの聴取は突っ込んだものにはならなかったようで、モラー報告は、パパドプロスがＦＢＩに接触の時期や内容について嘘をついたため、この時、ミフスードへの追及が甘くなった旨を指摘している。

⒝　ポール・マナフォートとリック・ゲイツ

マナフォートは二〇一六年三月にトランプ陣営（選挙対策本部）に入り、六月二〇日に選対本部会長に就任、トランプ候補の選挙運動を仕切った。ところが八月に入ると、後述するようにウクライナの与党「地域党（Party of Regions）」との関係が怪しいと報道され、八月一九日に会長を辞任した。トランプ陣営には五カ月間ほどいたことになる。

そのトランプ陣営の重鎮が二〇一七年一〇月二七日、マナフォートの子分的存在でビジネスパートナーのリック・ゲイツとともに起訴された。マナフォートはさらに二〇一八年六月に追起訴された。合わせると容疑は、米国に対する陰謀※、資金洗浄、脱税、詐欺、外国エージェント登録違反、虚偽供述など。裁判はバージニア州とワシントンＤＣの連邦地裁の二カ所で進められた。

※米国に対する陰謀

二人以上で陰謀を企て、資産や資金に関連して政府を欺く、あるいは虚偽供述などで政府の機能を妨害する罪。字面からは国家転覆陰謀罪のようだが、捜査当局へ嘘を言うことなど、対象とする行為は幅広く、刑罰は罰金または五年以下の懲役、または罰金と懲役。

パパドプロスに比べ重大な容疑が並ぶが、すべて米国大統領選挙とは直接の関係はない。すべてマナフォートがトランプ陣営のために活動し始める前の彼らのウクライナ関連の行動に関係する。

マナフォートは一九四九年四月生まれ。政治コンサルタントとしてジェラルド・フォード、ロナルド・レーガン、ジョージ・H・W・ブッシュなどの大統領選挙運動にも参加した。ウクライナだけでなくフィリピン、ザイールなど外国の政治家のコンサルタントを務めロビー活動の経験も豊かだ。彼の経歴をたどると、米国には外国を含め政界に食い込み稼ぐ輩がいることを認識させられる。

マナフォートへの最初の裁判はバージニア州東連邦地裁で二〇一八年七月三一日に始まった。モラー特別検察官が起訴に持ち込んだ被告の初の裁判で、早速同八月二一日、八件の容疑について有罪の評決が出た。

量刑は二〇一九年三月七日に言い渡され、懲役四七カ月。続いて二〇一八年九月一四日にマナフォートはDC連邦地裁で有罪を認め、こちらの犯罪に対して二〇一九年三月一三日に七三カ月の懲役刑が言い渡された。マナフォートは合計九〇カ月刑務所で過ごすことになったが、二〇二〇年五月に新型コロナウイルスに感染する恐れがあるとの理由で、自宅監禁に切り替えられ、さらにトランプ大統領が退任直前の二〇二〇年一二月二三日、恩赦の措置を取った。

一方、ゲイツは米国に対する陰謀と虚偽供述の容疑で起訴されたが、二〇一八年二月二三日にモラー特別検察官に罪を認め、司法取引を交わし、懲役四五日、三年の保護観察、三〇〇時間の社会奉仕、二万ドルの罰金刑を受けた。

マナフォートは、プーチン大統領と親しいとされるロシアの富豪、オレグ・デリパスカ、そしてロシアの情報機関と関係があるといわれるコンスタンチン・キリムニクと一緒に仕事をしており、トランプ選対本部会長であった時には選挙に関する情報を彼らに伝えていたことから、共謀疑惑がかけられた。しかし結局、モラー特別検察官はマナフォートについても共謀はなかったとの判断を下した。

モラー報告によると、マナフォートは二〇〇五年から二〇一五年までデリパスカとビジネス関係を持ち、デリパスカの投資資金を運用していた。マナフォートは別途、二〇〇五年にウクライナの親ロ政党といわれた「地域党」と政治コンサルタント契約を結び、ワシントンでのロビー活動を展開した。二〇一〇年のウクライナ大統領選で地域党の候補、ビクトル・ヤヌコービッチが当選、マナフォートは彼の政治顧問の一人となった。

マナフォートはウクライナの政治情報を把握するためにキリムニクを雇用した。キリムニクはヤヌコービッチやウクライナの有力政治家と直接会える人物で、デリパスカにもコネを持っていたといわれる。

キリムニクは一九七〇年四月二七日、ウクライナ生まれ。ロシアとウクライナの国籍を持つ。マナフォートはトランプ選対本部会長だった時、彼と何度もeメールで連絡を取り合い、情報を交換した。その際、マナフォートはゲイツに対し、トランプ陣営がまとめた内部の世論調査のデータをキリムニクに送信するよう指示、ゲイツは複数回、内部調査の結果を伝達した。これはゲイツのFBIへの供述による。マナフォートはそんな指示は出していないと否定した。ゲイツによると、こうした選挙情勢報告はキリムニクを通じてウクライナの政治家たち、さらにはデリパスカにも伝え、利権確保の材料にすることを狙っていた。

マナフォートは選対本部会長だった期間中、二〇一六年五月七日と同年八月二日にニューヨークでキリムニクと直接会っている。この二回の接触も捜査の焦点だった。マナフォートはモラー特別検察官の取り調べに対し、五月に会った時にはウクライナ情勢や米大統領選情勢について情報を交換した。八月に会った際には、キリムニクからロシアに逃亡していたヤヌコービッチ元大統領が考える当時のウクライナ紛争の和平案なるものが示されたという。

キリムニクは八月の訪米直前にモスクワに行き、この和平案を知らされていた。二〇一四年のウクライナ政変※の結果、ロシアがクリミアを併合、さらにウクライナ東部のドネツクとルハンスクの二つの州がそれぞれ独立を宣言し、ウクライナ政府軍との戦闘が始まった。

ヤヌコービッチはロシアに逃亡していたが、ドンバス（ドネツク州とルハンスク州を合わせた地方の呼称）にウクライナに所属する一つの自治共和国を作り、ヤヌコービッチがその首相に就くというのが、その和平案の内容だった。マナフォートは取り合わなかったとモラー特別検察官のチームに述べたが、その後、二〇一七年から二〇一八年にかけて計三回、キリムニクとこの案について協議したとモラー報告は指摘している(10)。

キリムニクはこの「和平案」をトランプ陣営の重鎮に示すことで、トランプ大統領が誕生すれば、彼からこの案への支持を得たいとの思惑があったと推定される。しかし、マナフォートのキリムニクやデリパスカとのこうした関係では、トランプ陣営とロシア政府との共謀の証明にはならなかった。

マナフォートの罪状は具体的には、彼が地域党、その後継党の「反対ブロック（Opposition Block）」のために米国でロビー活動に従事した際、「外国エージェント」として登録しなければならなかったのに、その規定に違反したことが一つ。また、そのロビー活動などで得た収入を様々な手段で資金洗浄しようと試み、申告しなかったこと。米国に対する陰謀もある。これは具体的には司法省、財務省の行政を妨害したとの罪だ。

二〇一八年八月二一日、バージニア東連邦地裁での評決で、マナフォートは八件の罪で有罪となった。脱税五件、銀行詐欺二件、外国銀行口座登録違反一件。ほかの一〇件の容疑は却下された。

別途、同年九月一四日からDC連邦地裁で別の容疑の裁判に臨んだ。資金洗浄、外国ロビイスト登録違反、捜査官への虚偽の供述、証人への不正工作が問われた。

ところで、マナフォートがスティール文書の中でどう扱われているかというと、彼はゲイツとともにトランプ陣営とロシア指導部の陰謀の調整役、いわば主役として描写されている。（スティール文書メモ「095」。このメモに日付はないが、二〇一六年七月下旬作成と思われる）また、二〇一六年八月二二日のメモ「105」には、ヤヌコービッチが二〇一六年八月一五日にプーチン大統領に会った際、マナフォートへの巨額のキックバックの支払いを承認したとプーチンに伝えたと記されている。しかし、スティール文書にはモラー特別検察官の起訴状にあるウクライナ関連のロビー活動についての細かな指摘はない。

※二〇一四年ウクライナ政変

二〇一四年二月に大規模抗議運動によってヤヌコービッチ大統領が追放され、政権が交代した事件で、抗議運動の中心が首都キーウにある独立広場（ウクライナ語で広場はマイダン）であったことからマイダン革命ともいう。抗議運動は前年一一月、ヤヌコービッチ大統領が予定されていたEU（欧州連合）との経済的結び付きを強めるための連合協定の調印をやめ、ロシアとの関係を重視する方針を示したことが引き金となって始まった。その後、徐々に規模を拡大した。抗議運動参加者はヤヌコービッチ政権打倒、汚職追放、権力濫用阻止、ロシアの影響力排除などを訴えた。警官隊との衝突を繰り返した末、二〇一四年二月一八～二〇日に大規模流血の惨事が発生した。一〇〇人以上が死亡したが、誰が撃った弾で死亡したかは論議が続いている。警官隊ではなく極右勢力が運動参加者を撃ったとの説も有力だ。ヤヌコービッチ大統領は二月二一日夜、キーウを出てロシアに逃げた。その後、ロシアがクリミアを併合、ウクライナは東部で政府軍と親ロシア武装勢力の内戦状態に陥った。そして二〇二二年二月二四日、ロシア軍がウクライナに全面侵攻し、ウクライナ・ロシア戦争が始まった。

米国のメディアは、ヤヌコービッチをプーチンと極めて緊密な親ロシアの指導者として描き、マナフォートはヤヌコービッチに協力することで、結局のところロシアの利益のために行動したと報道した。しかし、一方で二〇一四年にヤヌコービッチ大統領（当時）がEU（欧州連合）との連合協定（Association Agreement）に調印すべきかどうか悩んだ際に、マナフォートは連合協定の調印を働きかけた(11)。ゲイツも二〇一八年八月七日にマナフォートの裁判でそう証言した。マナフォートはむしろ反ロシア路線を売り込んでいたことになる。

マナフォートは情報漏洩サイトを運営するジュリアン・アサンジと共謀して民主党全国委員会（DNC）などからハックされたeメールを漏洩したのではないかとの疑いが持たれたことがある。英紙ガーディアンは二〇一八年一一月二七日、マナフォートが二〇一三年、二〇一五年、そして二〇一六年三月頃に、ロンドンのエクアドル大使館に避難していたアサンジと会っていたと特報した(12)。

この記事の情報源は「事情をよく知る立場にいた情報筋」やエクアドルの国家情報局（SENAIN＝セナイン）の内部文書などとされ、二〇一三年、二〇一五年の面会の時期は明示されていない。二〇一三年には複数のロシア人がアサンジを訪問し、二〇一六年三月と思われる時期の面会は約四〇分だったとされる。一連の会談で何が話し合われたかは不明で、マナフォートは大使館への入館の際に記帳していなかったという。記事は一方で、マナフォートもアサンジも会ったことを全面的に否定していると付記している。

モラー報告にはマナフォートとアサンジの面会への言及はない。仮にマナフォートがアサンジとの間で、DNCなどからハックされたeメールの公表で協議したことがわかれば、トランプ陣営とウィキリークスの共謀の一端が暴かれるということになるはずだったが、そうはならなかった。

(c) マイケル・フリン

トランプ政権は発足早々、国家安全保障担当補佐官に起用したマイケル・フリンの辞任という衝撃に見舞われた。フリン補佐官の在職はわずか二四日間。FBIの事情聴取に対し述べたことをトランプ政権内で隠蔽し、それが露見して辞任に追い込まれた。

フリンへの追及はそれでは終わらなかった。モラー特別検察官は二〇一七年一一月三〇日、FBIへの虚偽の申し立ての容疑で起訴に持ち込んだ。フリンはその直後の一二月一日に罪を認め司法取引に応じ、後は裁判で量刑が言い渡されるだけだった。FBIとモラー特別検察官はやすやすと成果を手に収められるかのように思えた。

ところが、裁判官はモラー特別検察官の捜査への影響などを考慮し、何度か量刑の言い渡しを延期した。この間にフリンは考えを変え、司法取引から二年も経ってそれを破棄し、起訴取り下げを求めるという挙に出た。FBI捜査官の誘導尋問に引っかかったとか、不当な圧力によって罪を認め、司法取引に応じざるを得なかったと説明した。

マイケル・フリン
写真提供：ロイター＝共同

これを司法長官が受け入れ、起訴を取り下げた。裁判所が司法長官の決定を審査している間に、トランプ大統領が退任前の二〇二〇年一一月二五日に恩赦を与え、フリンは収監を免れた。フリンの運命は実に劇的な展開をたどった。

フリンは一九五八年一二月生まれの退役中将。有能な軍人として頭角を現し、オバマ政権時代に国防省傘下の国防情報局（DIA）長官を務めた。しかし、独断専行、部下への強圧的態度などが問題にされ、二〇一四年八月、長官職を事実上解任され、退役した。その後は自らコンサルタント会社を設立、トルコ企業のためのロビー活動に従事した。

ロシアとの関係も深く、退役前の二〇一三年六月、モスクワを訪問、DIAのロシア側カウンターパートである参謀本部情報総局（GRU）の本部で、演説している。ロシアの軍事情報機関での演説は米国軍人として初めてだったといわれる。

二〇一五年一二月にはロシアの国営メディア、RTの設立一〇周年記念式典に招かれ、晩餐会でプーチン大統領の隣に座った写真が残っている。ただし、プーチン大統領は後にフリンとはほとんど話をしなかったと述べた。

フリンはモスクワ滞在中に講演し、RTから報酬四万五〇〇〇ドルを受け取った(13)。ただし、講演を仲介した業者がコミッションを差し引き、彼には三万三五七〇ドルが渡ったという。フリンは別途、このモスクワ旅行の前にワシントンDCでロシア企業主催の会合で二回講演、各一万一二五〇ドルの講演料を受け取っている。

二〇一六年二月にトランプ陣営からの要請を受け、外交政策顧問になり、一時はトランプ候補の副大統領候補になるとも噂された。二〇一六年七月の共和党全国大会では民主党のヒラリー・クリントン候補を「刑務所に入れろ」と連呼、激しい言辞でも知られる。しかし、FBIが二〇一六年七月末にトランプ陣営とロシアとの関係について捜査を開始、八月中旬にはフリンを捜査対象に入れた。

二〇一七年一月のトランプ政権の発足とともに国家安全保障担当補佐官という要職に就いたが、政権発足前にロシアの駐米大使、セルゲイ・キスリャークと交わした複数回の電話による会話が公となり問題視された。

モラー報告によると、オバマ大統領がロシアによる米大統領選への介入を受けての対ロ制裁を発表した二〇一六年一二月二九日、フリンはキスリャーク大使に電話をかけ、ロシアが事態をエスカレートすることなく「相互主義的な対応」にとどめるよう求めた。（オバマ大統領による二〇一六年一二月の対ロ制裁については、第11章「［A］オバマ大統領最後の仕事」を参照のこと）

フリンがロシア大使と電話で接触していることはもちろん極秘だったが、ワシントン・ポストのコラムニスト、デービッド・イグネイシャスが二〇一七年一月一二日、フリンが一二月二九日にロシア大使と電話で制裁について話し合っていたと報じ、どう話したのか明らかにするよう求めた(14)。

フリンはこの記事への対応を間違った。部下のK・T・マクファーランドにキスリャーク大使とは制裁に関する話をしていないとワシントン・ポストに伝えるよう指示、彼女は従った。フリンは大統領首席補佐官に就任予定のラインス・プリーバス、さらには副大統領に就任予定のマイク・ペンスにまで同じ嘘を伝え、ペンスはフリンの説明をそのまま報道機関に発表した。

フリンはFBIに対しても同じように説明した。二〇一七年一月二四日にFBI捜査官から事情聴取を受けた際、フリンは大使には制裁について何も求めなかったと述べた。フリンは一二月三一日にはキスリャーク大使からロシアは対抗措置を取らないことにしたとの返事を受けていたが、フリンはそんな会話は覚えていないとFBIに述べた。しかし、フリンとキスリャーク大使との電話はFBIによって傍受されており、FBIにはフリンが嘘を述べたことがわかった。

モラー報告によると、フリンの嘘は制裁に関する説明だけではなかった。もう一件ある。

エジプトが二〇一六年一二月二一日にイスラエルの西岸と東エレサレムへの入植地建設を非難する決議案※を国連安保理に提出した。フリンは二〇一八年一二月二二日、この決議案に関連してロシアを含め複数の国の代表に決議案に反対すべきだなどと要請した。キスリャーク大使にも、ロシアが決議案に反対票を投じるか、投票を延期する提案を出すよう求めた。大使からは翌二三日にロシアとしては決議案には反対しない旨の回答があった。二三日に開かれた安保理では米国が棄権、ロシアなど一四カ国が賛成、イスラエルの入植を国際法違反と非難する決議が採択された。

フリンはイスラエル非難決議案についてFBIの同じ一月二四日の聴取に対して、キスリャーク大使にどう投票するかを聞いただけで、具体的にどう対応してほしいとは言っていないと述べた。また、大使から回答があったことも否定した。

フリンとキスリャーク大使との通話を傍受していたFBIはフリンが嘘を言ったとして、サリー・イエーツ長官代理が一月末にホワイトハウスに連絡、フリンが嘘をついたことでロシアから脅迫を受ける恐れがあると伝えた。その際、司法省はフリンが個人による外交を禁止するローガン法※※に違反している罪で告発する可能性も検討した(15)。

政権内部のフリンをめぐる動きは二月九日、またまたワシントン・ポストの報道がきっかけで一般に知られるところとなった。同紙はフリンがキスリャーク大使と制裁について話をしていたと報じた(16)。

こうして政権内外でフリンへの圧力が高まり、フリンは二月一三日辞任した。トランプ大統領は辞任するよう求めたというから、事実上の解任だ。

FBIは虚偽を言われたと受け止め、当然、捜査継続が予想されたが、トランプ大統領はフリン辞任の翌日一四日にコミーFBI長官に対し、「フリンを解放してやれ」「彼はいいやつだ」と述べたという(17)。コミー長官はこれについて、フリンを捜査対象から外すようにとの趣旨だったと受け止めた(18)。

モラー特別検察官はこの件についてトランプ大統領による司法妨害である可能性が濃厚であると報告の

中で指摘した。（トランプ大統領の司法妨害疑惑については本章「〔E〕1(d)　マイケル・コーエン」を参照のこと）

しかしFBIも二〇一七年五月からFBIの捜査を引き継いだモラー特別検察官も、フリンを捜査対象から外すことなく、フリンは二〇一七年一二月一日に虚偽を申し立てたことを認め、モラー特別検察官との間で司法取引が成立した。その後、前述したように、量刑の決定が残るだけと思われたが、フリンは二〇二〇年一月、司法取引の取り下げを裁判所に申し出た。

実はフリンは二〇一九年六月に弁護団を刷新、新たな弁護団の下で検察に対抗する作戦を練り、ウィリアム・バー司法長官にも起訴を取り下げるよう直訴していた。フリンの弁護団によると、捜査官はフリンの息子、マイケル・G・フリンに対する捜査もあり得るとちらつかせるなど家族へ圧力をかけ、フリンとしてはとにかく、司法取引に応じることで、捜査を早期に終わらせたかったという。

※二〇一六年一二月イスラエル非難決議案

エジプトが二〇一六年一二月二一日、国連安保理にパレスチナの領土での入植地建設を進めるイスラエルを非難する決議案を提出した。イスラエルのベンヤミン・ネタニヤフ首相がトランプ政権移行チームに、イスラエルの立場を支持するようほかの諸国に働きかけてほしいと要請していた。その役割を担ったのが、移行チームの中のフリンとトランプの娘婿、ジャリド・クシュナー。しかし、結局、イスラエル非難決議は採択され、ロシアも賛成した。米国は棄権した。フリンらの働きかけは奏功しなかった。

※※ローガン法（Logan Act）

一七九九年施行の古い法律で、米国市民が米国と紛争を抱える外国政府と交渉することを禁止している。政府による交渉を阻害しないことが目的。この法律違反で有罪判決を受けた人はいない。モラー特別検察官もフリンに対してローガン法違反を問わなかった。

バー司法長官は司法取引取り下げの訴えが出された後、省内でフリン起訴を検証するよう指示した。その検証過程で、FBI捜査班は二〇一七年一月初めの時点でフリンが事実上シロだとの見解に傾いていたが、それをピーター・ストロク主任捜査官が覆したことも判明した(19)。

司法省はこうした検証を経て、二〇二〇年五月七日、フリンに対する起訴を取り下げると裁判所に申し出た。バー司法長官の指示は、日本での法務大臣による指揮権の発動のように思われる。司法省がDC連邦地裁に提出した文書によると、FBIがフリンを捜査する正当な根拠がなかったし、フリンがFBIに語ったことはFBIの防諜捜査には「無関係」だったという(20)。司法省はFBIの聴取が「不当だった」と断じている。

フリンの起訴取り下げの決定に対し、ナンシー・ペロシ下院議長（民主党）は、「バー司法長官による司法の政治化はとめどない」と強く非難した(21)。メディアでもバー長官がトランプ大統領の意向を受けて決定したもので、司法への政治介入だとの批判が出た。

しかし、その後、司法省の申し立てについて連邦地裁とDC巡回控訴裁判所でのやり取りが続く中、結局、トランプ大統領が二〇二〇年一一月二五日、フリンに恩赦を与えて、裁判は終了した。フリンについての司法省のこうした申し立てはまったくの異例。FBIによるフリンへの捜査を全面的に否定したことになる。FBI捜査班、モラー特別検察官とも面目丸つぶれという劇的な展開だ。

それにしても国防情報局（DIA）長官も務め、米国の情報活動に通じているはずのフリンがなぜ、ロシア大使との通話が傍受されていることに配慮せず、米国の外交政策の機微に触れる問題についてべらべらと喋ったのか。それが後で問題にされると思わなかったのか。またキスリャーク大使も同様に傍受をまったく気にしていた様子はない。実に不思議な話だ。

フリンとキスリャーク大使との通話の全容は二〇二〇年五月三一日、ジョン・ラトクリフ国家情報長官（DNI）によって解禁され、一部黒塗りで公表された(22)。それによると、二人は二〇一六年一二月二二日から二〇一七年一月一九日の間に八回、電話で話し合っている。そこから読み取れることはほぼモラー特別検察官の報告にある通りだと思うが、共和党側は、フリンへの起訴が不当であったことが証明されたと主張、民主党側はやっぱりフリンは嘘をついていたと解釈した。

ところでトランプ陣営の動きをつぶさに追いかけたはずのスティールがトランプ陣営内の重要人物であるフリンをどう描写しているかだが、フリンとキスリャーク大使との問題の通話は、前述したように、二〇一六年一二月下旬に交わされている。スティールはそれ以前に調査を終えていたから、スティール文書には通話自体についての言及はない。

スティール文書は一回だけ、二〇一六年八月一〇日のメモ「101」で、フリンに触れている。クレムリンがスキャンダル情報の作成、頒布などを目的に何人かの米国人と接触、モスクワ旅行に招待したが、その中の一人がフリンだと指摘している。確かにフリンは二〇一五年一二月にロシア国営メディア、RTの記念行事に招かれた。だが、スティール文書にはほかにフリンについては何も書かれていない。もちろん、彼がロシアとの共謀のお先棒を担いだといった記述はない。

(d) マイケル・コーエン

二〇〇六年から二〇一八年五月までトランプの顧問弁護士を務め、側近中の側近だった。一九六六年八月生まれ。トランプのビジネスの総本山的企業でトランプが社長を務めたトランプ・オーガニゼーションの執行副社長でもあった。

トランプが手がけた様々な事業に関与、モスクワに超高層のトランプタワーを建設する計画についてロシア側との交渉にあたった。トランプが抱えたもめ事のフィクサーといわれ、トランプが性的関係を持ったという女性二人への口止め料支払いにも関与した。

モラー特別検察官は、マイケル・コーエンが携わった様々な仕事のうちモスクワ・トランプタワー建設計画と二〇一六年米大統領選との関わりを捜査した。そしてコーエンが議会でそのトランプタワー建設計画について虚偽の証言を行ったことで起訴に持ち込んだ。しかし、政治的な共謀は何も証明できなかった。モラー特別検察官の捜査はトランプ陣営とロシアとの関係が対象であり、彼が直接起訴に持ち込んだのは議会での偽証の一件だけ。

ただし、その捜査の過程でコーエンの女性への不透明な支払いによる選挙資金法違反や脱税、銀行詐欺などが判明、モラー特別検察官はニューヨーク南検事に通告、コーエンは八件の罪で起訴され、同連邦地裁は二〇一八年一二月一二日、議会での虚偽証言の罪と合わせて懲役三年、罰金五万ドルなどの有罪判決を言い渡した。議会への虚偽証言による刑は懲役二カ月と比較的軽く、これは懲役三年の中に組み入れられた。別途、ニューヨーク州最高裁判所上訴部が二〇一九年二月、コーエンの弁護士資格を剥奪した。

コーエンは裁判の途中でトランプへの忠誠心を捨て、トランプを詐欺師などと徹底批判するようになった。その後は、二人は顔も見たくないといった犬猿の仲だ。

モスクワでのトランプタワー建設計画だが、一九八七年に着想されたものの、トランプが二〇一五年七月に大統領選出馬を発表するまでは単なる構想にとどまっていた。出馬表明後の二〇一五年九月から実現に向け双方の本格的な接触が始まった。まず、コーエンの知り合いであり、ロシア出身の米国人でギャングといわれるフェリックス・セイターがモスクワの事業者に土地の提供、出資などを打診、交渉の進捗状況をコーエンに連絡した。交渉はなかなか前に進まなかった。

コーエンは二〇一七年八月二八日に上院情報委員会と下院情報委員会に呼ばれて、証言した。その際、このトランプタワー事業を二〇一六年一月に打ち切ったとの陳述書を事前に提出、公聴会でもそう証言した。しかし二〇一八年一一月二九日にモラー特別検察官の捜査官に対して、実際には二〇一六年六月までこの事業の実現へ努力していたと供述、議会で嘘の証言をしたことを認めた。

虚偽証言の理由については、トランプが選挙への影響を考えロシアとのビジネス関係を極小化して見せたかったからなどと、モラー特別検察官のチームに説明した(23)。

コーエンがFBIやモラー特別検察官の捜査対象となったのは、彼がモスクワのトランプタワー建設計画に関与していることが以前から知られていたからだが、もう一つ、スティール文書にコーエンについて重大な言及があったからだ。

それはコーエンのプラハ訪問という情報だ。スティール文書によると、コーエンは二〇一六年八月の最終週か九月の第一週にチェコ共和国の首都プラハでロシア大統領府法務部の数人と秘密裏に会った。トランプ陣営の会長、マナフォートのウクライナ関連のスキャンダルを封じ込め、同じくトランプ陣営のカーター・ペイジがモスクワでロシア指導部数人と密談したことで生じるだろう打撃を抑え込むための会合だったという。

さらに、プラハではトランプ候補のためにハッカー攻撃を実行したロシア人たちにどのようにして報酬を渡したらよいかとか、ハッキングの証拠をどのようにもみ消すかなどについても話し合ったとされる。これはトランプ陣営とロシア政府との間の共謀そのものだ。いかにもトランプのフィクサーとしてのコーエンの振る舞いであるように見える。

コーエンが選挙資金法違反などの容疑で捜査対象となり、彼のオフィスや自宅がＦＢＩの捜索を受けた直後の二〇一八年四月一三日、全米で地方紙などを発行する報道機関、マクラッチーが、コーエンのプラハ訪問の証拠をモラー特別検察官が見つけたと報じた(24)。その記事によると、コーエンは二〇一六年八月または九月にドイツ経由でプラハに入った。ドイツもチェコ共和国も相互に国境の検問を廃止するシェンゲン協定※に加盟しており、パスポートへの入国印は押されないから、コーエンのパスポートにチェコ共和国への入国印がなくても入国しなかった証明にはならない。

この記事が出た後、ワシントン・ポストを含め多くの報道機関が追随し、同様に報じた。スティール文書の指摘は真実だと思われた。

コーエンは二〇一七年一月一〇日にバズフィードがスティール文書全文を報じた時にもチェコ共和国には行ったことがないと否定していたが、マクラッチーの報道後も改めて全面否定した。スティール文書が報じられた際には、二〇一六年八月二三日から二九日にはロサンゼルスに滞在、九月はニューヨークにいたと述べていた(25)。二〇一七年四月一四日にも「プラハに行ったことはない。私は息子と一緒にロサンゼルスにいた。南カリフォルニア大学を訪問していた」とツイートした。

コーエンは二〇一九年五月の収監を前にした二〇一九年二月二七日、下院行政監視改革委員会での宣誓付き証言で、改めてプラハに行ったことがないと述べた。コーエンはこの時の証言で、トランプ大統領を人種差別主義者、詐欺師、ペテン師だと言って徹底批判しており、トランプ大統領を擁護する気がまったくない中での発言であり、この証言は信用できる。そして何よりも、モラー報告も「コーエンはプラハに旅行したことがなく、（プラハ訪問という）指摘が間違いであることは証明されているので、心配していなかった」と記述している(26)。

コーエンは、議会での偽証とプラハ旅行疑惑でFBIやモラー特別検察官の捜査対象になったが、別途、ロシア捜査とは直接関係がない事件でも彼の名は知れ渡った。

コーエンが懲役三年などの刑を言い渡されたことは既に述べたが、その刑の大半はロシアとは何の関係もない選挙資金法（正確には「連邦選挙運動法」）違反、脱税、銀行詐欺などの罪による。このうち選挙資金法違反には二人の女性への口止め料の支払いが関係する。

女性の一人は元ストリッパーで成人映画女優のストーミー・ダニエルズ（本名ステファニー・クリフォード）。一九七九年三月生まれ。彼女は二〇一六年米大統領選の投票日が一カ月ほど後に迫った時期に、トランプ候補との二〇〇六年の性的関係について口外し始めた。そこでコーエンが選挙への悪影響を恐れ、口止め料として彼個人の口座から一三万ドルを支払った。

このことはトランプ政権が発足してから約一年後の二〇一八年一月一二日にウォール・ストリート・ジャーナルが報じ、広く知られるところとなった(27)。ウォール・ストリート・ジャーナルの記事が出た後、今度はゴシップを売り物にする週刊誌「イン・タッチ」がダニエルズへのインタビュー記事を報じた(28)。インタビュー自体は二〇一一年に行ったものだが、ウォール・ストリート・ジャーナルの報道を受けて、改めて報じたのだろう。

※シェンゲン協定（Schengen Agreement）
相互に国境検問を廃止するという欧州諸国の取り決め。一九八五年、ルクセンブルクのシェンゲンで調印。二〇二四年一月時点で、EU二七カ国のうち二三カ国、そのほか四カ国の計二七カ国が加盟している。

それによると、ダニエルズはトランプと二〇〇六年七月にゴルフ大会で知り合い、その日の夜、タホ湖(ネバダ州にある有名なカジノ観光地)のホテルで一夜を過ごしたという。ダニエルズは二〇一八年三月二五日には、CBSの報道番組「60ミニッツ」でトランプと性的関係を持ったことを認め、さらに幼い娘がいる前で脅迫されて秘密保持契約に署名せざるを得なかったと述べた。

もう一人の女性は、元プレイボーイ誌モデルのカレン・マクドゥーガル。彼女とトランプの性的関係も最初にウォール・ストリート・ジャーナルが報じた。二〇一六年一一月四日の同紙記事によると、彼女も二〇〇六年から二〇〇七年にかけてトランプと性的関係を持った(29)。

この話が表に出ては困ると思ったコーエンは、トランプ支持者でタブロイド紙、ナショナル・エンクワイアラーを発行するアメリカン・メディア社(AMI)の発行人と調整の上、AMIが二〇一六年八月五日、マクドゥーガルから一五万ドルでこの話の版権を買い取った。しかし同紙は元々記事を掲載するつもりはなく、実際掲載しなかった。

しかし二〇一八年二月、総合誌のザ・ニューヨーカーがマクドゥーガルの手記を掲載した(30)。それによると、彼女は二〇〇六年六月、プレイボーイ誌の創刊者、ヒュー・ヘフナーが開いたパーティーでトランプと会った。トランプは彼女と連絡を取り合い、最初のデートで性的関係を持った。しかしその関係は二〇〇七年四月に終わった。彼女が既婚男性との関係を続けることに罪悪感を持ったなどのためだという。マクドゥーガルは二〇一八年三月にはCNNに対し、トランプとの性的関係を持った際、彼女にカネを渡そうとして驚いたなどと述べた(31)。

ダニエルズもマクドゥーガルもトランプの性的関係の話を公にすると言ってトランプ側に持ちかけ、対応した「フィクサー」のコーエンがダニエルズに一三万ドル、マクドゥーガルに一五万ドルを支払った。ダニエルズに対しては単純に直接支払い、前述したようにマクドゥーガルにはAMIという報道機関に版権を買い取らせるという手法を取った。記事にするつもりがなく版権を買い取り、話を闇に葬るという手法は、その筋では「キャッチ・アンド・キル」という手法として知られる。いずれにしてもコーエンは大統領選への悪影響を考慮し二人の女性に計二八万ドルの口止め料を払った。

一九七一年連邦選挙運動法によると、個人による大統領候補への献金は二七〇〇ドル以下、企業は大統領候補に直接献金することは禁止されている。コーエンはこの規定に違反した。当初は否定していたが、二〇一八年八月二一日、連邦検事と司法取引の上、脱税などの罪とともに違反を認めた。

コーエンは裁判の過程、さらには二〇一九年二月二七日には下院行政監視改革委員会での証言で、これら口止め料をトランプ候補の指示で支払い、後でトランプ・オーガニゼーションから補塡されたことを明らかにした。（コーエンが受け取った額は二八万ドルを大幅に上回る四二万ドル）

当然、疑惑の目はトランプに向けられる。検察当局が二〇一九年五月にトランプに対する捜査を開始。二〇二三年四月四日、トランプがトランプ・オーガニゼーションによるコーエン経由でのダニエルズへの支払いを「法務費用」として会計処理するなど三四件の私文書偽造があったと判断、起訴に持ち込んだ。ニューヨーク州最高裁判所におけるその裁判（ニューヨーク州民対ドナルド・トランプ）の第一回公判が二〇二四年四月一五日に開かれた。

この裁判はダニエルズへの支払いに関係しており、別途、マクドゥーガルへの支払いについても当局は捜査しているといわれる。トランプ自身は二人の女性と性的関係を持ったことも私文書偽造も否定している。

(e) ロジャー・ストーン

ストーンはトランプ陣営で顧問を務めた。マナフォート同様、米国の政界にも怪しげな人たちが暗躍していることを改めて認識させてくれる人物だ。

モラー特別検察官は二〇一九年一月二四日、議会での虚偽証言、証言工作など七件の容疑で起訴に持ち込み、DC連邦地裁は二〇一九年一一月一五日、七件すべてについて有罪の判決を出した。量刑は二〇二〇年二月二〇日に言い渡され、懲役四〇カ月、罰金二万ドル。モラー特別検察官が起訴に持ち込んだ被告の中で最も重い判決となった。

ストーンは二〇二〇年七月一四日に収監される予定だったが、トランプ大統領は収監直前の七月一〇日、恩赦に関する大統領権限で減刑措置を取り、ストーンは収監を免れた。大統領はストーンが魔女狩りの標的にされたと説明した。

一九五二年八月二七日生まれ。リチャード・ニクソンやロナルド・レーガンの大統領選挙にも関与した大物政治コンサルタントで、トランプ陣営の一員でもあった。彼の背中にはニクソンの顔の入れ墨があるという。二〇一五年八月にトランプ陣営内のごたごたから形の上では陣営を去ったが、その後もトランプを支援した。競争相手の候補を汚い手を使って攻撃、罵倒、自陣営に不利な情報をもみ消すといった強引な活動でも知られた。

ストーンは二〇一九年一月二四日、大陪審で七件の容疑で起訴され、翌二五日逮捕、そして保釈された。（米国では逮捕と起訴の順が日本とは逆の場合がある）容疑は議会での虚偽証言が五件、議会審議妨害が一件、証言工作が一件。ストーンは容疑を全面否定した。

七件の容疑すべてにウィキリークス（起訴状では「組織1」と匿名にされている）が関係する(32)。このうち主要な容疑である議会での虚偽証言について起訴状の記述をまとめると次のようになる。

ストーンは二〇一六年の選挙戦期間中に「ウィキリークスの管理者（ジュリアン・アサンジのこと）」から情報を得るため、知り合いのジェローム・コルシ（罪状文書では「人物1」と匿名）やランディ・クレディコ（同じく「人物2」）などとeメールでやり取りした。しかし、ストーンは二〇一七年九月二七日の下院情報委員会での証言で、そうしたやり取りを示す記録を保有しているにもかかわらず、保有していないと嘘を言った。

コルシは極右メディア、インフォウォーズの元ワシントン支局長で、二〇一八年一一月下旬、モラー特別検察官と司法取引に応じた。ストーンはコルシを通じてアサンジと接触しようとしたことがわかっている。クレディコはコメディアンでラジオ番組の司会者。起訴状にある不正な工作容疑の対象である証人とはクレディコを指し、ストーンがクレディコの議会証言を妨害したとされる。

そもそもなぜストーンが捜査線上に浮上したかというと、理由は二つ。一つは、ウィキリークスの管理者、アサンジとの接触を試み、ウィキリークスの動きについての情報をトランプ陣営に提供していたこと。捜査当局はストーンがトランプ陣営の意を受けてロシアと共謀したのではないかと疑った。

ストーンは二〇一六年八月二一日にツイッターを通じて、近くクリントン陣営のジョン・ポデスタ本部長のeメールのリークが始まる旨を指摘した。実際にそれから一カ月半ほど後の一〇月七日にポデスタのeメールが公表された。そこでストーンは事前にポデスタのeメールのリークを知っていたのではないかとの疑いが生じた。

もう一つの理由は、モラー特別検察官がロシア軍参謀本部情報総局（GRU）を装ったハッカーであると断定したグシファー2・0を名乗る人物にもストーンが接触していたこと。そのため彼がハッキングの一端を担いだのではないかとの疑惑が生じた。ストーンが二〇一六年八月から九月にかけグシファー2・0とツイッターで複数回やり取りしていることがわかっている。

なお、起訴状には書かれていないが、ストーンは二〇一六年五月にヘンリー・グリーンバーグなるロシア人からクリントンに不利となる情報を二〇〇万ドルで買わないかと持ちかけられたことがある。だが彼は申し出を断ったという。

ストーンが有罪とされた七件はすべて二〇一六年の大統領選挙戦期間中の行動ではない。大統領選が終わってFBIとモラー特別検察官や議会が捜査・調査を進めた際に、それに協力せず嘘をつき、証人に圧力をかけるなどして捜査を妨害したことが、有罪とされた。

重大な犯罪ではあるが、そもそも起訴状にはストーンが二〇一六年の大統領選挙戦期間中にロシアと共謀してクリントン候補を追い落とそうとしたとの容疑は書かれておらず、すべて選挙が終わってからの行動が問われた。

ウィキリークスがクリントン候補に不利となる情報を持っているのであれば、トランプ陣営がウィキリークスにあれこれ聞き回ること自体は不思議でも何でもない。ましてや政界に暗躍する人たちにとっては活躍する絶好の機会にめぐり合わせたということになる。しかし、ストーンがウィキリークスから何か情報を受け取っていたかどうかは裁判でも証明されなかった。つまり、何も重要な情報は受け取っていなかったと推察される。

モラー特別検察官による捜査はストーンの起訴をもって終了、ストーンへの有罪判決は、トランプ陣営とロシアの共謀は存在しなかったという最終的なメッセージになった。

(f) リチャード・ピネド

ピネドはトランプ陣営の一員ではないが、懲役六カ月の判決を受け服役した。カリフォルニア在住の米国人で、銀行口座の不法な売買を手がけていた。モラー特別検察官によると、ピネドは不正な手段で入手した銀行口座番号をロシア人に売却した。このロシア人はピネドから買った銀行口座を使ってフェイスブックへの広告の費用を出し、反クリントンの政治集会への参加を呼びかけていた。モラー特別検察官は二〇一八年二月七日、起訴に持ち込んだ。ピネドは罪を認め、二〇一八年一〇月に懲役六カ月と自宅軟禁六カ月の刑を言い渡された。

(g) アレックス・ファンデルズワーン

ファンデルズワーンはオランダ人弁護士。彼もトランプ候補の選挙活動には関与していないが、モラー特別検察官に虚偽の申し立ての罪で起訴され、懲役三〇日と罰金二万ドル、さらに釈放後は国外追放処分を受けた。しかし、トランプ大統領の退任前の恩赦で米国に入国できるようになった。

モラー特別検察官の罪状文書によると、二〇一七年一一月三日にモラー特別検察官の捜査官から聴取を受けた際、トランプ陣営のリック・ゲイツ、さらにマナフォートのウクライナにおけるロビー活動の側近だったコンスタンチン・キリムニクと電話で話した内容と時期について虚偽を述べた。ただし、その虚偽がモラー特別検察官の捜査に大きな影響を与えることはなかったので、ここではその内容は割愛するが、ファンデルズワーンは弁護士としてマナフォート、ゲイツ、キリムニクとともにビクトル・ヤヌコービッチ政権を支える活動を展開していた。

二〇一八年二月一六日に起訴され、二〇一八年四月三日に判決があり服役、二〇一八年六月五日、オランダに国外追放された。二〇二〇年一二月二二日、恩赦。

2――起訴されたロシア人

モラー特別検察官はロシア人二六人を起訴した。うち一人はウクライナ国籍も持つ。彼らに対する容疑は大きく分け、三件ある。ソーシャル・メディアを通じた情報工作、民主党組織へのハッキングと情報漏洩、そのほか一件だ。これら二六人のロシア人は米国の裁判所には出廷しないだろうから、裁判は行われないままだ。

(a) コンスタンチン・キリムニク

モラー報告では、クレムリンおよびロシア情報機関と関係がある人物とされ、ウクライナの政治情報に強く、ポール・マナフォートに情報を提供した。二〇二〇年八月一八日発表の上院情報委員会の最終報告は、キリムニクを「ロシア情報機関員」と断定している(33)。一方で、キリムニクは駐ウクライナの米国大使館にウクライナの政治情勢について貴重な情報を提供していたことがわかっている。ダブル・エージェントということであろうか。二〇一七年四月二七日、ウクライナ・ドニプロペトロフスク州生まれで、ウクライナとロシアの双方の国籍を持つ。

DC連邦地裁大陪審はモラー特別検察官の証拠提出を受けて二〇一八年六月八日、彼を司法妨害などの容疑で起訴した。マナフォートがウクライナのために展開していたロビー活動をモラー特別検察官が捜査し、関係者から事情聴取しようとしたが、キリムニクはそれらの証人に対して証言を誘導しようとしたとされる。なお、キリムニクの顔写真はロシアの報道機関も入手できていない。

モラー報告はキリムニクがロシア情報機関と関係しているとする根拠をいくつか挙げている。まず、彼が一九八七年から一九九二年までソ連・ロシアの国防省付属軍事大学に通っていたこと。キリムニクは米国人のサム・パットンとワシントンに政治コンサルタント会社を一緒に作ったことがあるが、パットンによると、キリムニクは七年間、ロシア陸軍で翻訳者として働き、その後、軍事装備を売るロシアの軍需企業で働いた。

さらに米政府のビザ記録によると、キリムニクは一九九七年にロシアの外交旅券で米国旅行のビザを取得しており、単なる民間人ではないという。キリムニクは一九九八年から二〇〇五年まで米国の民主運動団体、「インターナショナル・リパブリカン研究所」のモスクワ事務所で翻訳や管理事務を担当したが、ロシアの情報機関との関係が強過ぎるとの理由で解雇されたといわれている。この団体内ではキリムニクがロシア政府と関係を持っていることはよく知られていたともいう。

また、マナフォートの下で仕事をしていたリック・ゲイツもキリムニクが情報機関と関係があると疑っていた。一方、マナフォートは逆にそう思わなかったとFBIの取り調べで述べている。

キリムニクは二〇〇五年にマナフォートと出会い、マナフォートのコンサルティング会社に就職、キーウ（キエフ）とモスクワを行き来しながら仕事をした。キーウではビクトル・ヤヌコービッチのために活動した。ヤヌコービッチは二〇〇四年の大統領選に出馬、落選したが、二〇一〇年に再出馬し当選した。彼が大統領だった当時、キリムニクはだいたい大統領府の中で仕事をしていたと報じられている。

ヤヌコービッチ大統領は二〇一四年の政変でロシアに脱出してしまうが、マナフォートとキリムニクは引き続きウクライナで親ロ政党といわれる「反対ブロック」のコンサルタントを務め、ウクライナ政界と関わった。

モラー報告によると、マナフォートが二〇一六年四月にトランプ陣営の選対本部会長に就任した後、二人は頻繁にeメールで連絡を取り合い、マナフォートは部下のリック・ゲイツを通じキリムニクにあれこれ情報を伝えた。そこにはトランプ陣営内部で実施した世論調査結果を含む選挙情勢やトランプの選挙戦略が含まれていた。その際、キリムニクに対し、ロシアの有力財界人、オレグ・デリパスカにもそうした選挙関連情報を伝えるよう求めた。マナフォートはかつて投資会社を設立、デリパスカの資金を運用していたことがある。

キリムニクは二〇一六年米大統領選挙戦期間中、二度訪米し、マナフォートと会った。二回目の訪米は二〇一六年八月二日で、キリムニクはニューヨークのバーでマナフォート、ゲイツと会い、ヤヌコービッチからの伝言だとしてウクライナの和平案を示した。（マナフォートとの接触については、本章「［E］1　起訴されたトランプ陣営関係者」を参照のこと）

モラー報告によると、和平案とは、ドンバスの東部の工業地帯に自治共和国を作ることによってウクライナの政治問題を解決するという案だった。またヤヌコービッチ自身がその自治共和国の長に就任するということが想定されていた。

マナフォートはこの和平案について、事実上、ロシアがウクライナ東部を支配する案だと受け止めた。しかし、米大統領選が終わった後もキリムニクはマナフォートにeメールで、この和平案が成立するためには米国の支持が必要であると伝え、引き続き検討するよう働きかけた。しかし、マナフォートが和平案をトランプ大統領、選対本部に伝えたことはモラー特別検察官の捜査では確認できなかった。

キリムニクはマナフォートからトランプ陣営による内部世論調査の結果を何度か伝えられた。ゲイツのモラー特別検察官への供述では、マナフォートから二〇一六年四月か五月初めにその情報を送るよう指示された。マナフォートが八月中旬にトランプ陣営を離れてからは、その内部情報の送信の頻度は少なくなり、しかも一般の世論調査の結果をそのまま送った。

マナフォートがデリパスカの資金を運用していたことは前述したが、その資金が焦げ付き、マナフォートがデリパスカから訴えられるという問題が起きており、マナフォートはキリムニクを通じてデリパスカに大統領選に関する内部情報を提供することで、関係を修復したかったようだともゲイツは供述した。

デリパスカはプーチンとも会う機会のある人物で、マナフォートとキリムニクが米大統領選に関する内部情報を彼に知らせ、さらにロシア国内に逃亡しているヤヌコービッチのクリミア和平案を協議したとなれば、共謀の臭いがぷんぷんするようでもある。しかし、結局、ここでもモラー特別検察官はキリムニクを米大統領に関する陰謀容疑でも介入容疑でも起訴に持ち込めなかった。

モラー報告が公表された翌日の二〇一九年四月一九日、キリムニクはワシントン・ポストとeメールでやり取りし、モラー報告の指摘に反論した(34)。キリムニクはその中で、ロシアの情報機関を含めあらゆる情報機関と一切関係がないと関わりを全面的に否定、FBIやモラー特別検察官の指摘は「でっち上げ」だと強調した。

また、ゲイツ経由で伝えられた内部世論調査の結果については、誰にも伝えなかったと述べた。伝えられた情報は、公表されている世論調査とたいして変わらず、容易に入手できる類いのものだったという。キリムニクはモラー特別検察官にマナフォートとのやり取りを説明する用意があったが、モラーから話を聞きたいと言われたことがないとも述べた。

モラー特別検察官はキリムニクを証人への工作の容疑で起訴したが、これについては、キリムニクは知り合い二〜三人に対し、マナフォートと接触してほしいと伝えたことを認めた。しかし、彼らがモラー特別検察官から聴取されることを知らなかった。それがどうして証人への工作という犯罪であるのか、まったくわけがわからないと指摘した。さらにウクライナ和平案については、そもそも文書になった案などなかったと強調、マナフォートがウクライナ情勢を心配していたので、ウクライナの動きを述べたまでで、ロシアのための和平案だという話はしていないと説明した。

モラー特別検察官はキリムニクがロシアの情報機関と関係があると判断し、上院情報委がロシア情報機関員であると断定したが、その根拠は上記の行動歴以外にないように思われる。ロシアの情報機関員である可能性は十分あるが、先に述べたように、キリムニクは米政府への情報提供者であったことが明らかになっている。モラー報告には彼について興味深い描写が一節盛り込まれている。

キリムニクは二〇一六年の八月だけでなく、その前の五月にも訪米している。この時もマナフォートとニューヨークで会っているのだが、五月五日頃、ワシントンDCに行き、事前に面会の約束を取り付けていた国務省の職員（複数）とも会ったとの記述がある(35)。モラー報告は面会した国務省職員が誰だったか、何を話したかについては一切触れていない。

国務省幹部がロシア情報機関員と堂々と会うだろうか。キリムニクと米国務省との関係について詳しく明らかにしてくれたのは、米国のジャーナリスト、ジョン・ソロモンによる二〇一九年六月の記事だ(36)。この記事はFBIや国務省の資料に基づいて書かれ、信頼性が高い。それによると、キリムニクは米国務省に少なくとも二〇一三年からウクライナの政治情報を提供しており、米国にとって極めて貴重な協力者だった。キリムニクはキーウの米大使館に頻繁に出入りし、当時の大使館政治部長のアラン・パーセルなどと定期的に接触していた。二〇一六年にビザを出してもらって二度訪米、さらに国務省幹部と会えた背景がよくわかる。

(b) ソーシャル・メディアの一三人と三企業

モラー特別検察官の証拠提出を受けてDC連邦地裁大陪審は二〇一八年二月一六日にイエブゲニー・プリゴージンらロシア人一三人とロシア三企業を米国に対する陰謀、銀行詐欺など八件の容疑で起訴した。プリゴージンは民兵組織の「ワグナー・グループ」の代表者であったあのプリゴージンで、二〇二三年六月に反乱を起こし、同八月二三日、モスクワ近郊で搭乗機が爆発して墜落、プリゴージンは死亡※した。

米国で起訴された一三人はサンクトペテルブルクにあるトロール団体(インターネット上で扇動的な

※プリゴージンの死

プリゴージンは二〇一四年に傭兵組織「ワグナー・グループ」を設立、ウクライナ、シリア、アフリカ諸国に派兵し独自に活動、あるいはロシア軍を支援した。二〇二二年二月にロシア軍がウクライナに全面侵攻すると、ロシア各地の服役囚を徴集、数万人をウクライナ東部の激戦地帯に投入していたといわれる。しかし、プリゴージンは国防省や軍参謀本部による兵器や物資の支援がないどころか、活動を妨害されていると主張、二〇二三年六月二四日、反乱を起こした。ロシア南部軍区本部のあるロストフナダヌーを掌握、モスクワめざし行進し始めた。

プーチン大統領は国民への裏切りなどと強烈に批判したが、ベラルーシのアレクサンドル・ルカシェンコ大統領の仲介もあって、翌二五日、プリゴージンは行進を中止、反乱は収束した。プリゴージンは拘束されることはなかったが、それから二カ月後の二〇二三年八月二三日、モスクワからサンクトペテルブルクに行くため搭乗したプライベート・ジェットが空中で爆発、プリゴージンはほかの乗員一〇人とともに死亡した。

プーチン大統領は同一〇月五日に犠牲者の遺体から手榴弾の破片が見つかったと明らかにし、機内で爆発が起きた可能性を明らかにした。しかし、同一二月二二日、ウォール・ストリート・ジャーナルが「西側情報機関とロシアの元情報機関員(一人)」の話として、ニコライ・パトルシェフ・ロシア安保会議書記の指示で、航空機の翼に爆弾が仕掛けられ、それが爆発したと報じた(40)。ロシア政府は否定したが、その後、ロシア当局からの墜落原因についての発表はない。

情報を流し対立を煽る組織）「インターネット・リサーチ・エージェンシー」（IRA）の関係者で、米国人の個人情報を盗み、米国人を装ってユーチューブ、フェイスブック、インスタグラム、ツイッター（現X）といったソーシャル・メディアに投稿、あるいは広告を出した。また米国人活動家になりすまして米国で政治集会を開催、トランプ候補を応援しクリントン候補を非難した。

こうした活動を展開するにあたって米国人に報酬を払った。

イエブゲニー・プリゴージン
写真提供：ロイター＝共同

起訴された三企業は、IRAとその関連企業の「コンコード・マネジメント・アンド・コンサルティング（以下、コンコード・マネジメント）」および「コンコード・ケイタリング」。IRAの運営者がプリゴージンだ。彼はレストランやケータリング会社を経営、かつてプーチン大統領主催の晩餐会への料理を請け負っていたことから「プーチンのシェフ」とのあだ名を持つ。彼がレストラン事業に乗り出した後、二〇〇〇年四月にサンクトペテルブルクを訪問した森喜朗首相にプーチン大統領の指示で食事を提供したことで事業に弾みがついたと、回想している(37)。

誰もがIRAはロシア当局の出先であるとみなすだろう。ところが、モラー特別検察官は結局、それを証明できなかった。IRAはロシア当局と関係なく活動していたということになる。

モラー特別検察官は二〇一八年二月にIRAを起訴に持ち込んだ際は、ロシア政府との関係には具体的に言及していなかったが、二〇一九年三月のモラー報告では先の起訴とは違って、IRAの運営者プリゴージンがプーチン大統領と関係があると「広く報じられている」と指摘、さらにIRAが「積極的措置（active measures）」を取ったとも言及した。一般的に「active measure」とは情報当局による活動を指す。

この記述はＩＲＡがロシア当局と一体であると思わせるとして、ＩＲＡ関連企業で起訴されているコンコード・マネジメントがＩＲＡグループを代表して噛みついた。二〇一九年四月、ＤＣ連邦地裁に司法長官とモラー特別検察官を相手取って提訴した。偏見を抱かせ公平な裁判を妨害する記述であり、その証拠を開示するよう求めた。

この訴訟では結局、ダブニー・フリードリク判事が二〇一九年五月二八日にコンコード・マネジメントの主張を認め、証拠がないのだから今後、公的に表明しないようにとの判決を下した。つまり、ＩＲＡらの行動はロシアの民間団体による私的な行為ということになる。この判決は七月に入ってようやく報道された(38)。

プーチン大統領自身は、プリゴージンについて、単に名前を知っているだけだと言っていた。プーチンは二〇一八年三月二日に米ＮＢＣのインタビューを受けた際、「その男を知っているが、友人ではない……我々は彼の活動には関与していない」と述べた(39)。しかし、プリゴージンは各地の刑務所を訪れてワグナー・グループの雇い兵となる服役囚を募っていた。当局がワグナー・グループを認知していたことは明らかだ。

さらにプーチン大統領は二〇二三年六月二七日、クレムリンでの会合で、「国防省から、国家予算からこのグループにカネを出してきた」と述べており、政府がプリゴージンの活動に関与していないことはあり得ない。それでもワグナー・グループは当局とは一線を画して活動、最後は国防省・参謀本部に反旗を翻した。ＩＲＡも情報当局とは持ちつ持たれつの関係にありながら、一応、独自に動いていたのかもしれない。

モラー特別検察官はＩＲＡが選挙に介入した目的は、大統領選を含め米国の政治制度に対立の種を蒔くためだったとみている。起訴状によると、ＩＲＡは二〇一四年から米国の政治に介入し始め、二〇一六年まで活動した。従って、ＩＲＡは二〇一六年米大統領選のためだけに活動していたわけではないが、二〇一六年初めから半ばにかけてトランプ候補を支持しクリントン候補の信用を落とす活動を明確に打ち出した。

二〇一六年大統領選が終わった時にはＩＲＡはソーシャル・メディアのアカウント（サービスを利用するため会員登録し開設する窓口）を通じて数百万人の米国人に情報を届ける能力を持っていた。ＩＲＡがコントロールするフェイスブックのグループとインスタグラムのアカウントは数十万、ツイッターのアカウントは数万に達していた。

フェイスブックの代表は二〇一七年一一月の議会証言で、ＩＲＡが四七〇件のアカウントを持っていることを確認、ＩＲＡが二〇一五年一月から二〇一七年八月の間に八万回投稿したと述べた。またフェイスブックはＩＲＡがそのアカウントを通じて一億二六〇〇万人に情報を届けたと推定した。（ＩＲＡの活動については、第9章「［B］ソーシャル・メディアの影響への疑問」も参照のこと）

一方、ツイッターは二〇一八年一月、ＩＲＡのアカウントが三八一四件存在することを確認し、約一四〇万人がＩＲＡのアカウントから流れた情報を見た可能性があると発表した。起訴状やモラー報告にあるこれらの数字を読むと、ＩＲＡの活動が広範に及んだとの印象を受ける。

なお、起訴状もモラー報告もＩＲＡがトランプ陣営と共謀していたとか、彼らがロシア政府と一緒に仕事をしていたとは指摘していない。また、ＩＲＡの活動に意図的に協力した米国人はいなかったと付け加えた。

ＩＲＡグループが起訴されたことを受けて、グループを代表してコンコード・マネジメントが米国で弁護士を雇い、裁判所で争う姿勢を示した。この裁判は二〇二〇年四月から始まる予定だったが、司法省はその直前の三月一六日、コンコード・マネジメントに対する起訴を取り下げた。検察官は公判が開かれればＩＲＡグループに対する証拠収集などの捜査手法が公になってしまい、公益にならないからだと理由を説明した。

しかし、同社の弁護士は証拠がないのに起訴したと批判した。ロシアの当事者が米国の裁判所で争うことはないだろうから、曖昧な根拠で被告人を仕立てておいても問題になることはないと思っていたのか。司法省とモラー特別検察官が安易に考えていた可能性はある。当時は米国を含め世界中で新型コロナウイルスの感染拡大が大問題となっており、この起訴取り下げの記事は目立たなかった。

司法省は一方でＩＲＡと一三人に対する起訴は有効だと発表したが、既に記述した二〇一九年五月のコンコードの勝訴とその後の起訴取り下げでＩＲＡグループを標的にしたすべての起訴の正当性が大きく揺らいだ。ロシアが二〇一六年米大統領選に介入したことを証明するはずの証拠の重要部分が、消え去ってしまった。

(c) ロシア情報機関職員一二人

ＤＣ連邦地裁大陪審は二〇一八年七月一三日、ロシア軍参謀本部情報総局（ＧＲＵ）の一二人を起訴した。一二人は、クリントン陣営、米民主党全国委員会（ＤＮＣ）、民主党議会選挙対策委員会のサーバーにハッキング攻撃を仕掛け、大量のｅメールなどの文書を盗み、架空の人物の名を騙り、あるいはウィキリークスなどを通じてそれらｅメールを暴露した。そのｅメールの数は数万件に上る。彼らがハッキングの標的にした人は三〇〇人以上に上る。

GRU職員一二人に対する起訴はロッド・ローゼンスタイン司法副長官が発表したが、この日はトランプ大統領とプーチン大統領がヘルシンキで会談する三日前だった。そのことに政治的意図があったかどうかは不明だが、微妙なタイミングではあった。

起訴状は、ビクトル・ネティクショら一二人の名前、GRUでの所属などを具体的に明記している(41)。これらの一人一人についての情報が正確であるとすれば、米情報機関の能力はさすがというほかない。彼らへの容疑は個人情報詐取、ビットコインを使っての資金洗浄など一一件。一二人は二班に分かれて活動したという。一班は主に情報の窃盗、もう一班は盗んだ情報の頒布を担当したとされる。

第2章「[A]民主党に対するハッキング」で説明したように、一二人は少なくとも二〇一六年三月からヒラリー・クリントン陣営の選対本部長を含め職員やボランティアたちのeメール・アカウントをハックし、IDやパスワードなどの認証情報を取得した。二〇一六年四月以降、それを使って民主党議会選挙対策委とDNCにハッカー攻撃を仕掛け、コンピュータを監視し、Xエージェントや Xタンルなどの不正ソフトをコンピュータに埋め込み、eメールそのほかの文書を盗んだ。

さらに二〇一六年七月には、ある州の選挙委員会のウェブサイトをハックし、名前、住所、社会保障番号、生年月日、運転免許番号など約五〇〇万人の有権者の情報を盗むなど、個人や複数の州の選挙管理委員会、選挙管理に関連したソフトウエア会社、そのほか技術を提供した企業などに対しハックを試みた。

彼らは、二〇一六年四月一九日に「DCリークス」というドメインを登録、六月一五日にグシファー2・0という架空のオンライン人物を作り上げ、二〇一六年六月からこれら二人の架空人物のウェブサイトやブログを通じてeメールの公表を開始した。また七月二二日からはウィキリークスのサイトを通じてeメールを公表した。

具体的にどんな情報を公表したかだが、その中には、DNCとメディアとのやり取り、クリントン陣営、および彼女の対立候補であるバーニー・サンダースの陣営の選挙運動、寄付金、寄付者名簿などに関する情報、ヒラリー・クリントンが二〇一三〜二〇一四年にウォール街の金融関係者に対する複数回の講演で多額の報酬を受け取っていたとの情報、クリントンが本音と建前は使い分けなければならないと発言したことが含まれていた。

特に影響が大きかった情報は、ウィキリークスが二〇一六年七月二二日に漏洩したDNC関係者のeメール。そこには、DNCが予備選挙段階でサンダースを不利な立場に追い込み、クリントンに有利になるよう活動したことが書かれていた。

例えば、南部ではキリスト教信仰の誠実さが重視されることからサンダースの信仰の薄さを喧伝できないかといったやり取りがあった。党が調達した政治資金の配分をめぐりクリントン陣営とサンダース陣営とが対立した際には、クリントン陣営の顧問弁護士がDNCに対し、サンダース陣営からの批判を一蹴するよう求めたeメールもあった。

党の各候補に中立であるはずの党本部が特定の候補を支持、著しく偏向していたということになる。民主党内部の不正が暴かれたわけで、その意味では民主党員や有権者はそのサイバー攻撃に感謝しなければならないのかもしれない。eメールの暴露を受けてサンダース候補に批判的だったデビー・ワッサマン・シュルツDNC委員長が党全国大会開幕の前日の二〇一六年七月二四日に辞任、大会閉幕後もDNCの幹部が相次いで辞任した。（第2章「［B］1　グシファー2・0の犯行声明」でも指摘）

起訴状によると、GRUの一二人がeメールを盗んだ方法は二つある。一つはスペアフィッシング。これはおびき出すためのeメール・メッセージを送り、相手のパスワードとセキュリティ情報を明らかにさせる方法。もう一つはコンピュータ・ネットワークをハックし、相手をスパイし、キーストローク（打鍵）を捕捉し、スクリーンショット（コンピュータのディスプレーに表示された画面の保存画像）を取得し、データを外部に取り出すための不正ソフトウエアをインストールする方法だ。

モラー報告からはGRU、DCリークス、グシファー2・0、そしてウィキリークスをいわば同じ穴のムジナとみていることが伝わってくる。ただし起訴状にはプーチン大統領の名前はない。またトランプ陣営関係者がハックに協力したとか、州選挙管理委員会へのハックによって選挙結果が変えられたといった言及もない。あれば、トランプ陣営とロシアが共謀したということになるのだが、そうした指摘はない。

全体として相当大規模な工作が展開されたとの印象を受けるが、起訴されたロシア人が出廷する可能性はほとんどなく、容疑は実際には立証されない。しかし、このGRU要員の大量起訴によって米国社会ではロシアが悪行を重ねているという印象がさらに広がった。

3　トランプ陣営疑惑の面々

モラー特別検察官は、ロシアとの共謀疑惑を解明するため多くのトランプ陣営関係者を呼んで聴取したが、立件に至らなかった人たちも多い。

トランプ陣営関係者であろうと誰であろうと、ロシアの政府関係者、有力ビジネスマンらと接触あるいは交流していたことには何の問題もない。問題はその接触のあり方だ。以下、立件されなかったものの、捜査対象になったトランプ陣営の人たちを紹介する。

(a) カーター・ペイジ

二〇一六年一月にトランプ陣営に入り、三月からは外交政策の顧問を任じられた。しかし、同年夏の終わり頃からトランプ陣営とロシア政府の共謀を担う黒子ではないかとの疑惑が報道され、同九月に陣営から去った。本人は疑惑を強く否定した。

FBIと司法省は裁判所からペイジの通信を傍受する許可を得て二〇一六年一〇月から監視していたが、結局、起訴に至らなかった。

ペイジは一九七一年六月生まれ。米海軍大学を卒業後、五年間の海軍勤務などを経て、大手投資銀行のメリルリンチに入り、二〇〇四年から二〇〇七年まで三年間、モスクワ支店の副支店長だった。学業にも熱心で二〇一二年にはロンドン大学オリエント・アフリカ研究所で博士号を取得、米ロ関係などについて記事、論文を雑誌等に寄稿していたが、専門家の間では親ロシア、親プーチン色が強い内容だったとの評価がある(42)。

モラー報告によると、ロシアの情報機関が二〇〇八年と二〇一三年に米国でペイジに接触、さらに彼がトランプ陣営に入ってから関係を緊密にしようとした可能性がある。

FBIは二〇一六年七月末の捜査着手直後、トランプ陣営の関係者四人を集中的に捜査した。その中の一人がペイジ。ほかはいずれも起訴されたフリン、マナフォート、パパドプロス(43)。

ペイジへの最大の疑惑は、二〇一六年七月のモスクワ旅行の時の行動に関係する。ロシア経済大学の卒業式で講演するよう依頼された招待旅行だった。三日間の滞在期間中、卒業式では講演したほか、来賓だったアルカジー・ドボルコビッチ副首相と会話を交わし、また別途、旧知のビジネスマンらと会った。そのモスクワ旅行から帰り、共和党全国大会が終わった後で、ペイジのモスクワ旅行や親ロ姿勢を問題視する報道が出始め、トランプ陣営幹部はペイジから距離を取り始め、ついに九月二四日に解雇した。

モラー報告に言及はないが、ペイジの行動が注目されるきっかけになったのは、例のスティール文書だと思われる。スティールは二〇一六年一〇月一八日のメモ「134」に「セーチンに近い人物」から聞いた話として次のように書いた。

ペイジは二〇一六年七月初旬にモスクワに滞在、ロシア石油最大手、ロスネフチのイーゴリ・セーチンCEOと会った。その際、セーチンはペイジにトランプ政権が発足したら、対ロ制裁を解除してほしいとの要望を伝え、その代償としてロスネフチが予定している一部株式の民間売却にあたって、その仲買業務をペイジに任せると提案した。これに対し、ペイジは関心を示した。（第6章「［A］乱痴気騒ぎ付き共謀情報」を参照のこと）もしこの話が事実であれば、トランプ陣営がロシア資金を得る可能性があったわけで、犯罪の臭いがぷんぷんする。

スティール文書はペイジがモスクワ滞在中に当時ロシア大統領府の幹部だったイーゴリ・ディベイキン（現在下院議員）と会ったとも指摘している。ディベイキンはクレムリンがクリントン候補に打撃を与える文書を持っており、トランプ陣営に引き渡すことも可能だと言ったとされる。さらにクリントンだけではなくトランプに打撃を与える情報も持ち合わせているとも述べたとスティール文書は記述している。

ペイジはこうしたスティール文書の指摘を全面否定している。でっち上げだという。ペイジは二〇一七年一一月二日、下院情報委員会で六時間以上にわたって聴聞を受けた。その際、焦点のセーチンとの「秘密会談」を完全に否定した。セーチンとは会わなかったという。またディベイキンとも会っていないと述べた。

ペイジはこの議会証言の中で、モスクワ旅行については事前にトランプ陣営幹部に通告、帰国後もeメールで報告したと述べた(44)。このため、モスクワ旅行がトランプ陣営幹部の承認を得ていたと大きく報じられ、疑惑が高まったとの印象が広がったが、さすがのモラー特別検察官も立件するだけの証拠を得られなかった。

ペイジはスティール文書が指摘するセーチンとの「秘密会談」疑惑に加え、「ニューネス・メモ(45)」の主役としても登場、メディアを賑わせた。

このメモは下院情報委員会のデビン・ニューネス委員長(共和党)の主導で二〇一八年一月一八日に作成された報告を指す。国家安全保障に関係する内容が含まれているという理由でトランプ大統領の承認を得た上で、同二月二日に公表された。報告の正式題名は「司法省とFBIにおけるFISA(外国情報監視法)悪用」。

米国では外国が関係する情報の収集のため個人の通信を傍受するには、FISAによって、捜査当局は外国情報監視裁判所(FISC)に申請し、許可を得なければならない。これをFISA申請という。一回の許可の有効期間は三カ月で、FBI(形式的には司法省)は四度許可を得て、二〇一六年一〇月からほぼ一年間、ペイジの通信を傍受した。

FBI捜査班がなぜ、ペイジを通信傍受の対象にしたか。ペイジは、トランプ陣営に入る前、二〇一三年一月にニューヨークでのエネルギー・シンポジウムでロシアの情報工作員と思われる通商関係者から接触を受けていたとの情報がＦＢＩにはあったし、モスクワに駐在していた経歴があり、さらに米国の対ロ姿勢を批判していたこともある。当局からは元々、怪しい人物とみられていた。

だが、最大の理由は、ペイジがスティール文書で取り上げられたことだとニューネスは判断した。ニューネスは、スティール文書が民主党やクリントン陣営の資金で作成され、党派性が強いことに触れられていないと強調し、そんな文書に依存した申請には正当性や合法性の面で問題があると厳しく批判した。

ペイジの通信傍受申請書は一般には開示されていなかったが、メディアから情報公開法に基づく開示請求が出され、司法省は二〇一八年七月二一日、これに応じた。これによって申請がスティール文書を主な根拠としていたことが確認できる。（ペイジを対象にした傍受申請については、第8章「［C］2通信傍受申請の過ち」で詳しく触れた）

(b) ドナルド・トランプ・ジュニア

トランプ大統領の離婚したイワナ夫人との間に生まれた長男。実業家。二〇一六年大統領選に父を応援し関与した。

トランプ・ジュニアへの最大の疑惑は、二〇一六年六月九日にトランプタワーでロシア人女性弁護士、ナタリア・ベセリニーツカヤと会ったことに由来する。モラー報告によると(46)、トランプ・ジュニアは、ベセリニーツカヤがヒラリー・クリントン候補に打撃を与える情報を持っているとの触れ込みがあったため彼女と面会した。その場にはトランプ大統領の娘イバンカの夫、ジャリド・クシュナー、選対本部会長だったポール・マナフォートも同席しており、トランプ陣営とロシア政府との共謀の一端ではないかとの疑いが生じた。

この面談はトランプ・ジュニアの知り合いの音楽イベント会社を運営する英国人のロブ・ゴールドストーンから持ちかけられ実現した。ゴールドストーンはトランプ・ジュニアにeメールで、有力なロシア人がクリントン候補に打撃を与えトランプ候補に有益な情報を提供すると言っていると伝えた。その情報は極めてハイレベルなところから出て貴重だとも指摘、「ロシアとその政府はトランプ氏を支持していることを示している」と付け加えた。このeメールに対しトランプ・ジュニアは「いいね」と返事した(47)。

ゴールドストーンは二〇一七年一二月一五日に米上院司法委員会の聴聞に呼ばれてこの時の経緯について明らかにした(48)。それによると、ゴールドストーンは、広報を担当しているアゼルバイジャン系ロシア人歌手、エミン・アガラーロフとエミンの父、アラス・アガラーロフからベセリニーツカヤ弁護士がトランプ・ジュニアに会いたいと言ってきたので、どうだとトランプ・ジュニアに打診した。エミンはこの弁護士がクリントン候補に打撃を与える面白い情報を持っているとゴールドストーンに伝えており、ゴールドストーンはそのこともトランプ・ジュニアに言った。

エミンの父のアラスは二〇一三年のモスクワでのミス・ユニバース大会の開催にあたってトランプに協力している。ベセリニーツカヤ弁護士が直接アラスに会い、トランプ・ジュニアとの会談を希望したという。アラスがその要望を息子エミンに、次にエミンがゴールドストーンに、そしてゴールドストーンがトランプ・ジュニアに伝えたということになる。

こうして二〇一六年六月九日、ニューヨークのトランプタワーで面談が実現した。ところが、トランプ・ジュニアや同席していたクシュナーの話によると、弁護士はクリントン候補に関する情報を何も持ち合わせていなかった。彼女はマグニツキー法※の廃止、同法の施行に関連して米国人によるロシア人養子を禁止する措置の撤回を求めた。トランプ・ジュニアには期待外れの面会だったようで、面談は二〇分程度で終了したとモラー報告にある(49)。ゴールドストーンは先の上院司法委員会の聴聞では、面談を実現するため、この弁護士がいかに重要な情報を持っているかについて脚色して伝えたと述べた。

このトランプタワーでの面談は、それから一年以上経った二〇一七年七月八日にニューヨーク・タイムズの報道で明らかになった。クシュナーが当局から保安上問題ないとの認可（セキュリティ・クリアランス）を得るための申告書を二〇一七年四月に訂正した際にこの面談について触れた。これをニューヨーク・タイムズが報じた(50)。

ベセリニーツカヤもNBCとのインタビューで、クリントンに関する情報は何も伝えていないと述べた(51)。彼女によると、面談ではマグニツキー法の成立に尽力した投資家のビル・ブラウダーが関係する会社がロシアで脱税を繰り返しているとか、同社が米民主党にも献金しているとの話をしたという。ニューヨーク・タイムズは七月の記事で、ベセリニーツカヤ弁護士が「クレムリンと関係がある」と報じ、相当な重要人物であるかのような見方が広がった。

後に彼女の元夫が地方政府の要職にあったとか、彼女の顧客にロシア鉄道の幹部がいたこと、さらにはマグニツキー法に関してユーリー・チャイカ検事総長と接触していたことなどがわかった。しかし、クレムリン、つまりプーチン大統領や大統領府と関係が深かったと言える材料は出てこない。トランプ陣営の関係者と接触したロシア人はクレムリンに近いと表現されることがよくある。

(c) ジャリド・クシュナー

クシュナーはトランプの娘婿。彼への疑惑もトランプタワーでのベセリニーツカヤとの面談に関係する。クシュナーが二〇一七年七月二四日に上院情報委員会で証言したところでは、彼は面談に同席したが、選挙に関する話は出ず、時間のムダだとわかったので、一〇分ほどで退出した(52)。

クシュナーに対してはもう一つ疑惑が持たれた。セルゲイ・キスリャーク駐米ロシア大使との接触だ。クシュナーが二〇一七年七月二四日の議会証言当日に出した声明によると、彼はキスリャーク大使らロシア人と四度会っている。メディアではこの中で二〇一六年一二月一日のトランプタワーでのキスリャーク大使との会談が最も疑わしいとされている。

ワシントン・ポストが二〇一七年五月、この会談でクシュナーがキスリャーク大使に、ロシアとの間に秘密の連絡チャンネルを設営したいと提案したと報じていた。情報源は米政府関係者だという(53)。クシュナーはこの報道を否定した。上記声明によると、二〇一六年一二月一日にマイケル・フリンとともに、大使と二〇〜三〇分間、会談したが、ロシアとの秘密の連絡チャンネルの設営など提案しなかった。ただし、大使からシリア政策についてどのように情報を安全に伝えられるかと問われ、政権移行チームは安全な通信ラインを持っていないので、ロシア大使館のラインを使えないかと聞いた。だが、大使は、

※マグニツキー法

オバマ大統領時代の二〇一二年一二月施行。モスクワで服役していたロシアの会計士セルゲイ・マグニツキーの死に関与したロシア人を処罰する法律。マグニツキーは二〇〇九年に刑務所内で死亡した。死因は不明とされたが、当局による虐待が疑われた。同法は二〇一六年からはロシアだけでなく海外での人権無視に関与した人物に対し米国内の資産凍結、入国禁止などの制裁を科している。

それはできないとのことだったので、政権発足後に情報をやり取りすることで合意した。モラー特別検察官は当然、クシュナーの行動も捜査したが、立件していない。

(d) ジェフ・セッションズ

一九四六年一二月生まれ。トランプ候補を早い時期から支援していたベテラン上院議員（共和党、アラバマ州選出、在任一九九七〜二〇一七年）。政権発足とともに司法長官に就任したが、トランプ大統領の不興を買い、二〇一八年一一月に辞任した。二〇一六年選挙戦では移民政策や国家安全保障政策を中心に提言、一時はトランプが副大統領候補に選ぶかもしれないと噂された。

セッションズは議会での偽証の疑いで捜査対象となった。二〇一七年一月、議会における司法長官承認聴聞会で、二〇一六年大統領選挙との関連でロシア政府の関係者と会っていたかと聞かれ、会っていないと答えた(54)。選挙期間中にロシア人とは会っていないという回答と受け止められた。

しかし、その後、ロシアのキスリャーク駐米大使と二度会っていることが報じられ、セッションズは三月に「大統領選に関連してロシア政府関係者と会ったことはない」と改めて釈明した(55)。キスリャーク大使と会ったことはあるが、選挙については話していないという説明だ。モラー特別検察官は結局、彼が意図的に嘘を言ったとの証拠はないとして、起訴を求めなかった。

セッションズは二〇一七年三月早々、議会での虚偽証言の可能性が報じられたことから、三月二日、トランプ陣営の選挙運動に関係する捜査にはいっさい関与しないとの声明を発表した。しかし、トランプ大統領は司法長官としての重要な任務を放棄したに等しいとして、これに不満で、辞任を迫り、セッションズは二〇一八年一一月七日、中間選挙が終わった日に辞任した。

セッションズとキスリャーク大使との最初の出会いは、二〇一六年七月の共和党全国大会の開催中、ヘリテージ財団主催のイベントでのこと。もう一回は二〇一六年九月八日に彼の上院のオフィスで会った。このほか、二〇一六年四月にワシントンのメイフラワー・ホテルで、トランプ候補の外交演説が行われる前のレセプションで短時間、会った可能性があるとも報じられた。セッションズは覚えていないという。

セッションズは、上院軍事委員会の長老でもあった。彼が、ロシア大使と会うことは何の不思議でもない。ヘリテージ財団のイベントには各国大使が招かれていて、その中にキスリャーク大使がいた。特別な面会だったとは言えまい。

二〇一六年九月八日に会った際は、セッションズによると、ウクライナ情勢やテロリズムの問題について意見を交換した。こうした接触は、むしろ彼がまじめに仕事をしていることを示していると受け止められるのだが、米国の報道では、とにかく公職にある者がロシア人と接触すること自体が問題であるかのようだった。

そうした雰囲気の中で、ロシア大使と会ったことがわかると、上院による司法長官人事の承認に支障が出ると思って、面会していないと言ってしまったのかもしれない。セッションズは二〇二〇年の上院選にアラバマ州で出馬したが、共和党の予備選でトランプ大統領が推す候補に負けた。

第8章 「捜査を捜査する」

第3章で取り上げたように、FBIは二〇一六年七月末からドナルド・トランプ陣営とロシア政府の共謀疑惑の捜査を進め、二〇一七年五月にロバート・モラー特別検察官に引き継いだ。だが、そのFBIの捜査がトランプ候補・大統領を懲らしめるため政治的に偏向していたのではないかとの声がトランプ政権内、そして共和党の一部から高まった。

この偏向捜査批判が正しいとすれば、「トランプ陣営とロシアの共謀説」とは真逆の「ヒラリー・クリントン陣営と米司法当局の共謀説」というとんでもない説が成立するようにも思えてくる。実際、トランプはその可能性を指摘した。二〇一七年五月までのFBIの捜査が政治的に偏向していたのかどうか、議会、マイケル・ホロウィッツ司法省監察総監、そしてジョン・ダーラム特別検察官がそれぞれ検証した。いずれもFBIの「捜査を捜査した」わけだからFBIには試練というか屈辱的なことだった。

検証の焦点は、FBIが捜査にスティール文書をどう利用したか、FBI捜査官同士の反トランプ姿勢を内容とするeメールのやり取り、司法省幹部の利益相反をどうみるかだった。共和党と民主党、さらに司法省監察総監とダーラム特別検察官の見解はかなり異なる。

共和党とダーラム特別検察官は、断言しないまでも、捜査が政治的偏向で歪められていた可能性があると指摘した。ただし、クリントン陣営・司法当局の共謀が存在するとは言わなかった。一方、民主党と司法省監察総監は、政治的偏向などなかったと断言した。当然、そんな共謀などあり得ないという結論だ。こうして、双方とも共謀説を否定したのだが、その検証作業には、米国の党派政治が色濃く影を落とした。

[A] トランプと共和党議員の厳しいFBI批判

FBIは二〇一六年七月三一日にトランプ陣営とロシアとの関係についての特別捜査班を発足させたが、大統領選挙戦の期間中であったことから、捜査は極秘で進められた。それが一般に知られるようになったのは、二〇一六年一〇月三一日のニューヨーク・タイムズの報道による(1)。

それを機にトランプ陣営はFBIに対する警戒感を強め、米情報機関コミュニティが二〇一七年一月六日にロシアによる選挙介入を指摘する報告を出し、さらにトランプ政権発足後の二〇一七年五月、司法省がFBIに代わってモラー特別検察官に捜査を引き継がせることを決定すると、トランプ大統領の捜査当局に対する不信感は一段と高まった(2)。

トランプ大統領を支持する議員の間にもFBIの捜査に対する批判が広まり、特に下院情報委員会のデビン・ニューネス委員長（共和党）は二〇一七年春から同委員会職員の一部の協力を得て、独自に捜査のあり方を調査し始め、その結果を二〇一八年二月二日に発表した。これが「ニューネス・メモ」で、四ページと短いが、トランプ陣営の外交顧問、カーター・ペイジを対象にしたFBIによる通信傍受の問題点を要領よくまとめており、その調査結果の多くは後に発表されるダーラム特別検察官報告も確認している。（ニューネス・メモについては第7章「[E]」3(a)カーター・ペイジ」も参照のこと）

ニューネスのFBI批判に対し、同じ下院情報委の民主党有力議員、アダム・シフが即座に反論する報告を発表した(3)。シフ議員はペイジに対する通信傍受申請には十分な根拠があり、捜査には何も問題はなかったと強調した。

[B] ホロウィッツ監察総監とダーラム特別検察官

FBI捜査をめぐり議会で激しい論議が戦わされていることを受けて、司法省も動かざるを得なかった。ジェフ・セッションズ司法長官は二〇一八年三月一八日、ホロウィッツ監察総監にFBIの捜査着手の経緯を中心に捜査のあり方の検証を指示、監察総監は一年八カ月余りかけ、二〇一九年一二月九日にその検証結果を発表した。

ホロウィッツ監察総監報告は、FBIがトランプ陣営とロシア政府との関係の捜査に着手したことに、政治的偏見あるいは不適切な動機が影響したとの証拠はなかったと結論付けた。これが彼の報告の第一の要点だ。

監察総監は、FBIが捜査に着手したのは外国政府（報告では特定していないが、オーストラリア政

マイケル・ホロウィッツ
写真提供：Lamkey Rod／CNP／ABACA／共同通信イメージズ

府を指す）からの情報がきっかけだったと指摘、スティール文書は捜査着手には関係していないとの見解も示した。（オーストラリア政府提供の情報については、第3章「[B]」オーストラリア大使からの重大情報」を参照のこと）

捜査着手のきっかけについての見解は党派に関係なく関係者ほぼ全員が一致しているが、その捜査着手が正当な決定であったかどうかは見解がわかれる。監察総監は、FBIの捜査着手は、FBIが従来定めていた方針に従って決められており、問題はないと強調した。この点は、後述するようにダーラム特別検察官の見解とは大きく異なる。

監察総監報告はしかし、FBIの捜査の進め方には問題があったことを認めた。その問題とは要するに、FBIがトランプ陣営の外交顧問、ペイジの通信を傍受するためのFISA申請にスティール文書を利用したこと。FBIはスティール文書の内容の真偽を確かめないなど、合わせて一七件の「重大で不正確な記述と省略」があったと監察総監は指摘した。

ペイジは二〇〇八年から二〇一三年までCIAへの協力者としてロシア側の動きについて情報を提供していたが、FBIは通信傍受の許可を得られやすくするため、その経歴を捏造した。公文書偽造である。申請書にこの虚偽を書き込んだFBI担当者のケビン・クラインスミスは後に起訴され、罪を認め司法取引し、保護観察処分などの罰を受けた。（クラインスミスについては、本章「[F]1 ケビン・クラインスミス」を参照のこと）

監察総監は一方で、ペイジを対象にした通信傍受申請は、スティール文書だけを根拠にしたのではなく、ロシアの情報機関による選挙介入など、ほかの事案も勘案して提出されたと指摘した。ニューネス・メモとはかなり異なる見解だ。

トランプ大統領はホロウィッツ監察総監の調査が進行中だった二〇一九年二月一四日にセッションズ長官の後任としてウィリアム・バーを任命した。そのバー長官は監察総監による検証作業が進行中の二〇一九年五月に別途、コネチカット地区連邦検事のジョン・ダーラムにFBIの捜査についての検証を指示した。二〇二〇年一〇月一九日には彼を特別検察官に任命し、格上げして作業を続けさせた。

FBIの捜査のあり方を司法省監察総監が調べている最中に、なぜ屋上屋を架すように別のチームに調べるよう指示を出したか。バー長官はモラー特別検察官が二〇一九年三月にまとめた報告がトランプ大統領に厳しく、クリントン陣営が関係した問題を軽視したと不満だった。また司法省内部の調査ではFBIに甘い結論しか出ないと感じていたからだと推察される。トランプ大統領の意向も働いていただろう。

ジョン・ダーラム
写真提供：Michael Brochstein／ZUMA Press Wire／共同通信イメージズ

ダーラムはおよそ四年という長い時間をかけようやく二〇二三年五月に三〇六ページの報告をまとめた。その指摘はホロウィッツ監察総監報告とはかなり異なる。結論を一言で表すなら、FBIは本格捜査を始める必要はなかった、である。つまり、トランプ陣営に対する捜査は不当だったというのだ。

ダーラム報告は、司法省とFBIが法律を厳格に守るという重要な使命を果たさなかったと断罪した。FBIはたんなる「未検証の」情報を分析せずに、そのまま捜査に利用したとか、

「司法省とＦＢＩは法に忠実であるべきとの重要な使命を堅持しなかった」などと辛辣に批判した。

肝心の政治的偏見に基づいた捜査だったかどうかという問題については、微妙なわかりにくい表現で説明した。ＦＢＩ幹部と捜査官は政治的な情報を確認するにあたって偏見を抱き、自分たちの理に適わない証拠を無視、放棄するという「先入観（confirmation bias）」がみられたという。偏向捜査だったと言いたいようだが、そうは断定していない。また、捜査が不当だったと指摘しながらも、それを犯罪として立件するほどではないとも判断した。

トランプ大統領は、ダーラムの捜査によって少なくともクリントン陣営のＦＢＩ捜査に対する不当な介入が暴かれると期待していたが、こちらも期待外れに終わった。「クリントン陣営と米司法当局の共謀説」は成立しなかった。

ダーラムは捜査権限を持つ特別検察官であり、捜査の結果、三人を大陪審による起訴に持ち込むことができた。しかし、有罪を勝ち取ったのは一人で、その一人に対する罰も保護観察処分にとどまった。ＦＢＩの捜査やクリントン陣営の活動全般を法で裁くにはほど遠い結果でダーラム特別検察官の捜査は終了した。

［C］ ＦＢＩ捜査の問題点

ホロウィッツ監察総監とダーラム特別検察官の検証では、捜査開始の経緯、ペイジに対する通信傍受の申請、捜査官らの反トランプ感情の存在などが取り上げられた。以下、それら検証の焦点を紹介する。

1　本格捜査開始の是非

二〇一六年七月三一日にクロスファイア・ハリケーン捜査に着手したFBIは、八月初めにはポール・マナフォート、カーター・ペイジなどトランプ陣営幹部四人を重点捜査対象に選び、本格的な捜査を進めた。

既に述べたように、捜査着手のきっかけについては、司法省監察総監も二人の特別検察官も議会も、オーストラリアのアレクサンダー・ダウナー駐英大使からの情報提供であることで一致する。

しかし、ホロウィッツ監察総監とダーラム特別検察官は、FBIが本格捜査を始めたことの是非については、まったく異なる見解を示した。

ホロウィッツは、捜査着手についてFBIが定めている通常の方針に沿って決定されており、何も問題はないという。これに対しダーラムは、ダウナー大使からの情報について予備的な捜査を実施すれば、本格捜査を始める必要がないことはわかったはずだと指摘した。FBIは事前に証言の収集、データベースの点検、真偽不明の情報を評価する作業を怠ったという。

スティール文書は捜査着手には関係していない。スティール文書がFBIの捜査班に届いたのは二〇一六年九月一九日とされ、その時には捜査は既に進行中だった。クリストファー・スティールは七月初めには旧知の在ローマFBIエージェントのマイケル・ガエタに最初のメモ「080」を渡している。ところが、それが捜査班に伝わるまで七五日もかかったのだ。当然、ダーラム特別検察官はその理由を調べたが、結局、よくわからなかったという。（第6章「［F］クリントン陣営以外への情報拡散」を参照のこと）

2 ―― 通信傍受申請の過ち

FBIは捜査開始直後にペイジを重点捜査対象人物とした。ロシア人との接触が多かったからだ。彼のeメールや電話などによる通信を傍受する必要があると判断、二〇一六年一〇月二一日を皮切りに、二〇一七年一月、四月、六月の計四回、FISA申請を出し、許可を得た。

FBIは傍受の理由を記述する際に、スティール文書を引っ張り出した。スティール文書は、トランプ陣営とロシア政府が共謀してクリントン候補の当選を阻止しようと画策していると指摘するなど、衝撃的な内容を盛りだくさん列挙している。

FISA申請という重大な公的手続きの根拠に使う以上、その内容が信用できるかどうか確かめることは不可欠だ。怪文書を使うわけにはいかない。ところが、ニューネス議員、ホロウィッツ監察総監、ダーラム特別検察官の検証によってFBIはその内容を十分に確かめることなく、FISA申請に使ったことが明らかになった。しかも申請書を作成した担当官は許可が出るようペイジの経歴を偽るなどの不正を行った。

FBIは、スティールに情報を提供したイーゴリ・ダンチェンコに二〇一七年一月二四日に聴取し始め、ダンチェンコはスティール文書にある内容は揣摩《しま》憶測の類いであるとFBIに述べた。ところがFBIはそれを承知の上で、通信傍受の更新にあたって、スティール文書を使い続け、さらにペイジの経歴を捏造した。FBIに甘いと思われがちなホロウィッツ監察総監も、捜査班がスティール文書の真偽を十分に確かめなかったとの見解を示し、具体的に一七件の過ちを列挙した。

司法省・FBIが提出したペイジに対する通信傍受申請文書は当初、未公表だったが、保守系政治団体のジュディシャル・ウォッチや報道機関が情報公開法に基づき開示を請求、司法省はこれに応じ、二〇一八年七月二一日、計四一二ページに上る申請書を公表した(4)。ただし、黒塗り部分がかなり多い。

司法省・FBIはその中で、スティール文書をFISA申請に使った理由を二つ挙げている。一つはスティールが過去にMI6エージェントとしてFBIに協力、信頼できる情報を提供してくれたという実績があること。もう一つはスティール文書の内容が、二〇一六年九月二三日のヤフーニューズのマイケル・イシコフ記者の記事(5)によって裏付けられていることだ。

しかし、過去に協力関係にあった人物が常に信用できる報告を出すとは限らない。イシコフ記者の記事については、この記事の情報源が実はスティール本人であるのだから、記事がスティール文書の内容と一致するのは当たり前だ。イシコフ記者がスティール以外の第三者から情報を得て、それがスティールの情報と一致したので裏付けが取れたという話ではない。

とにかくFBIが独自にスティール文書の内容を検証した形跡は見当たらない。ニューネス・メモによると、FBIの防諜担当長官補のビル・プリスタップは、スティール文書の検証はFISA申請を出した時点ではまだ「初期」の段階にあったと語った。また二〇一七年一月初めにジェームズ・コミーFBI長官がトランプ次期大統領にスティール文書の要点を説明した時点では、スティール文書は「卑猥な内容で証明されていない」状態だったと、コミー長官自身が述べている。二〇一七年六月八日に上院情報委員会でそう証言した。ダーラム特別検察官は、FBIがスティール文書の中味を「一つとして」検証しなかったと断じる。

司法省・FBIのFISA申請にはもう一つ問題点がある。スティール文書の政治的性格への言及が不十分であることだ。

ニューネス・メモに反論した民主党のシフ議員は、申請書にはスティールの経歴、信頼性、政治的偏向の可能性、さらには調査費用についての言及があると反論した。確かに申請書の本文ではないが脚注に、スティールが政治的意図を持った米国人と団体（複数）に雇用され、彼の調査がトランプ候補の信用を失墜させるために使われるようだとの記述がある。しかし、クリントン陣営と民主党全国委員会（DNC）が調査会社のフュージョンGPSを通じてスティールに調査を発注したとは書かれていない。具体的な固有名詞を明記していない。

仮に、こうした点がFISA申請に記述されていたなら、担当の外国情報監視裁判所（FISC）は通信傍受を承認しなかったとトランプ陣営関係者も共和党議員も思うだろう。

スティール文書を利用したことに問題があったとの点で関係者の見解は一致する。ただ、ホロウィッツ監察総監とダーラム特別検察官らの間には微妙な違いもある。ホロウィッツ監察総監とシフ議員は、ペイジを対象とするFISA申請がスティール文書だけを根拠にしていたわけではなく、ロシア情報機関によるDNCなどへのサイバー攻撃なども踏まえて提出されたと指摘する。これに対し、ニューネス議員とダーラム特別検察官は、FISA申請にスティール文書以外の出来事が役割を果たしたことにはあまり触れない。

また、スティール文書自体への評価にも違いがみられる。監察総監報告をよく読むと、スティール文書の内容はすべて間違っていたのではなく、一部はFBIを含め米国の情報機関の分析と一致していたという指摘がある。例えば、ロシア政府が米国とほかのNATO諸国との間に対立の種を蒔こうとしているとか、ロシア政府はトランプ候補の当選を支援しているといった分析を挙げている。

ただ、こうした分析はスティールでなければできないわけではなく、ある程度情勢を調べていれば、誰でもその程度は指摘できただろう。いずれにせよ、監察総監報告やシフ議員の報告はスティール文書を全面否定していないように読める。

これに対しダーラム報告は、FBIがFISA申請の前ではなく、申請を出した後にスティール文書の検証を始めたが、「結局、その中の重要な指摘のどれについても確認あるいは証明できなかった」と強調、スティール文書を怪文書扱いした。ニューネス・メモも趣旨は同じだ。スティール文書へのこうした評価の違いを反映してか、スティール文書を利用したことがFBIの政治的偏向によるのかどうかについて、ホロウィッツ監察総監とダーラム特別検察官の見解は大きく分かれる。

ホロウィッツはFISA申請に数々の問題はあったが、「政治的偏見や不適切な動機」は見当たらなかったと指摘する。一方、ダーラムはこのスティール文書の利用を中心に、FBIが根拠のない情報、未確認の情報に頼り過ぎたとFBIを徹底批判、政治的情報を確認する際に先入観があったと総括した。ただし、FBIの捜査が政治的偏見の下、進められたとまでは断言していない。

3――クリントン・プランの「放置」

ダーラム特別検察官が重視し捜査した情報に「クリントン・プラン情報（Clinton Plan intelligence）」がある。ホロウィッツ報告は手を付けなかった問題だ。（「クリントン・プラン情報」については、第4章「[D]『クリントン・プラン情報』の提供」も参照のこと）

ここで言う「クリントン・プラン」とは、要するに、クリントン候補が国務長官時代に個人的なパソコンで国家機密を扱っていたという事件への有権者の関心をそらすため、トランプ候補がロシア政府と共謀し選挙に介入しているとメディアや捜査機関に喧伝していく選挙戦略。クリントン候補自身が二〇一六年七月二六日にこの選挙戦略を承認したという情報が「クリントン・プラン情報」で、選挙戦の最中に当局の間に流れた。

クリントン陣営が実際にそのような戦略を採択、虚偽の情報を流し、捜査当局がそれに乗せられて動いたとしたら、「クリントン陣営と司法当局の共謀説」が成立する可能性が浮上する。だからトランプ大統領もクリントン・プラン情報の真偽の確認に大いに期待した。

CIAは二〇一六年七月末に外国情報機関からこの情報を伝えられ、ジョン・ブレナンCIA長官が八月三日、バラク・オバマ大統領、ジョー・バイデン副大統領、コミーFBI長官らが集まった会議で、ロシアによる選挙介入に関連した情報の一部として伝えた。

ブレナン長官は説明した内容を同日中にメモに取り書き残した。そのメモの存在を二〇二〇年九月二九日にジョン・ラトクリフ国家情報長官（DNI）が上院司法委員会のリンジー・グラム委員長に書簡を送って明らかにし(6)、さらに、一週間後の一〇月六日、そのメモ自体を大部分黒塗りにしながらも公開した(7)。

ブレナン長官のメモには、クリントン陣営の外交政策顧問の一人が、「ロシアの保安機関による介入スキャンダルを煽ることでドナルド・トランプに打撃を与える」ことを提案し、それをクリントンが承認したとの情報があると書かれている(8)。CIAはFBIからの求めに応じて、九月七日に正式にFBIに対しこの情報を捜査参考情報として通知した。

ブレナンのメモによると、このクリントン・プランなるものが存在するという情報は、実はロシアの情報機関がまとめた米大統領選に関する分析報告の中に記述されていた。つまりロシア発の情報だ。それを欧州のある国の情報機関が入手、CIAに伝えた。対外諜報機関であるCIAのブレナン長官がこの情報を入手したのもうなずける。

ラトクリフ長官が解禁したブレナン・メモも、ダーラム特別検察官報告もこの外国情報機関を特定していないが、二〇二三年一月のニューヨーク・タイムズによると、オランダの情報機関がロシア政府のサーバーをハックして入手し、オランダからCIAに伝えられた(9)。ロシア情報機関→オランダ情報機関→CIA→FBIという経路で伝わった。

クリントン・プラン情報を受け取ったFBIはどう対応したか。答えは何もしなかったである。コミー元FBI長官は二〇二〇年九月三〇日、上院司法委員会に呼ばれ証言した際、CIAからの捜査参考情報について「ベルを鳴らさなかった」と述べた(10)。つまり、クリントン・プランが実際に存在するのかどうかを含めてFBIはブレナン長官からの情報に手を付けず、放置した。

ダーラム特別検察官はFBI捜査の問題点の一つとしてこの対応を厳しく批判する。FBIがクリントン・プランの情報に耳を傾けていたなら、FBI自身がクリントン陣営によるトランプ陣営捜査に利用される危険があると理解できたはずだという(11)。

ダーラム報告は次のように指摘する。クリントン陣営が選挙戦の中でロシア政策を含めトランプ候補の政策を批判、攻撃することには何の問題もない。しかし、クリントン候補が本当に捜査機関を政治的に利用する選挙戦略を推し進めたのであれば、それは重大な問題だ。

ダーラム特別検察官にはそう力説したくなる理由があった。一つはクリントン陣営関係者とスティールによるスティール文書の売り込みである。既に詳しく述べてきたように、スティール文書はクリントン陣営と民主党が資金を出した調査の産物。クリントン陣営の関係者は、スティールに直接調査を発注した調査会社、フュージョンGPSの幹部とともに、その十分に検証されず虚偽に満ちた情報をメディア、議員、そしてFBIに売り込んだ。ヒラリー・クリントン候補自身が直接関与していなかったにしても、クリントン陣営による情報工作と言えるだろう。（第6章「『F』クリントン陣営以外への情報拡散」を参照のこと）

もう一つ、トランプが総帥を務める企業集団、トランプ・オーガニゼーションとロシアの最大手民間銀行、アルファ銀行との間に秘密の連絡チャンネルがあるという疑惑をクリントン陣営幹部が選挙戦の最中にFBIに通知し、FBIを動かそうとした一件がある。詳しいことは後述するが、アルファ銀行はウラジーミル・プーチン大統領に近い実業家、ミハイル・フリードマンが経営する。確かにトランプ陣営とロシアの共謀の存在をふんぷんとさせる材料ではある。

こうしてクリントン・プランなる大本の選挙戦略があって、クリントン陣営はそれに基づいてスティール文書を喧伝、さらにアルファ銀行をめぐる疑惑をもり立てるよう工作したのではないかとの疑いが、浮上する。ダーラム特別検察官がこのクリントン・プラン情報を重視し、その検証に挑んだことは納得できる。

ダーラム特別検察官のチームは二〇二〇年八月二一日にブレナン元CIA長官、さらには二〇二二年五月一一日にはクリントンと、この情報に関係する大物に聴取した。クリントン選対本部のジョン・ポデスタ会長、ジェイク・サリバン上級政策顧問（後にバイデン政権の国家安全保障担当補佐官）、ジェニファー・パルミエリ広報担当、さらには、この選挙戦略の立案者だという外交政策顧問（ダーラム報告では匿名）からも話を聞いた。ダーラムの力の入れ方がわかる。

だが、クリントン陣営のほぼ全員がその情報を「ばかげている」と一蹴、そんな選挙戦略を決定したことはないと否定した。クリントン自身は「（クリントン・プランなるものは）私にはロシアの情報工作の産物のように思われる。連中は得意だからね」と返答した(12)。

ただ、外交政策顧問の一人は、クリントン陣営内に二〇一六年七月下旬の時点で、トランプ候補とロシアの関係を追及し、捜査当局にそれを後押ししてもらいたいという期待はあったように思うと答えたという。だが、これだけではクリントン陣営が陰謀を企てたとは言えまい。

クリントン陣営幹部が集まって協議し「クリントン・プラン」なる選挙戦略を採択したことはないようだ。そのような文書も存在しない。ということは、ロシア情報機関による誇張、あるいは工作の産物だったのかもしれない。ダーラム特別検察官は、FBIやCIAがクリントン陣営の選挙戦略に乗って捜査したという十分な証拠はなかったと結論付けた(13)。この問題についてのダーラム特別検察官の捜査は空振りに終わった。

4――司法当局幹部がクリントン支援?

トランプ大統領の司法当局に対する不信感、不満は政権発足時から顕著だったが、実際に不信感を抱かせるような動きが司法省やFBIにみられた。役所内部のやり取りとはいえ、捜査幹部が記録に残る形でトランプを罵倒していたことなど、脇の甘さも目立った。

(a) 主任捜査官のトランプ憎悪

トランプ政権や共和党議員はFBI捜査の偏向を主張し攻撃する材料として、スティール文書の扱いのほかに、主任捜査官が強い反トランプ感情を抱いていたことを挙げる。

攻撃の的にされた主任捜査官はピーター・ストロク。FBIの防諜担当副長官補という地位にあり二〇一六年夏からクロスファイア・ハリケーン捜査を指揮、モラー特別検察官が任命された後も彼のチームの一員として捜査を続けた。ストロクはスティール文書の信憑性を高く評価したといわれ、ペイジの通信を傍受するためのFISA申請も彼が主導して実施したとみられている(14)。

しかし、ストロクはモラー特別検察官のチームに入ってから約二カ月後の二〇一七年七月末にチームから外され、翌二〇一八年八月一〇日、FBIでの職を解かれた。司法省もFBIも公式には解任の理由を明らかにしていないが、捜査の中立性への疑念を払拭する意図があったと推察される。なぜなら、FBIの内部調査によって、ストロクがFBI捜査班の同僚、リサ・ペイジとの間でトランプ候補を揶揄、批判するテキスト・メッセージをやり取りしていたことがわかったからだ。FBI支給の携帯電話を使ってのやり取りだったという。なおリサ・ペイジはトランプ陣営にいて通信傍受の対象になったカーター・ペイジの親族ではない。

ストロクは、ヒラリー・クリントンが国務長官時代に個人のパソコンで国家機密を含むeメールを扱っていたという事件の捜査で重要な役割を果たし、クリントンを不起訴にする決定に関与していた。このため、彼はクリントンを擁護しているとみられていた。それに加え、リサ・ペイジとの間で、トランプを嫌っていることを示すやり取りが明るみに出て、彼の政治的偏向疑惑が高まった。

ストロクとリサ・ペイジのやり取りは、ホロウィッツ司法省監察総監がクリントンに対する不起訴処分の経緯を調べる中で明らかになった。なお、この監察総監の調査は、FBIのクロスファイア・ハリケーン捜査に関する調査とは別物。クリントンのeメール事件をFBIがどう捜査したかを調査した結果は、二〇一八年六月に公表された(15)。

ホロウィッツ監察総監はクリントンのeメール事件捜査について最終報告を出す前の二〇一七年七月

二〇日に中間報告をまとめており、七月二七日にモラー特別検察官とロッド・ローゼンスタイン司法副長官に通知した。これを受けてモラー特別検察官は直ちにストロクを捜査チームから外した。この時、彼がチームから外されたことは発表されたが、その理由は明らかにされなかった。

その後、司法省は議会の要請を受けて二〇一七年一二月一二日にストロクのテキスト・メッセージ三七五件を議会に通知し、その後、メディアが相次いでやり取りの内容を報道した(16)。それによると、ストロクは二〇一六年に何度かトランプを「アホ」と呼んでいた。最も注目されたメッセージは二〇一六年八月一五日のやり取り。彼はトランプが当選するとは思えないが、その危険もあるので保険をかけておく必要があると書き込んだ。また二〇一六年八月八日にリサ・ペイジが「トランプが選挙に勝つことなんて考えられないよね」と送信してきたのに対し、ストロクは「そうはならないよ。我々が阻止する」と返信した。ストロクとリサ・ペイジはそれぞれ既婚者だが、二人は愛人関係にあり親しかったことから、大胆な内容のやり取りを繰り返していたとみられている。

なおホロウィッツ監察総監は、ストロクがクリントンeメール事件でのクリントン不起訴(大陪審による起訴を求めないこと)の決定に果たした役割について、不起訴処分の決定にはほかの担当官も関与していると指摘した。ストロクが独断で決めたわけではなく、政治的配慮があったとは言えないとの判断を示した。監察総監はその一方で、FBIがクリントンを不起訴にするとの発表文を検討した際、当初はクリントンの行為を「ひどい注意義務違反」と表現していたが、リサ・ペイジの主張によって「かなりの不注意」に変更されたと指摘した。つまりクリントンの行為の悪質度が軽減されたという。

ストロクがトランプに偏見を抱いて捜査したのではないかとの疑惑に対し、彼は二〇一八年七月一二日に下院司法委・行政監視改革委の合同委員会での証言で、「捜査は政治的動機に基づいていないし、魔女狩りでもない」と強く反論した(17)。

ストロクは二〇一八年八月、FBIを免職になり、リサ・ペイジはその前の二〇一八年五月、辞職した。その後、二人は個別に司法省とFBIを相手取って訴訟を起こした。ストロクは二〇一九年八月、不当解雇を主張、処分の撤回を求めた。一方、ペイジは二〇一九年一二月、eメールのやり取りの公表はプライバシー侵害で不当だと訴えた。

これら二つの訴訟は、結局、二〇二四年七月二六日に和解が成立して幕を閉じた。司法省がストロクに一二〇万ドル、ペイジに八〇万ドルを支払うことを受け入れたというから、司法省の敗訴だ(18)。ストロクはFBIを解任された後、トランプを批判する著書『危うい状況』(未邦訳)(19)を出版、ベストセラーになった。二〇二〇年一〇月からジョージタウン大学客員教授。一方、ペイジは二〇二三年六月に離婚した。

(b) FBI副長官の利益相反

FBI幹部でクリントンを応援していたのではないかと疑惑をかけられた幹部がもう一人いる。アンドルー・マケイブ副長官(在任二〇一六年二月~二〇一八年一月)だ。

彼への疑惑は、妻ジルが二〇一五年のバージニア州上院選挙に出馬したことに関係する。ジルはバージニア州知事のテリー・マコーリフの選挙活動委員会(PAC)とバージニア州の民主党組織から七〇万ドルの寄付を受けていた。マケイブはストロク同様、クリントンのeメール事件の捜査を担当、クリントン不起訴の決定にも関わった。このため、妻が民主党からカネをもらっているのでクリントン不起訴を支持したのではないか、利益の相反があるのではないかと、トランプ大統領や共和党議員らが攻撃した。

マケイブは二〇一八年一月二九日に副長官を解任された後もＦＢＩに籍を置いていたが、結局、二〇一八年三月一六日、セッションズ司法長官によって解雇され、ＦＢＩを去った。予定していた退職期日の二六時間前の処分で公的年金が一旦は受け取れなくなった。ホロウィッツ監察総監の調査でマケイブが許可なくメディアに情報を漏洩したことが発覚し、それが解雇の理由として挙げられた。これに対し、マケイブは政治的意図で解雇されたと反発し、二〇一九年八月に不当解雇で司法省を訴えたが、二〇二一年一〇月に和解した。それにより、公的年金を受け取れるようになった。

司法省の中に反トランプ感情を抱く人が多かったことを物語るのではないかとして知られる一件に幻のトランプ追放案がある。（第7章「［B］幻のトランプ追放案」を参照のこと）

ニューヨーク・タイムズが二〇一八年九月二一日に報じて知られるようになった。ロッド・ローゼンスタイン司法副長官が二〇一七年五月、トランプ大統領を米憲法修正第二五条の発動で解任する案を考えていたというのだ。この一件はことがことだけに大騒ぎとなったが、ローゼンスタインが賛同者を集めてトランプ追放をめざし具体的に行動したことはなく、幻の事件だった。

(c) 情報機関幹部のロシア嫌いとトランプ嫌い

クロスファイア・ハリケーン捜査の主任捜査官だったストロクがトランプを嫌悪していたことは既に述べたが、捜査に関係したもっと上の米情報機関幹部が退任後、トランプとロシアに対し嫌悪感を抱いていることをあけすけに口にしている。さすがに在任中は控えていたのだが、彼らのそうした感情が捜査に影響しなかったのかどうか、疑問も残る。

退任後、最も声高にトランプ大統領への嫌悪感を繰り返し述べたのは、オバマ政権の下で米情報機関による捜査開始に主導的役割を果たしたジョン・ブレナンCIA長官だ。（ブレナンの役割については、第4章「[A]CIA、FBI、NSA合同調査班の結成」を参照のこと）

二〇一八年七月一六日にヘルシンキでトランプ大統領がプーチン大統領と会談、その後の合同記者会見でトランプ大統領はロシアによる選挙介入を事実上否定したかのようなことを言った。トランプ発言を要約すると、プーチン大統領は二〇一六年米大統領選には介入していないと強く否定したし、ロシアが介入したと判断する十分な根拠があるようには思えない、である(20)。

これを聞いたブレナンは「国家反逆以外の何物でもない」とツイートした(21)。米情報機関よりもプーチンを信用し、自分が長時間精魂尽くしてまとめ上げた二〇一七年一月の米情報機関コミュニティ評価（ICA）報告を一蹴するかのようであるから、強烈なトランプ非難も理解はできる。

ブレナンの反応を聞いたトランプ大統領はその一〇日後の二〇一八年七月二六日にブレナンに政府の機密情報を入手できる権利（セキュリティ・クリアランス）を認めない措置を取った。大統領府報道官が八月一五日に発表した。ブレナンは翌八月一六日付ニューヨーク・タイムズでロシアとの共謀がないという主張は「たわごと」と言い返した。

ジェームズ・クラッパー元国家情報長官（在任二〇一〇年八月〜二〇一七年一月）は二〇一七年五月二八日、NBCの報道番組「ミート・ザ・プレス」で、トランプの娘婿のジャリド・クシュナーがロシアのセルゲイ・キスリャーク駐米大使などと会っていたことについて、大変懸念していたと述べた。「いろんなことを考慮して、ロシア人が選挙に介入していることはわかっていた。ロシア人は人に媚び、好意に甘え、つけ込もうとする遺伝的とも言える性癖を持っている。それが典型的なロシア人だ」とも付け加えた。ロシア人は何についても相手につけ込む遺伝子を持っているというのだから、真のロシア人嫌いのようだ。米情報機関の元首脳がトランプやロシアをどう評しようともまったく自由ではあるが、現役時代、不愉快だったであろうことは容易に想像がつく。

トランプ大統領にとっても、コミーFBI長官がトランプ陣営の捜査に力を入れたこと、司法省がモラー特別検察官を任命、長期捜査を継続したこと、さらにはローゼンスタイン司法副長官が冗談にせよトランプ追放計画を口にしたこと等々もあり、司法当局幹部の言動は気にくわないことばかりだったろう。

5 ―― サーバーを直接調べなかったFBI

FBIの偏向捜査疑惑と直接関係することはないだろうが、FBIはサイバー攻撃を受けたDNCのサーバーを直接調べなかったという問題がある。

コミーFBI長官は二〇一七年一月一〇日の上院情報委員会証言で、FBIがDNCのサーバーを調べたいと数度にわたり申し出たが断られたと述べた(22)。コミー長官はさらに二〇一七年三月二〇日の下院情報委員会、二〇一七年六月八日の上院情報委員会でも、FBIは直接調べていないと繰り返し述べた。六月八日の証言では、FBIは「一流の会社」から鑑識情報を得たと述べた。

この民間会社とは、サイバーセキュリティ会社のクラウドストライクで、民間会社の分析結果をそのまま受け入れたということだろう。「一流の」民間会社の分析だから間違っていないだろうと思われがちだが、クラウドストライクが実施した二〇一四年のロシア軍によるウクライナ軍へのサイバー攻撃についての分析が間違っていたことは前述した通りだ。(クラウドストライクによる分析については、第2章

「[B]3　クラウドストライクへの疑義」を参照のこと）

DNCとクラウドストライクは、FBIがサーバーからイメージ（画像）、さらに関連する交信のコピーを得ていると説明してきたが、FBIがどのような方法でそうした鑑識結果を受け取り、それをどう検証したのか、よくわからないのだ。FBIはクラウドストライクが提出した記録を信用して、サイバー攻撃がロシアによるハッキングだと断定したと思われる。

DNCに対するハッキング攻撃というクラウドストライクの結論については、「VIPS」という米国の元情報機関職員らが作るグループが、クラウドストライクの分析に異議を唱えている。（第2章「[B]ロシア犯行説への疑義」を参照のこと）こうした異議に対抗するためにも、なぜFBIは公的な捜査機関として自ら独自に直接サーバーを押収して検証しなかったのか、不思議だ。

DNCがFBIの捜査を拒否したというが、断られたからと言ってすごすごと引き下がったというのはうなずけない。それにDNC側が犯罪の臭いのするサーバー攻撃についてなぜFBIに直接捜査させなかったのかも理解に苦しむところだ。FBIは、情報漏洩で著名なジュリアン・アサンジがロシアからDNCなどのeメールを入手し、インターネットを通じ漏洩したと断定しているが、アサンジには何ら聴取していないこともわかっている。

こうしてトランプ大統領や共和党側には、FBIとクリントン陣営、民主党さらにはスティールが共謀してトランプ大統領を窮地に陥れようとしたのではないかとの疑念が生まれた。

6　クリントンeメール事件への対応の揺らぎ

クリントンeメール事件とは、何度か触れてきたように、ヒラリー・クリントンが国務長官時代に個人用パソコンを使って、eメールで国家機密情報を含む公務上の通信を行っていたという問題。二〇一五年三月二日にニューヨーク・タイムズの報道で一般に明るみに出て、FBIが二〇一五年七月に捜査に乗り出した。国務省の内部規則違反、公的記録の保存に関する連邦法および規則の違反といった容疑がかけられた。

コミーFBI長官は二〇一六年大統領選挙戦が展開されていた七月五日、記者団を前に、クリントンが機密情報の扱いについて「極めて不注意だった」が、起訴を求めないと発表した。FBIが大統領選挙戦の期間中に捜査の終了について発表すること自体が稀で、しかもクリントンの対応を批判したことから民主党が反発した。また逆に共和党は不起訴がおかしいとFBIを非難、FBIは板挟みとなった。

コミー長官の発表でクリントンのeメール事件捜査は終わったかにみえたが、コミー長官は大統領選投票日を一一日後に控えた二〇一六年一〇月二八日、議会に書簡を送り、新たな展開があったと通告、捜査の継続を明言した。

新たな展開とは、FBIがアンソニー・ウィーナー下院議員（当時）のラップトップからクリントンの個人的なeメールを発見したこと。なぜウィーナー議員のラップトップにクリントンのeメールが存在したかだが、それはウィーナーの妻、フーマ・アベディンがクリントン陣営の副本部長だったことと関係する。

FBIはウィーナー議員が一五歳の少女に猥褻なeメールを送ったというまったく別の事件を捜査していたところ、ウィーナーのラップトップの中に、クリントンのeメール事件に関係する可能性のあるeメールを発見した。

これらクリントンのeメールはクリントン陣営のフーマ・アベディンへ送られたもので、アベディンがそれらを夫ウィーナーのラップトップに転送していたのだった。アベディンがブラックベリーのスマホでeメールをやり取りしていたため、容易にプリントアウトできるよう夫のラップトップに転送していたという。

しかし、FBIはウィーナーのラップトップに存在したクリントンからのeメールを捜査した結果、これらeメールはいわゆるクリントンeメール事件とは基本的に関係がなかったと判断した。コミー長官が二〇一六年一一月六日、大統領選投票日の二日前にクリントン不起訴（大陪審に起訴を求めない）の決定は変わらないと議会に伝えた。

議会にはコミー長官のこうしたドタバタ対応を含め、クリントンeメール事件へのFBIの捜査のあり方への批判が高まった。このため、司法省はホロウィッツ監察総監に捜査を検証するよう指示した。監察総監は二〇一七年一月に調査を始め、一七カ月後の二〇一八年六月一四日に結果を発表した。コミーFBI長官ら当時の幹部には、慣習となっていた標準的な捜査方法から逸脱していた面があったものの、政治的偏向はみられなかったとの結論だった(23)。繰り返すが、このホロウィッツ報告は、FBIのクロスファイア・ハリケーン捜査を検証した二〇一九年一二月の報告とは別物だ。

ホロウィッツ監察総監のこの調査で焦点の一つとなった出来事にヒラリーの夫のビル・クリントン元大統領とロレッタ・リンチ司法長官の空港遭遇事件がある。二〇一六年六月二七日、アリゾナ州フィーニクス空港でクリントン元大統領がリンチ司法長官と会った。当時はヒラリー候補のeメール事件の捜査が進行中だったため、夫が司法長官に捜査に手心を加えるよう求めたのではないかとの疑惑が噴出した。

二人は別々の航空機に乗っていたが、同じ時間に空港の駐機場に居合わせ、元大統領が司法長官にあいさつに行ったという。ホロウィッツ監察総監は、二人の間でeメール事件については話し合われていないと疑惑を打ち消した。

7 ―「スパイゲート」不発

トランプ大統領が一時、力を込めて喧伝した事案に「スパイゲート」がある。

オバマ政権下のFBIが二〇一六年大統領選期間中にトランプ陣営にスパイを潜り込ませ、クリントン候補に助けとなる情報の入手に努めたのではないかという疑惑を指す。トランプが大統領に就任した後の二〇一八年五月下旬に何度もこの疑惑についてツイートし、FBIを批判した。トランプ陣営などはステファン・ハルパーなる人物がFBIのスパイだと名指しした。

ハルパーはFBIに情報を提供する「秘密情報提供者（CHS）」で、選挙戦期間中の二〇一六年七月以降、トランプ陣営の顧問や幹部だったカーター・ペイジ、サム・クロービス、ジョージ・パパドプロスと面会し、トランプ陣営とロシアとの関わりを探り、FBIに情報を入れたことがわかっている。CIAや一部議員にも情報を伝えていたという。しかし、ハルパーもトランプ陣営とロシア政府の間の共謀を証明するような情報を得られなかった。

ダーラム特別検察官はハルパーの動きを詳しく調べた。仮にハルパーがクリントン陣営の回し者であったなら、クリントン陣営とFBIがトランプ候補に打撃を与えるため、共謀していたという説を支える有力な材料となり得ただろう。だが、ハルパーがクリントン陣営と協力していたことを示す証拠は見つからなかった。ハルパーはクリントン陣営への協力者ではなく、単なるFBIのCHSとして活動、報酬を受けていたと考えられる。

ハルパーは一九四四年六月、米国生まれ。米国外交を研究、英ケンブリッジ大学の教授でシニア・フェローの肩書きも持つ。リチャード・ニクソン、ジェラルド・フォード、ロナルド・レーガン政権のホワイトハウスに籍を置いていたこともあるという錚々たる経歴の持ち主だ。

ハルパーの名前がクロスファイア・ハリケーンの捜査との関連で浮上したのは、二〇一八年五月一七日、ワシントンの保守系ニュースサイト、デイリー・コーラーの報道による。ハルパーがペイジやパパドプロスと会って情報を得ていると報じた(24)。ワシントンDCではその数週間前からハルパーに関する噂が飛び交っていた。

この報道を受けてトランプ大統領は早速五月一七日、オバマ政権のFBIがトランプ陣営にスパイを送り込んでいたとツイートした(25)。その後、これは「スパイゲート」であり、史上最大の政治スキャンダルの一つであるかもしれないなどと書き込んだ。トランプ大統領は、ハルパーがペイジやパパドプロスからスティール文書が指摘する共謀を裏付ける証拠を引き出そうとし、クリントン候補を後押ししたとの構図を描いた。

デイリー・コーラーの報道の後、ニューヨーク・タイムズやワシントン・ポストなどはハルパーの名前を出さずに、FBIへの情報提供者がトランプ陣営幹部に探りを入れていたと後追いし、「スパイゲート」は盛り上がるかのように見えた。

ダーラム特別検察官報告によると、ハルパーが接触したトランプ陣営関係者は三人。ハルパーは、その中のペイジとは二〇一六年七月中旬にロンドンで開かれた機密情報に関するシンポジウムで知り合った。その後、FBI捜査班の指示で八月二〇日、一〇月一七日、一二月一五日、そして二〇一七年一月二五日とペイジに会った。ハルパーはいずれの場合も会話を録音しており、ダーラム特別検察官の捜査班は録音テープによって会話を検証することができた。

クロスファイア・ハリケーンの捜査班は九月一九日にはスティール文書の最初の数件のメモを受け取っており、そこにはペイジがトランプ陣営会長のポール・マナフォートとロシア側の連絡役を務めているとか、ペイジがロスネフチのイーゴリ・セーチンCEOやクレムリン幹部のイーゴリ・ディベイキンと会ったと記述されていた。

ハルパーはこうした点を含め、トランプ陣営がロシア政府と共謀しているかどうかあれこれ探りを入れたが、ペイジは否定した。ハルパーはマナフォートとは会ったことさえないと述べ、セーチンなどとの面会も否定した。

ハルパーが次に接触したのは、当時、トランプ陣営の上級外交政策顧問だった人物。ダーラム報告では「トランプの上級外交政策顧問1」と匿名だが、その後陣営の共同会長となったサム・クロービスであることがわかっている。九月初めに朝食をともにし、DNCの関係者からeメールがハックされ、その後、ウィキリークスがリークした。これにロシアが関与しているかどうかなどをクロービスに聞いたが、具体的な答えはなかった。

ハルパーが接触したトランプ陣営三人目の人物は、パパドプロス。九月一五日に時間を隔てて二度会い、ウィキリークスによるDNCのeメールのリークに関連したトランプ陣営内の動きを探った。しかし、パパドプロスもロシアが関与しているとか、トランプ陣営がロシアの支援を受けているなどといったことは言わなかった。

ダーラム報告によると、FBI捜査班はハルパーのほか、身分を明かさない二人の隠密職員（要するにスパイ）も動員し、パパドプロスと接触させた。しかしこちらも特にこれといった情報は得られなかった。

ニューヨーク・タイムズ報道では、ＦＢＩはハルパーの助手という触れ込みでアズラ・タークなる女性をパパドプロスに接触させた(26)。二人の隠密職員のうちの一人はそのタークであるのかもしれない。彼女は二〇一六年九月中旬に二度、パパドプロスと会っている。このタークという名前は偽名で本名も肩書きも不明。謎の人物だが、機密情報が関係した捜査の分野では、プロだという。パパドプロスは著書『ディープ・ステートの標的』（前出）の中で、彼女は美人で、会うとすぐ単刀直入に、トランプ陣営がロシアと協力しているかと聞いてきたと説明している。

ＦＢＩの秘密情報提供者（ＣＨＳ）であるハルパー、そして隠密職員がトランプ陣営に探りを入れたが、トランプ陣営とロシアの共謀を示唆するような情報は結局得られなかった。ペイジらがロシアと共謀していたのに口が堅く何も明かさなかったのか、それとも実際に共謀めいた関係がないので、何も言わなかったのかだが、モラー特別検察官、ホロウィッツ司法省監察総監、ダーラム特別検察官による捜査、さらに議会による調査結果から、後者であることは明白だ。

ハルパーとクリントン陣営との関係だが、どの捜査もそれには特に触れていない。ハルパーがニクソン、フォード、レーガンと続いた共和党政権で仕事をしていたことから、民主党支持者とは思えない。ただし、ロシアの報道機関、スプートニク・インターナショナルが二〇一六年一一月三日、ハルパーとの短いインタビュー記事を報じた。それによると、ハルパーはトランプよりはクリントンがましだと答えたという(27)。米英関係（米ロ関係ではない）、さらに米国とＥＵ（欧州連合）との関係にとってクリントンが最良だと述べ、その理由としてクリントンは政治経験があるし、予見可能だからと説明した。

なおハルパーは錚々たる経歴の持ち主ではあるが、怪しい影がつきまとう人物でもある。彼は二〇一九年五月に、ロシア出身の女性で英国籍も持ち、ソ連時代の情報機関の歴史を研究するスベトラーナ・ローホワから米国の連邦地裁に名誉毀損で訴えられたことがある(28)。

その経緯は次の通りだ。二〇一四年二月に英国の元MI6長官らがハルパーとともに英国ケンブリッジで情報機関関係者を招いた夕食会を催した。その場に当時、米国防情報局（DIA）長官で後にトランプ政権で国家安全保障担当補佐官を務めたマイケル・フリン、そしてローホワがいて、二人は知り合いとなった。

二人はその後eメールでやり取りしていたが、周辺では、ローホワはロシア情報機関の関係者だとか、ローホワがフリンにハニートラップを仕掛け、二人は不倫関係にあるといった情報が流れ始めた。フリンはトランプ陣営の有力支持者で、政権が発足すると国家安全保障担当補佐官という要職に就任した。しかし、政権発足前の駐米ロシア大使との電話のやり取りについてFBIに虚偽を言ったなどの理由で、就任わずか二四日で事実上、解任された。その直後に報じられた情報の中には、フリンがローホワとの関係をネタにロシアから脅迫されることをハルパーら米情報機関関係者が懸念していたことも背景にあるとの解説もあった。

ローホワは、こうした情報を売り込んだのはハルパーであると主張、その情報をもとにして報じたニューヨーク・タイムズ、ウォール・ストリート・ジャーナルなど四社を名誉毀損で訴えた。結局、米国第四控訴巡回裁判所は二〇二一年四月、名誉毀損の訴えが有効期限を過ぎていたなどの理由で訴えを却下、ローホワは敗訴した。

ハルパーは勝訴したのだが、情報機関で蠢く人物であることが改めて印象付けられた。ハルパーは二

○一八年五月にクロスファイア・ハリケーン捜査の秘密の協力者であると報じられると、表舞台には出なくなった。議会の証人喚問にも応じなかった。

FBIは秘密情報提供者（CHS）と契約すると、そのCHSを監督する担当を付ける。彼らはハンドラーとかケース・エージェントと呼ばれる。ハルパーを担当したのはスティーブン・ソンマでクロスファイア・ハリケーン捜査のチームの一員。彼もハルパー同様、議会などの聴取に応じていない(29)。

[D] 偏向捜査論総括

捜査機関は普通の国では一般的に、特定の事案の捜査が選挙に影響を与えないよう注意するもので、大統領選ともなれば、ますますそうだ。

二〇一六年米大統領選期間中にFBIが抱えていた二大捜査案件は、トランプ陣営とロシア政府との共謀疑惑と、クリントン候補の国務長官時代のeメール事件だ。

FBIは二〇一六年七月末にロシアによる選挙介入疑惑を捜査することを決めたが、捜査班を設置し捜査していることは、一一月八日の投票日前には公式には明らかにしていない。

FBIがロシアによる選挙への介入およびトランプ陣営とロシアの共謀疑惑について捜査していることを公式に発表したのは選挙が終わり、トランプ政権が発足した後の二〇一七年三月二〇日だ。コミーFBI長官が下院情報委員会で証言し、捜査中であることを認めた(30)。

一方でメディアでは、二〇一六年九月下旬から投票日直前の一〇月末にかけ、トランプ陣営とロシア政府の間に何か怪しい関係があるようだとか、FBIが動いていることを示唆する報道が流れていた。

（トランプ陣営に対する捜査に関する報道の始まりは、第6章「［F］クリントン陣営以外への情報拡散」を参照のこと）

FBIが捜査していることを具体的に初めて報じたのは二〇一六年一〇月三一日のニューヨーク・タイムズだったことは既に述べた(31)。この記事は公式発表を受けて書かれてはいないが、司法省あるいはFBI筋に捜査情報を漏らしたい者がいたのだろう。それでも記事はFBIがトランプ陣営を捜査しているという指摘を長文の本文の中に目立たないように盛り込み、さらにトランプ陣営とロシアの間には特に問題となる関係は浮上していないと付け加えて伝えた。従って二〇一六年一一月八日の米大統領選投票日直前の時点で、米国の有権者がFBIのトランプ陣営に対する捜査を強く意識していたとは思えない。

逆にFBIは投票日直前にクリントン候補に不都合となる動きをみせた。既述したように、コミーFBI長官は二〇一六年七月五日、クリントンが個人のパソコンで国家機密情報を扱ったことについて「かなりの不注意」と指摘しながらも、犯意はなかったなどとの理由で、起訴を求めないと発表した。これでこの件は収まったかに思えたが、投票日の一一日前の一〇月二八日、コミー長官はクリントンが個人のパソコンでやり取りした新たなeメールが見つかったので再び捜査していると、議会に送った書簡で明らかにした。

ところが投票日二日前の一一月六日、コミー長官は再度、クリントンの起訴を求めないとの七月五日の方針に変わりはないと議会に通告した。

FBIのドタバタは、FBIがクリントン候補を擁護していたらなかったと思わせる出来事だ。クリントンはFBIのこうした動きが敗戦の大きな要因だと後に分析した。（クリントンの敗因分析については、第9章「［A］対立する見解」を参照のこと）彼女はコミーを許し難い人物だと思っているかもしれない。

コミー長官が投票日直前になぜこのように行動したかだが、彼は大統領選とは関係なく事実の展開通りに事件を処理したと言いたいのだろう。コミーは解任された後の二〇一八年四月に出版した著書『高まる忠誠心』（未邦訳）(32)の中で、クリントン勝利が間違いなく、eメール事件再捜査の発表は影響しないと判断していたからだとも述べているが、どうか。

トランプ陣営とロシアの共謀疑惑の捜査についてFBIは、選挙期間中であるので、捜査が政治的に影響しないよう細心の注意を払い、情報が漏れないように努力した形跡はある。捜査について知っていたのはFBIの中でも五人に限定されるとも報じられている(33)。トランプへの配慮と言えなくもない。いずれにせよ、それぞれの陣営が相手を攻撃しようとして過剰に反応している面があるし、FBIの捜査に偏向疑惑を生じさせる過誤があったことは否定し難い。しかし、FBIの捜査全体を俯瞰すると、それが全面的な偏向捜査だったとは言えない。

［E］　コミー元FBI長官の大反論

自分たちが一生懸命公正に進めた捜査が批判されたことに我慢がならなかったのだろう。ジェームズ・コミー元FBI長官が批判に大反論する記事をワシントン・ポストに寄稿した(34)。その要旨を紹介しておきたい。

●トランプ大統領はFBIが腐りきり国家反逆行為を犯したとか、トランプ陣営をスパイし、トランプ候補を負けさせようとしたと嘘を言っている。

●二〇一六年七月末にロシアがクリントン候補に汚点となる情報を保有し、それを公表するとの情報を得た。ＦＢＩとしてどう対応すべきか。我々は何が真実かわからなかった。そこでＦＢＩはその名の通りに捜査することにした。

●長官として捜査は慎重に進めることにし、極秘とした。トランプ大統領は「国家反逆行為だ」と叫んでいるが、我々がクリントン支持派であるのなら、捜査を秘密にしておく必要などないではないか。

●我々はトランプ陣営にいたカーター・ペイジの通信を傍受する申請を裁判所に出したが、我々はそれを外部に漏らさなかった。もし漏らしていたならトランプ候補に大打撃となり、それこそ最悪の陰謀となっただろう。

●私は熟考の末、クリントンｅメール事件の捜査の再開を決断せざるを得なかった。このことによってもＦＢＩによる陰謀の主張の愚かさ加減がわかる。

●ＦＢＩはトランプの勝利を阻止しようとも、クリントンの勝利を阻止しようともしなかった。不正などなかった。国家反逆もクーデターの試みもなかった。それらはみな嘘だ。

［Ｆ］　ダーラムが起訴に持ち込んだ三人

ダーラム特別検察官は二〇一九年五月から二〇二三年五月までの四年間の捜査で、三人の起訴を大陪審に求め、起訴に持ち込んだ。二〇二〇年八月にＦＢＩ職員のケビン・クラインスミス、二〇二一年九月にクリントン陣営の法律顧問だったマイケル・サスマン、同一一月にスティール文書の主要情報源だったイーゴリ・ダンチェンコだ。

しかし、サスマンとダンチェンコは無罪、クラインスミスは罪を認め司法取引し一二カ月の保護観察と四〇〇時間の公共奉仕の判決が下った。つまり実刑はゼロだった。

モラー特別検察官が一年一〇カ月ほどの捜査で三四人と三企業を起訴に持ち込んだのに比べると、起訴の数も暴いた犯罪の中味も見劣りするが、ダーラムの捜査で明らかになったことも多い。

1 ケビン・クラインスミス

司法省・FBIは二〇一六年一〇月から二〇一七年六月まで計四回、トランプ陣営の外交政策顧問、カーター・ペイジの通信を傍受するための申請書を外国情報監視裁判所（FISC）に提出した。その申請書の作成にあたったのが、クラインスミス。彼は三回目と四回目の通信傍受申請の更新にあたって申請書に虚偽を書き込んだ。ペイジがかつてCIAの正式な協力者であったとCIAからeメールで通知されていたのに、正式な協力者であったことはないとこのeメールを改竄して申請した。

この不正は実はホロウィッツ司法省監察総監の調査で判明していた。監察総監には捜査権がなく、ダーラム特別検察官がそれを引き継ぎ、大陪審によるクラインスミスの起訴に漕ぎ着けた。クラインスミスは起訴されると同時にこの公文書偽造の罪を認め、司法取引が成立、DC連邦地裁は二〇二一年一月二九日、保護観察などの処罰を下した(35)。

カーター・ペイジに対する通信傍受の不正申請は、クラインスミスの個人的犯罪とされた。ダーラム特別検察官もFBIが組織的に政治的意図を持って申請書を改竄したとは主張しなかった。

2 ── マイケル・サスマン

サスマンはクリントン陣営の法律顧問で、スティールに調査を発注したパーキンズ・クーイ法律事務所の弁護士。FBIの法務部門にいた経験があり、FBIの法務部長であるジェームズ・ベイカーとは知り合いで、二〇一六年九月一九日にワシントンDCのFBI本部にベイカーを訪ねた。

サスマンに対する起訴状によると(36)、彼はベイカーに対し、トランプ候補が経営するトランプ・オーガニゼーションとロシアのアルファ銀行の間に秘密の連絡チャンネルがあると述べたという。その際、自分は特定の顧客のためにこの情報を提供するのではないと言った。つまり、クリントン陣営を支える者としてではなく、善良なる一市民として捜査参考情報を伝えたということになる。

ところが、サスマンはベイカーとの面会にかかったもろもろの費用をクリントン選対本部に請求した。ダーラム特別検察官は、クリントン陣営のための仕事だったから、クリントン陣営に経費を請求したと受け止めた。

起訴状によると、サスマンはFBIだけでなく、一部メディアにこの秘密の連絡チャンネルなる話を売り込んだ。その成果がオンライン・メディアのスレートの記事だ(37)。スレートの記事は選挙投票日のわずか数日前に報じられ、クリントン候補はツイッターで、その記事を引用し、トランプは秘密のサーバーを持っていて、ロシアの銀行とやり取りしていたなどとツイートした。ダーラム特別検察官はこの点をとらえ、サスマンがクリントン陣営の一員としてベイカーに面会したことは明白で、FBIに嘘を言ったと主張した。

サスマンはサイバー攻撃の問題に精通した弁護士で、DNCのサーバーに対するハッキングの調査をサイバーセキュリティ会社のクラウドストライクに依頼したのは彼だ。民主党とクリントン陣営のために動き回ってきた。

ダーラム特別検察官は、こうした経歴も説明しながら、サスマンがFBIのベイカーに嘘を言ったとして、二〇二一年九月一六日に大陪審を通じ起訴した。サスマンが秘密の連絡チャンネルという情報をどこから得たかだが、起訴状によると、情報源はこの分野の大学研究者やIT企業役員で、サスマンが彼らと協力し、秘密連絡チャンネルの情報をFBIに伝えた。

サスマンは一貫してFBIへの虚偽の申し立てを否定、無罪を主張した。つまり、クリントン陣営を代表してベイカーに面会を求めたわけではないと述べた。また、自分の情報に基づいてFBIが捜査するよう具体的に求めなかったとも弁明した。しかし、わざわざFBI幹部に面会し、情報を提供しているのだから、事実上、FBIに捜査を促したと受け止められても仕方がないだろう。

DC連邦地裁陪審は二〇二二年五月三一日、サスマンに無罪を評決した。彼の主張を受け入れたことになる。サスマンはDNCのサーバーへのハッキングの調査をクラウドストライクに発注しただけでなく、パーキンズ・クーイ法律事務所の同僚のマーク・イライアスとともに、トランプ候補を攻撃する材料を集めていた。それだけに、クリントン陣営の不正に切り込みたかったダーラム特別検察官には手痛い無罪評決だった。

ところで、サスマンが伝えたトランプ・オーガニゼーションとロシアのアルファ銀行との秘密連絡チャンネルなるものは実際にあったかどうか。FBIはサスマンからの情報提供を受けすぐに捜査したが、そんなチャンネルなど存在しなかった。ホロウィッツ司法省監察総監は二〇一九年一二月の報告で、「FBIがトランプ・オーガニゼーションとアルファ銀行の間にサイバー・リンクがあるかどうかを捜査したが、二〇一七年二月初めまでに、そうしたリンクはないとの結論を出した」と指摘している。トランプ・オーガニゼーションとまったく関係のない会社が、トランプ・オーガニゼーションのドメインを使って自社商品の販促のeメールをアルファ銀行に送っており、それを大学研究者らが秘密のチャンネルを通じたやり取りだと取り違えた(38)。秘密の連絡チャンネルは幻だった。

3　イーゴリ・ダンチェンコ

スティールへの主要情報源だったイーゴリ・ダンチェンコに対する起訴、裁判の結果については、既に詳しく記述したが（第6章「［G］見かけ倒しの情報源」を参照のこと）、要点をまとめると、FBIが二〇一七年に数回、ダンチェンコに聴取した際に彼は五件の嘘を言ったという容疑で起訴された。二〇二一年一一月三日、バージニア東連邦地裁の大陪審の決定だ。彼は、自分の下請け情報源とした人物との関わりについて嘘を言ったとされた。

ダンチェンコ裁判は二〇二二年一〇月一一日に始まり、五件の容疑のうち一件を判事が陪審の審理に付託する前に証拠不十分で却下し、一〇月一八日には陪審はダンチェンコが虚偽を言ったとまでは断定できないとして、四件の容疑すべてについて無罪を評決した。

第9章　ロシアによる選挙介入は結果を左右したか

米情報機関コミュニティ、そしてロバート・モラー特別検察官も議会も、ロシアが二〇一六年米大統領選挙に介入したとの評価で一致する。では、介入が選挙結果を左右したかどうか。この疑問に対する米国内の見方は分かれる。ヒラリー・クリントン陣営の関係者は影響があったと主張し、ドナルド・トランプ陣営関係者は一貫して影響はなかったと強く否定する。仮に影響が大きかったとするなら、トランプ大統領はロシアの介入のお蔭で当選したということにもなりかねない。

一般的に選挙での当落には、その時の内外情勢、候補者の所属政党の政治基盤、選挙戦略、候補者が打ち出す政策、候補者の個人的資質など様々な要因が複合的に作用する。クリントンの場合、国務長官時代に彼女の個人用コンピュータで国家機密をやり取りしていたという事件のほか、いくつか彼女の人物評を下げる問題が報じられていた。

例えば、ウォール街の金融関係者を集めた会合での講演で多額の報酬を受け取っていたこと、国務長官だった時に夫のビル・クリントン元大統領が理事長を務める慈善団体、クリントン財団に資金が集まるよう便宜をはかったという疑惑を抱えていた。さらには、政策面では白人労働者に訴えるパンチの効いたスローガンに欠けていたとか、説得力のある経済対策を示せなかったという指摘もある。

事前の各種世論調査に基づく予想では、彼女の勝利は確実だとみられていた。ロシアがクリントン候補を蹴落とす選挙介入を繰り返していたとすれば、それはこれら世論調査にも影響を与えていたはずだが、そんなことはなかった。しかし、実際にはクリントン候補は敗北した。ロシアによる選挙介入が世論調査ではうかがい知れないほど、効果的だったのか。そうであるなら、米国の有権者の相当数がロシアの工作に踊らされるほどに軽薄だったということになるが、果たしてそうか。

[A] 対立する見解

クリントン自身は敗北を認めた直後の二〇一六年一一月一二日、クリントン陣営に献金した人たちとの会合で、敗因について、彼女の国務長官時代に個人のパソコンを使って国家機密情報を含むeメールをやり取りした問題をFBIが投票日直前に蒸し返したことを挙げた。

FBIのこのクリントンeメール問題への対応は既述の通りで(第8章「[C] FBI捜査の問題点」を参照のこと)、コミー長官はドタバタ劇を演じたのだが、結局のところ、クリントン候補の起訴を求めないとの方針を堅持すると発表した。それは、クリントンには不利な材料ではないようにも思われる。しかし、有権者の間では、コミー長官の捜査再開発言でかつての不祥事への関心が再び高まったとみられ、クリントンが主要な敗因として指摘したのだった(1)。

クリントン陣営のロビー・ムック本部長もクリントンと同様、敗北の大きな理由としてコミーFBI長官の対応を挙げた。ムックは二〇二二年五月二〇日のDC連邦地裁でのマイケル・サスマン裁判での証言で、クリントン候補の選挙運動にとってコミー長官によるクリントン候補のeメール事件に関する姿勢が最悪だったと述べた(2)。（サスマン裁判については、第8章「［F］ダーラムが起訴に持ち込んだ三人」を参照のこと）

クリントン候補の側近として彼女を支えたラニー・デイビスも後にコミー書簡と投票日二日前のコミーの不起訴維持発言を第一の敗因に挙げた(3)。デイビスは、投票日の前の二週間ほどの間に実施された各種世論調査を調べたところ、クリントン支持率や好感度がそれまでと比べて明らかに低下、逆にトランプ支持率が上昇したと指摘した。デイビスは投票日が迫った段階ではコミー長官の動き以外に選挙戦を左右する出来事がなかったことから、コミー長官がクリントンに大きな打撃を与えたと判断した。

また、投票行動の分析にあたった民主党の担当者たちは、激戦区となり結局トランプが勝利したペンシルベニア、ミシガン、ウィスコンシンの三州で、主に大卒で郊外に住む女性有権者の票が、クリントンの個人コンピュータ使用問題を理由に投票日直前にトランプ候補に流れたと分析した。ここにも、ロシアによる介入問題が影響したとの指摘はない(4)。つまり、クリントン自身も彼女を支えた人たちも、ロシアによる選挙介入の影響については否定的だった。

しかし、クリントン自身は時間の経過とともに見方を変えたようだ。二〇一七年五月、ニューヨークでの女性の地位向上に関する催し事に出席した際には、大統領選の敗因についてロシアのハッカーによる介入とコミー長官の行動だと述べた(5)。

一般的に候補者は選挙での敗因を外部に帰する傾向があるが、クリントンも自分のせいではないと言い訳をしているように聞こえる。

クリントンのこの見解を支持した一人がバラク・オバマ政権で国家情報長官（DNI）を務めたジェームズ・クラッパーだ。クラッパーは二〇一八年五月出版の著書『事実と恐怖』（未邦訳）[6]の中で、「もちろんロシアの努力は結果に影響を与えた。彼ら自身も驚いたことに、彼らが選挙をトランプ勝利に変えた」などと指摘した。クラッパーは「三つの鍵となる州（ミシガン、ペンシルベニア、ウィスコンシン）での八万票を下回る票が選挙を左右した」と付け加えた。

この三州での八万票の行方がトランプ勝利を決定付けたという見解は、ペンシルベニア大学教授のキャスリーン・ホール・ジェイミースンの指摘と同じだ。彼女は二〇一八年に出版した著書『ロシアはどのようにハッキングを実行し大統領選出を支援したか』（未邦訳）[7]で、一〇〇％断言することはできないと断りながらも、ロシアの介入が大きく影響したと強調した。その根拠の一つとして、ロシア情報機関がクリントン陣営によるこれら激戦三州に関する分析をハックし、それを利用してクリントン票を減らしたと指摘した[8]。

二〇一六年大統領選ではトランプ候補が六三〇〇万票、クリントン候補が六五九〇万票を獲得、全米の絶対得票数ではクリントン候補が優っていたが、州単位での選挙人団の獲得を競うという米国独特の選挙制度によって、トランプが勝利した。その争いで焦点となったのがミシガン、ペンシルベニア、ウィスコンシンの激戦三州の動向で、トランプがクリントンよりも約八万票多く獲得したことで、三州すべての選挙人団を確保した。それが勝利を決定付けた。

ジェイミースンによると、三州の民主党支持者の中にはクリントンに不満を抱いている人が多く、クリントンやトランプではなく、リバタリアン党やグリーン党など第三党の候補（複数）に投票するかもしれないとクリントン陣営は分析していた。その選挙情勢分析をロシア情報機関がハッキングで入手し、ソーシャル・メディアを通じて第三党の候補への投票を促したという。

そのため、クリントン票がその分少なくなり、トランプ候補が三州の選挙人団を獲得できた。ジェイミースン教授やクラッパー元国家情報長官はこれら三州で第三党候補に投じられた票のうちの約八万票をクリントン候補が得ていれば、クリントンが勝利したはずだと主張する。確かにこれら三州は激戦区だった。例えばミシガン州ではトランプが二二七万九五〇〇票余りを獲得したのに対し、クリントンは二二六万八〇〇〇票余りだった。

だが、なぜ三州の選挙結果だけを重視するのか。選挙は全米五〇州とワシントンDCで実施される。二〇一六年の場合、三州を制することは重要だったが、三州以外に四七州もある。三州での帰趨だけで勝敗が決まることはないはずだ。

ジェイミースン教授は三州での動向のほかに、ロシアのソーシャル・メディアを通じた主張がトランプ陣営の移民、ムスリムなど少数派についての政策と同じで、トランプ陣営の主張を社会に広く周知させる効果を発揮したと指摘する。また、ウィキリークスがクリントン陣営のジョン・ポデスタ会長のハックされたeメールを公表し、クリントンへの不信感を煽ったことをロシアの工作の成果として挙げた。

ポデスタ会長のハックされたeメールとは、二〇一六年三月にロシアの情報機関が個人的Gメール・アカウントをスペアフィッシングという手法で攻撃、入手したもので、その中にクリントン候補がウォール街の金融機関向けに何度か講演し、多額の報酬を受け取っていた情報も含まれていた。それらeメールをウィキリークスが投票日の一カ月前の二〇一六年一〇月七日に公表した。

だが、クリントンが積極的に講演活動を展開、多額の報酬を受けていたことはよく知られており、CNNによると、その回数は二〇一三年から二〇一五年にかけ九二回に上る。うち金融機関の主催の会合で八回講演し、一八〇万ドルを受け取った。彼女の標準的な講演料は一回二二万五〇〇〇ドルだという(9)。バーニー・サンダース候補は民主党予備選段階で、こうしたクリントンの行動を金持ちの投資家や大手金融機関に甘いからだと批判していたが、ポデスタのeメールの漏洩でそれがより具体的に確認された。

ジェイミースンは二〇一八年一〇月、英紙ガーディアンに寄稿し、ロシアによる介入がなければトランプは第四五代大統領にならなかった可能性が「極めて高い」と総括した(10)。一方でトランプ陣営関係者はもちろん、ロシアによる介入の影響を強く否定する。

トランプ大統領は二〇一八年三月六日、スウェーデンのステファン・ロベーン首相と会談した際の記者会見で、「ロシア人は我々の票に何の影響も与えなかった」と述べた(11)。マイク・ペンス副大統領やマイク・ポンペイオ国務長官（在任二〇一八年四月～二〇二一年一月）も同様の評価を下した。

トランプ大統領の見解を支持し、ジェイミースン教授の分析に反論する学者としては、エモリー大学（ジョージア州）のアラン・アブラモウィッツ教授を挙げることができる。彼は「重回帰分析」という統計学的手法を使って選挙結果を分析した。

二〇一二年大統領選における共和党候補ミット・ロムニーの各州における得票率、二〇一六年選挙におけるトランプとクリントン両候補の得票率の差、世論調査でみた保守層とリベラル層の人数の差、大卒でない白人の人口比率などの「独立変数」という指標をはじき出して、トランプ候補の得票率（従属変数）を推定したところ、二〇一六年大統領選の結果は、これら独立変数によってほぼ完全に説明がついた。つまり、ロシアによる介入は選挙結果に影響を与えなかったというのだ(12)。アブラモウィッツは、主要なスウィング州(激戦州)においても選挙結果は、過去の投票行動、イデオロギー的特徴、そして人口構成上の特徴に基づいた予測とほぼ完全に一致し、ロシアの介入は何の影響も与えなかったと結論付けた。

[B] ソーシャル・メディアの影響への疑問

ロシアは二〇一六年米大統領選に二つの方法で介入したとされる。一つは、ロシア軍情報機関の参謀本部情報総局(GRU)によるハッキングとウィキリークスなどによるインターネットを通じての漏洩。もう一つは、トロール団体のインターネット・リサーチ・エージェンシー(IRA)によるソーシャル・メディアへの投稿、つまり宣伝工作だ。(IRAの工作については、第7章「[E] 2(b) ソーシャル・メディアの一三人と三企業」も参照のこと)

ジェイミースン教授は主にハッキングと漏洩による影響を調べたが、ソーシャル・メディアを使った宣伝工作の選挙への影響はどうだったか。

IRAはソーシャル・メディアの雄とも言えるフェイスブックとツイッター(現X)の双方を利用した。まずフェイスブックの利用についてだが、同社のコウリン・ストレッチ法務担当が二〇一七年一一月一日に上院情報委員会に提出した文書によると(13)、IRAは虚偽の情報で取得したアカウントを使って二〇一五年六月から二〇一七年八月の間に、フェイスブックとインスタグラムに約一〇万ドルを払って三〇〇〇本以上の広告を出し、より多くのコンテンツを掲載できる「フェイスブック・ページ」を一二〇件開設した。そこに二〇一五年一月から二〇一七年八月の間に八万件以上のコンテンツを投稿した。

IRAのアカウントを使った広告のインプレッション（利用者のホームページであるニューズフィード画面に表示された回数）の四四％は、二〇一六年一一月八日の投票日より前で、投票日以降が五五％を占めた。また、およそ二五％は実際には誰の目にも触れなかった。フェイスブックの広告は特定の層を標的に設定することができる仕組みがあるためだ。

IRAがフェイスブックとインスタグラムに出した広告は、日本で言う意見広告に近く、その大多数はLGBT（性的少数者）への対応、人種、移民、銃保有の権利など、意見が分かれている社会政治問題を取り上げた。

一方、IRAによる八万件のコンテンツを直接、ニューズフィードで閲覧した人は二年間で約二九〇〇万人と推定された。利用者はこれらペイジから投稿されたコンテンツを「シェア」「いいね」「フォロー」の機能を通じて拡散し、その結果、IRAのコンテンツが推定で計一億二六〇〇万人に提供された可能性があるという。

IRAが垂れ流した情報に一億二六〇〇万人が接した可能性があるという証言を聞いて、多くの人が極めて大規模な情報工作だと仰天した。

しかし、フェイスブックのストレッチ法務担当は、正確には、最大限見積もって二年間にIRA発のコンテンツを一度でも見た可能性がある人の数が、一億二六〇〇万人だと推定されると述べた。つまり、それは実際に閲覧した人の数ではない。一億二六〇〇万人がIRAのコンテンツを閲覧したという言い方は間違いだ。ストレッチ法務担当によると、IRAが提供したコンテンツはニューズフィードのコンテンツ全体の〇・〇〇四%にしか過ぎなかった。IRAがフェイスブックの場で暗躍したといっても、この程度だ。

二〇一五年六月からの二年間にIRAが出した一〇万ドルの広告費もフェイスブック全体の広告収入からみればごくわずかだ。しかも、投票日前に使われた広告費はうち四万六〇〇〇ドルで、残りは選挙が終わった後の広告費だ。同社の二〇一六年の全広告収入は二七〇億ドルだった。また、ストレッチ法務担当の証言によると、クリントンとトランプ両陣営が選挙戦でフェイスブックに支出した広告費は八一〇〇万ドルに上る。一〇万ドルはそれに比較するとまさに大海の中の一滴にしか過ぎない。

仮に単純に一ドルあたりの広告が与える影響が同じだとした場合、IRAがフェイスブックに載せた広告の効果は、四万六〇〇〇ドル÷八一〇〇万ドルの計算式で、両陣営の広告の効果のわずか〇・〇五七%だ。

一方、ツイッターが二〇一九年一月一九日に上院司法委員会の犯罪およびテロリズム小委員会に提出した文書では(14)、IRAが関与していると思われるアカウントを三八一四件発見、二〇一六年一一月八日の大統領選投票日前の一〇週間に一七万五九九三回のツイートがあり、一四〇万人が見たと推定される。これも相当な規模のように思われる。しかし、このうち選挙に関係したツイートは八・四%にあたる一万五〇〇〇回程度。同じ期間中に選挙に関連したツイートは全体で一億八九〇〇万回あったというから、IRAが関与したと推定される選挙関連のツイートは全体の〇・〇〇八%だ。

ツイッターによると、別途、ロシアが関係し選挙関連のコンテンツをツイートしていた自動アカウントが五万二五八件あった。これは当時の全体の自動アカウントの〇・〇一六%。それによる選挙関連のツイートは二一二万件で当時の選挙関連ツイート全体の〇・四九%だった。

ツイッターを利用したロシアの選挙介入については、選挙結果に何の影響も与えなかったとする第三者による調査報告も明らかになった。

私立のニューヨーク大学が二〇二三年一月に発表した報告によると[15]、IRAによるツイートを見て投票行動を変えた有権者はほぼ皆無だった。この調査は約一五〇〇人を対象に二〇一六年四月、一〇月、さらに投票日直後にも実施され、ツイッター・アカウントにある情報を提供してもらったほか、支持する政党など政治的姿勢、投票した人には誰に投票したかなどを聞いた。

IRAによるツイートを閲覧した人の大半は「熱心な共和党支持者」であり、民主党や第三党の支持者の多くは見ていなかったこともわかった。

有権者はIRAによるツイートだけでなく、報道機関やトランプ、クリントンなど政治家によるツイートもたくさん見るのであって、二〇一六年一〇月には、IRAのツイートは一日平均四件閲覧されたが、米国の報道機関や政治家が発信したツイートの閲覧は一四一件だった。

ニューヨーク大学はツイッターに的を絞って調べたが、それはツイッターが公開されたメディアであり、フェイスブックよりもデータの収集が容易だったからだという。

ツイッターがソーシャル・メディア全体の動向を正確に示しているとは限らないが、ロシアによる選挙介入が選挙結果を左右しなかったという根拠の一つにはなるだろう。

ところで、ソーシャル・メディアには大統領選に関連してロシア以外からも大量の投稿があったはずだ。なかにはIRA同様、虚偽の情報を使ってアカウントを作成、投稿した例もあっただろう。元々ソーシャル・メディアにそうした怪しい部分があることは、多くの利用者には自明のことだし、全員がソーシャル・メディアで流れる情報を鵜呑みにしているわけではない。

[C] 米国による選挙介入

外国の選挙への介入は内政干渉の最たるもので、米国ではロシアに対する反発が一段と高まった。余談だが、一方で米国自身は他国の政治への介入について潔癖なのかどうか。実は様々な工作があったことを付け加えておきたい。

米国の中南米外交に詳しいノースカロライナ大学のティモシ・ジル准教授は米政府機関が中南米の大統領選に介入してきたことは明々白々だという。二〇一八年三月七日のワシントン・ポストへの寄稿で、米国は現在に至るまで中南米で民主的に選ばれた左派政権を不安定にする仕事を続けていると指摘した。CIAはもちろんのこと、米USAID(米国際開発庁)といった政府機関、政府から予算を受けている全米民主主義基金(NED)、インターナショナル・リパブリカン研究所(IRI)といった団体が、民主主義の振興を目標に掲げ、米国の利益に合致する政府を樹立するため、外国の選挙に介入してきた。彼は具体的にベネズエラ、ボリビア、ニカラグアでの事例を挙げた(16)。

データは少々古いが、ダブ・レブン香港大学准教授は一九四六年から二〇〇〇年までの間に米国は八一回、ソ連・ロシアは三六回にわたって外国の選挙に介入してきたと指摘する(17)。元CIA職員らも米国による外国の選挙への介入はいわば日常茶飯事だと言い、中南米諸国のほか、セルビア、イラク、アフガニスタン、パレスチナ、アフリカ諸国での事例を挙げている。

米国はロシアの大統領選にも「介入」している。一九九六年の大統領選でボリス・エリツィンが共産党のゲンナジー・ジュガーノフの健闘に苦戦した際、ビル・クリントン大統領はエリツィンの要請に応じて、投票日の四カ月前に国際通貨基金（ＩＭＦ）に一〇二億ドルの対ロ経済支援融資を働きかけ、実施させている。表向きは苦境に陥っているロシア経済を救う目的だが、実際にはエリツィンの選挙を後押しする意図があったことは多くの人たちが指摘する。

二〇一八年七月にウィリアム・Ｊ・クリントン大統領図書館・博物館が公表した記録文書によると、エリツィン大統領は一九九六年二月二一日のクリントン大統領との電話会談で、「選挙前の重要な時期に社会問題に対処し国民を助けるために、ＩＭＦからの融資額を予定されている九〇億ドルから一三〇億ドルへ増やすよう影響力を行使する」よう求めた。これに対しクリントンは「何かやってみよう」と答えている(18)。

エリツィンは一九九六年五月七日の電話会談でも「ビル、私の選挙運動のために二五億ドルのローンが緊急に必要だ」と述べた。ＩＭＦはその時点で三億ドルを融資しただけで、エリツィンはＩＭＦから追加の一〇億ドルの融資実行がその年の後半になると言われていた。エリツィンは「年金と賃金を払うために」即時に資金が必要だと述べ、クリントンはその件について調べてみると回答した(19)。

クリントン大統領は別途、米国人政治コンサルタントをエリツィン陣営に送り込み、彼の選挙運動を手助けした。彼らはエリツィンが負けた場合に社会不安が起きると宣伝運動を展開した。

こうした経緯はクリントンによるエリツィンへの「協力」「支援」と言えるのかもしれないが、エリツィン批判派にとっては、クリントンによるロシア大統領選への「介入」、あるいはクリントンとエリツィンの「共謀」と映ったかもしれない。

米国には、米国が介入する場合は民主主義の推進を目的とし、ロシアとは志が異なるとの意見もある。カーネギー財団のトーマス・カラサーズは、米国はロシアと違って社会的・政治的分裂を煽らないし、嘘を拡散しない、市民の基本的な政治の権利を行使するよう支援、選挙の透明性を増すことをめざしていると主張する(20)。

外国の選挙への介入は昔からある慣習でもある。米国やロシア以外による例も多い。中国による台湾の選挙への介入はよく知られている。インターネットを通じてのフェイスブックやXなどソーシャル・メディアの利用が広がっている現代では、選挙絡みの情報工作が頻繁に、そして巧妙になっている。有権者は無防備であってはならない。

第10章 メディアの共謀説垂れ流し

ドナルド・トランプ陣営とロシア政府が共謀して二〇一六年米大統領選を妨害したとの生半可な情報を検証することなく垂れ流し、トランプがロシアのエージェントであるかのように報じた報道機関は多い。主要報道機関を含め彼らは共謀が成立しないことが判明しても、それまでの共謀報道を総括することなく、知らぬ顔の半兵衛を決め込んだ。

ロシアゲート関連のすべての報道が事実を追求するというジャーナリズムの基本的価値を無視していたとは言えないし、共謀説の垂れ流しから距離を置く報道人もいた。米国の報道・言論界の懐の深さを感じさせるが、ロシアゲート報道が全体として、トランプを追及したい、さらに排除したいとの意図を色濃く反映していたとの印象は免れない。これでは報道機関に対する信頼はますます低下するだろう。

日本のロシアゲート報道もこうした米国での偏った潮流に飲み込まれた。有力紙のニューヨーク・タイムズやワシントン・ポストに依拠しているのだから間違いないといった安易な記事が日本で通用する時代ではない。

[A] ロシアゲート報道を検証したガースの労作

「コロンビア・ジャーナリズム・レビュー（CJR）」誌の二〇二三年一月号に掲載されたフリーランスのジャーナリスト、ジェフ・ガースの長大論文(1)は、米国におけるロシアゲート報道の検証作業における金字塔だ。これを読めば、米国メディアのロシアゲート報道の流れと問題点がよくわかる。

CJRはコロンビア大学ジャーナリズム大学院から年二回発行され、ジャーナリズムの分野で最も権威ある学術誌とされる。ガース自身、元ニューヨーク・タイムズ記者で、三〇年間の在職中、一九九九年には米国の衛星発射技術の中国への移転についての報道で、記者としての栄誉であるピュリッツァー賞を受賞している。

彼はこの論文を書くにあたって報道各社幹部、現場記者、そしてトランプら政治家、捜査関係者などロシアゲート劇の主要な関係者から直接話を聞き、データサービスのレクシスネクシスなどを駆使して関連記事をくまなく検索した。そうした地道な努力を踏まえ、お世話になったはずのニューヨーク・タイムズの記事を含め、ロシアゲート報道に対して歯に衣着せぬ批評を展開した。

ガースはこの労作を総括して、記者の規範の低下や取材過程の透明性の欠如などを指摘、時流に合わなくても事実であれば、それを報じる勇気が必要だと強調した。また批判の嵐にさらされている人物からも直接話を聞き、複眼的視点で報道することの大切さも訴えた。

ガースが指摘する問題記事の代表例を以下にいくつか紹介する。

1 ── 共和党綱領書き換え疑惑

ワシントン・ポストは二〇一六年七月一八日、共和党綱領の作成過程で、トランプ陣営がウクライナ政策に関する部分を書き直させたと報じた。ロシア軍や親ロ武装勢力と戦うウクライナに軍事援助を与えると約束する案を変えさせたという(2)。しかし、でき上がった綱領を読むと、「必要ならば対ロ制裁を強化する」「ウクライナ軍に適切な援助を提供する」といった文言が並ぶ。ウクライナに冷たいとは言えないだろう。

ポストの記事は殺傷兵器の供与を明記する案があったのに、それが盛り込まれなかったとも指摘、トランプ候補は親ロ的だと批判した。しかし、バラク・オバマ大統領自身が当時、殺傷兵器を供与しないとの方針を堅持しており、共和党綱領が親ロ的だというのなら、オバマ政権も親ロ的ということになる。

綱領は様々な案を協議した上で、決定されるのであって、ある特定の案が最後まで残る場合もあるし、変更される場合もある。共和党の大統領候補指名が確実になっていたトランプ候補の陣営が綱領作成に意見を言うことが綱領作成への不当な介入であるかのように描く記事にこそ問題がある。

ロバート・モラー特別検察官は、ロシアによる選挙介入捜査の観点から、共和党綱領の書き換え過程を詳しく調べた末、報告ではトランプ陣営関係者が案の作成に関与したが、「ドナルド・トランプ候補あるいはロシアの指示で」書き換えられたことはないと結論付けた。

2 ── トランプ陣営と「ロシア情報機関」の接触報道

ニューヨーク・タイムズは二〇一七年二月一四日、FBIがトランプ陣営幹部の電話記録を調べ、通信を傍受していたところ、その幹部がロシアの情報機関幹部と何度も接触していたことが判明したと報じた(3)。記事は、四人の現・元米政府職員の話をもとにしているとのことで、いかにも信憑性が高いかのような印象を与えた。トランプ陣営とロシア情報機関の共謀説を支える重大な証拠にもなり得るかのようだった。

ところが、この記事を読んだFBIの主任捜査官、ピーター・ストロクは仰天、まったくの嘘八百である旨、FBI内部の資料に記録した。FBIはそんな情報を持ち合わせていないというのだ。ストロクがタイプライターで書き込みを入れたこの資料は二〇二〇年七月一六日に秘密解除され、上院司法委員会のウェブサイトで閲覧できる(4)。

FBIのジェームズ・コミー元長官も二〇一七年六月八日、上院司法委員会で証言、この記事について「ほぼ全部が間違っているか」と聞かれ、「その通りだ」と答えている。

ストロクは記事が出た直後、ニューヨーク・タイムズ側と接触したといわれており、ニューヨーク・タイムズ側はさすがにまずいと思ったのか、二〇一七年三月一日、捜査当局がトランプ陣営とロシアの「様々な接触を」確認しているとの記事を報じた(5)。そこには二月一四日の記事にあった「ロシア情報機関関係者との接触」という文字はなかった。

さらにその二日後の三月三日に同紙は、トランプ陣営に対してロシア人と会ってはいけないということはばかげているし、トランプ陣営とロシア人との接触の中にはあいさつもあれば、政策をめぐっての論議もあるし、ビジネス上の話もあっただろうとの記事を掲載した(6)。

3 ミリアンという幻の情報源

ワシントン・ポストは二〇一七年三月二九日、ベラルーシ出身のビジネスマン、セルゲイ・ミリアンがクリストファー・スティールの重要な情報源だと報じた(7)。

ところがその後、ミリアンはスティールとは一切関わりのない人物で、主要な情報源であるはずのないことが判明した。(ミリアンについては、第6章「[G]見かけ倒しの情報源」も参照のこと)ワシントン・ポストはさすがにミリアンに関する記事が誤報だったと認めざるを得ず、四年半後だが、当該記事の中のミリアンについての下りを取り消すと発表した(8)。ポストは赤恥をかいたのだが、誤報を認めることは極めて稀であり、それなりの勇気ある措置ではあった。

[B] 共謀説メディアと反共謀説メディア

ほかにも問題記事はある。ガース論文は取り上げなかったが、以下、いくつか紹介する。

ニューヨーク・タイムズは二〇一八年七月一五日の社説で、トランプ大統領とトランプ陣営幹部が選挙運動中にロシアによるハッキングを推奨したことを示す証拠が大量にあると指摘した(9)。この社説は共謀という言葉を使っていないが、事実上、共謀があったと断じているに等しい。

その一つの証拠として挙げたのは、トランプ候補が二〇一六年七月二七日、トランプ自身が経営するマイアミ州のゴルフクラブで記者団に、民主党全国委員会(DNC)のサーバーがハックされたことについて聞かれた際、「ロシアよ、もしこれを聞いているなら、行方不明になっている三万件のeメールを見つけてくれ」と述べたこと。これはヒラリー・クリントンが国務長官時代に個人用のパソコンで機密情報を扱い、そのパソコンからeメール三万件が削除され行方不明になっているという事件に関連した発言だった。

これに対しクリントン陣営は国家安全保障に関する重大な問題発言だと批判、ニューヨーク・タイムズ社説もそれに乗ったのだが、このトランプ発言はどう見ても、クリントン候補を揶揄したジョークだろう。トランプがロシアと共謀するなら、記者団に対して堂々とそれを明かすはずはない。しかし、トランプ発言は火に油を注いだという感は免れない。不必要な発言ではあった。

この社説はまた、二〇一六年六月九日のドナルド・トランプ・ジュニアらトランプ陣営幹部がトランプタワーでロシア人弁護士、ナタリア・ベセリニーツカヤと会ったことも証拠の一つとして提示した。（トランプタワーでの面会については、第7章「［E］3　トランプ陣営疑惑の面々」を参照のこと）トランプ・ジュニアは、知人からeメールで、クリントン候補に打撃を与える情報を持つという人物がいるから会ってやってくれと勧められ、それに対し「いいね」と返答、トランプ陣営幹部が同席してベセリニーツカヤに会った。モラー特別検察官は共謀疑惑の観点からこの面会をつぶさに調べた。しかし、捜査は共謀の臭いをかいだだけに終わった。ニューヨーク・タイムズ社説が示した証拠は共謀を証明するには有効ではなかった。

別途、同紙のコラムニスト、ミシェル・ゴールドバーグは、二〇一七年一〇月にジョージ・パパドプロスがFBIに虚偽の説明をしたことが明らかになった際、FBIは共謀の証拠を見つけたと指摘した。「問題はもはやトランプ陣営とロシアの間に協調関係があったかどうかではなく、それがどの程度広範囲にわたっていたかだ」「トランプは外国情報機関の助けを得ることで僅差の勝利をつかみ取った」「この大統領政権が犯罪（集団）であることは既にこの一年で明らかになった」と論評した(10)。当時、既に共謀の可能性は人口に膾炙していたが、主要紙でこれほど明確にその可能性を指摘した例は珍しい。

なお、二〇二一年一月六日にトランプ支持派を中心に暴徒が連邦議会を襲撃、トランプはそれを教唆煽動したとの容疑で二〇二三年八月に起訴された。この事件の後なら、トランプが犯罪人であると糾弾することは、理解できなくもないが、特別検察官による捜査も進行中で、どのような事実が確認されるかよくわからない時点で、証拠を示さず告発するのは、行き過ぎだろう。

テレビで共謀説を最も声高に流し続けた人物の筆頭は、MSNBCの報道番組の司会を務めるレイチェル・マドウだろう。MSNBCはNBCの有料テレビ局で、報道番組を中心に放送している。共謀の存在を強くにじませる記事を書き続けた新聞記者に、英紙ガーディアン記者のルーク・ハーディングがいる。二〇一七年一一月には著書まで出して、共謀を主張した(11)。

元政府高官で退職後、MSNBCなどテレビ局とコメンテーターとして契約し、報道番組に出て共謀説を強調した有力者としてジョン・ブレナン元CIA長官を改めて挙げておこう。彼は二〇一八年八月一六日のニューヨーク・タイムズへの寄稿の中で、共謀は存在しないというトランプ大統領の弁解は「与太話」だと断じた。トランプ大統領が二〇一八年七月にヘルシンキでウラジーミル・プーチン大統領と会った際、記者会見でプーチン大統領は選挙に介入していないと言っていると紹介すると、ブレナンはその発言を「国家反逆罪そのものだ」とツイートした。

しかし、米国のメディアは幅広い。保守的で共和党寄りとされるウォール・ストリート・ジャーナルの報道はニューヨーク・タイムズやワシントン・ポストとは一線を画していた。ウォール・ストリート・

ジャーナルのコラムニスト、キンバリー・ストラッスルは二〇一七年一一月一〇日、司法省など政府部署やモラー特別検察官が怪文書、つまりスティール文書に依拠していると指摘、誰もスティール文書の内容を裏付ける証拠を一つたりとも示していないと批判した(12)。結局、その後も誰も共謀の証拠を示せなかった。

ウォール・ストリート・ジャーナルばかりを褒めるわけではないが、同紙の論説委員会はダーラム報告が出た後、二〇二三年五月一六日付社説で、FBIそしてFBIに媚びたメディアがロシアとの共謀物語を作り上げたと断罪した(13)。

先のガース論文は、元ワシントン・ポストのボブ・ウッドワードが二〇一七年一月に早々と、スティール文書を「ゴミ屑だ」と指摘していたことを紹介している。ウッドワードは一九七二年、同僚のカール・バーンスタイン記者とともにウォーターゲート事件の調査報道で大活躍、ニクソン大統領を辞任に追い込んだ。ガースはロシアゲート報道の一般的な潮流から距離を置いて報道したジャーナリストとして、マーシャ・ジェスン(ロシア系米国人。プーチン批判で知られる)、グレン・グリーンウォルド、エアロン・メイトの名前を挙げている。

ガースはまた、ヤフーニューズのマイケル・イシコフ記者の反省を込めたと思われるコメントも紹介している。イシコフは二〇一六年九月にスティールから働きかけを受けた記者の一人で、九月二四日に、「有力な西側情報機関筋」の話として、米情報機関がトランプ陣営のカーター・ペイジとクレムリンの接触を捜査していると伝えた。(イシコフ記者の記事については、第6章「[F]」クリントン陣営以外への情報拡散」を参照のこと)ガースによると、イシコフは二〇一八年末には、スティールが指摘したペイジに関する情報に疑問を抱き始め、ガースが二〇二二年にイシコフから話を聞いた際には、イシコフは

「振り返ると、それが事実だと受け止めるべきではなかった」と述べた。またイシコフは別途、二〇一九年四月には、「我々はこれ(スティール文書)をもっと疑って対応すべきだった。特に情報源がわからなかったのだから」と反省した(14)。

[C]「正当」の旗を降ろさない主要メディア

共謀説を強くにじませる報道を続けたメディアには当然、批判が寄せられた。これにどう答えているか。

CNNはスティール文書の存在を最初に示唆したメディアの一社。二〇一七年一月一〇日にスティールと名を明かさなかったが、「英国の元情報機関員」がまとめたメモについて報じた。このメモには、トランプ次期大統領のスキャンダル情報が含まれており、それをコミーFBI長官らが一月五～六日にオバマ大統領とトランプ次期大統領に伝えたと報じた(15)。

この記事はこのスキャンダル情報が事実かどうか証明されていないと指摘したが、このCNNの報道を受けて、バズフィードが同日、スティール文書の全文公表に踏み切った。このため、トランプ次期大統領は両社に怒り心頭で、翌日の一月一一日の記者会見では、居合わせたCNNの記者を「お前の会社はフェイクニューズ(でっち上げ記事)を垂れ流す」と罵倒した。トランプはその後も一連のロシアゲート報道を「フェイクニューズ」と何度も批判した。

スティール文書は確かに存在するので、こんな文書があると報じること自体は虚偽ではないとしても、その内容を少しは検証してからにすべきだったろう。そうすれば、その内容の信憑性に疑問があることを意識しながら報じられたはずだと考える。ちなみに、辞書出版社として知られるハーパーコリンズは毎年、「今年の言葉」を発表しているが、二〇一七年は、この「フェイクニューズ」を選んだ。

CNNは一連のロシアゲート報道批判に対し次のように反応した。ジェフ・ザッカー社長は二〇一九年三月、CNNの報道にはまったく問題はないと主張、「我々は捜査当局ではない。我はジャーナリストであって我々の役割は知っている事実を報道することで、我はまさにそう行動した」と述べた(16)。

一方、スティール文書を公表したバズフィードは、ロシアのIT企業、XBTホールディングズの経営者、アレクセイ・グーバレフから注意義務違反で米国の裁判所に訴えられ、結局、グーバレフと事実上和解した。(バズフィード裁判については、第6章「[H]名誉毀損訴訟の数々」を参照のこと)ただし、バズフィードはスティール文書の公表が間違っていたとは認めていない。また、ワシントン・ポストの評論員(オピニオン・ライター)、グレッグ・サージャントは二〇一九年三月に「報道全体を秤りに掛けてみると、間違っていたことよりも正しいことの方が多かった」と、報道を正当化した(17)。

ウィリアム・バー司法長官がモラー特別検察官報告の要旨を発表した後の二〇一九年三月二四日にニューヨーク・タイムズとワシントン・ポストが掲載した社説を読んでも、自分たちの報道に問題があったとの認識はみられない。共謀はなかったが、司法妨害の疑いが残っており、トランプ大統領は法的責任を免れたわけではないとか、モラー特別検察官による捜査は魔女狩りではなかったなどと指摘した。

ニューヨーク・タイムズは二〇一九年五月三〇日、「二〇一六年大統領選挙へのロシアの介入に関する報道」に寄せられた読者からの疑問に答えるという記事を掲載した(18)。その中で「我々は報道してきたことを誇りに思っており、同じようにするだろう」と強調した。

だが、これまでも述べてきたように、疑惑の核心はトランプ陣営がクリントン候補を落選させるためにロシア政府と共謀したということであり、ニューヨーク・タイムズの報道の中には、共謀の存在を前提にしたかのような記事があった。ニューヨーク・タイムズもワシントン・ポストも取材力の強さを見せつける記事も連発しているのだが、共謀に関する報道に問題があったとの視点はみられない。何よりも両紙ともスティール文書がいい加減であることを早期に報じていない。誤報を認めたのはワシントン・ポストの既に述べたミリアンに関する部分くらいのようだ。

日本のメディアでは、これら米紙に倣って、一連の事件の核心であった共謀疑惑についての報道を総括しないままに、トランプ大統領に司法妨害の疑いが残っていることや、ロシアによる介入の問題に関心をそらした記事を流し続けた。共謀がなかったことが判明してからも、それは共謀疑惑について捜査が証拠不十分だったからだとの指摘もあったが、それなら少しは自分で調べたらどうか。

トランプ大統領が好きか嫌いかはそのメディアの自由で、彼の政策を徹底的に批判しても何も問題はない。しかし、トランプ陣営とロシア政府の間に共謀があったのか、なかったのかという事実関係、そしてウッドワードが「ゴミ屑」と評したスティール文書をどう扱ったのかを中心にロシアゲート報道を検証することには極めて重要な価値があると考える。

二〇一八年四月一六日、ピュリッツァー賞委員会は「二〇一六年大統領選へのロシアによる介入とそのトランプ陣営との関係」に関する報道が優れていたとして、ニューヨーク・タイムズとワシントン・ポストに賞を与えた。

その後、当該報道に関する批判が出たことを受け、ピュリッツァー賞委員会は第三者機関を設け、授賞が妥当だったかどうかを検討した。結果は、両紙への賞の授与には何の問題もない、だった。

なお、ピュリッツァー賞はコロンビア大学が運営し、新聞、雑誌、オンライン・ジャーナリズム、文学、作曲のそれぞれの分野の優れた業績に対して授与される。誰に賞を与えるかは一九人からなる委員会が決定するが、その中にコロンビア大学ジャーナリズム大学院の院長が入っている。この大学院はガース論文を掲載した学術誌の発行者だ。出版する側が刊行物に載る論文の趣旨に賛成する必要は何もないが、コロンビア大学の懐の深さを感じる半面、何か複雑な気持ちになる。

［D］　共謀ありを断定した民主党の面々

ロシアゲート報道には政治家も大きな影響を与えた。特に民主党議員が捜査を党利党略に利用したことは否定し難い。政敵をやりこめるためにあらゆる手段を講じることは、世の東西を問わず政治の世界に共通しているのだろうが、いかに政治家といえども根拠のない嘘をまき散らしていいわけがない。共謀ありを断言した民主党議員の発言をいくつか紹介する。

共謀説を最も声高にかつ執拗に唱えた民主党議員は、アダム・シフ下院議員（カリフォルニア州選出）だ。彼は共謀疑惑の調査にあたった下院情報委員会委員長でもある（二〇一九年一月からの新議会でも同職）。

シフ議員は二〇一七年三月二二日、MSNBCの報道番組「ミート・ザ・プレス・デイリー」で、共謀の状況証拠はあるのかと聞かれ、「状況証拠といったようなものではない。詳しくは言えないが、状況証拠以上のものが存在する」と述べた。

さらに二〇一八年八月五日、CBSの報道番組「フェイス・ザ・ネイション」でも、「共謀あるいは陰謀の証拠はあちらこちらにたくさんある」と断言した。モラー特別検察官が捜査を終え、報告の発表が間近に迫った二〇一九年三月二四日の段階でも、ABCの番組「ジス・ウィーク」で、「共謀の重要な証拠」があると述べた。しかし、具体的な証拠を示すことはなかった。

ジョン・ダーラム特別検察官が報告を発表し、長年のロシアゲート騒ぎが一段落すると、さすがに共和党議員の中にシフ議員の言動は看過できないと声が高まり、二〇二二年一一月の選挙で共和党が多数派となった下院は、二〇二三年五月二一日、シフ議員に譴責処分を下した。共和党議員は決議に賛成したが、民主党議員は反対した。譴責決議には、シフがトランプ陣営とロシアの間に共謀の証拠があると言いふらし、彼が率いていた下院情報委員会、議会、さらに米国民を欺いたとある(19)。

シフ議員とともにトランプ大統領批判で名をはせたのは、エリック・スウォルウェル下院議員（情報委員会委員）。彼は二〇一九年三月一六日、CNNのウルフ・ブリッツァーが司会を務める番組に登場し、「我々の捜査によって共謀の強力な証拠を発見できた」と述べた。だが、その証拠が何であるかは明らかにしなかった。

民主党重鎮のナンシー・ペロシ下院議長は二〇一七年七月一三日、定例の記者会見で、トランプ・ジュニアらトランプ陣営幹部とロシア人弁護士、ナタリア・ベセリニーツカヤとの面会に触れ、「トランプ陣営の選挙運動の動かぬ強固な証拠が出てきた。トランプ一家はロシアとの共謀を意図していた」と述べた。

このほか、ジェロルド・ナドラー下院司法委員会議長、リチャード・ブルーメンソール上院議員（司法委員会委員）、ロン・ワイデン上院議員（情報委員会委員）、マーク・ワーナー上院議員（情報委員会副委員長）ら民主党議員も共謀の証拠ありと明言していた。

民主党は裁判でも赤っ恥をかいた。民主党全国委員会（DNC）は二〇一八年四月二〇日、ニューヨーク南連邦地裁に、ロシア政府、ウィキリークス、トランプ陣営、そのほかジュリアン・アサンジ、トランプ・ジュニアらを相手取って民事訴訟を起こした。訴状によると、これら被告人は二〇一六年大統領選で共謀してDNCのコンピュータにハッキングを仕掛け、eメールなどを盗み、それを公表、選挙に介入した。民主党、クリントン陣営としてロシアゲート事件を総括する核心的な告発だった。勝訴した場合、トランプ陣営の重大な犯罪が浮き彫りになり、さらに巨額の損害賠償も得られたかもしれなかった。

しかし、訴訟を担当したジョン・コールトル判事は二〇一九年七月三〇日、訴えを退けた。米国の裁判所でロシア政府を裁くことはできないこと、共謀の証拠がないこと、さらに米憲法上、盗まれた情報であっても実行犯でなければ、それを公表できるなどと判断理由を説明した。DNCの全面敗訴と言ってよいだろう。

第11章　米ロ政府の対応と関係悪化

ロシアゲートは米ロ関係の悪化に大きな影響を与えた。米ロ関係は二〇一四年のロシアによるクリミア併合で悪化の一途をたどっていたが、ロシアゲートでそれに加速が付き、世界秩序は「新冷戦」へと向かった。

ドナルド・トランプ大統領は二〇一六年大統領選で対ロ関係の改善を訴え、就任してからも、ロシアによる選挙介入があったとは明確には認めなかった。その一方で、議会と世論に押されて対ロ制裁を実施、二〇一九年二月には中距離核戦力（ＩＮＦ）全廃条約を破棄するなど、実際には厳しい対ロ政策を実施した。

二〇一九年三月にロバート・モラー特別検察官がロシアとトランプ陣営の共謀はないとの報告をまとめたことを機に、米ロ関係は改善に向かうのではないかとの観測もあったが、そうならなかった。

二〇二一年一月にジョー・バイデン政権が発足すると、関係は一段と険悪化、二〇二二年二月二四日にはロシア軍がウクライナに全面侵攻、ウクライナ戦争が始まった。新冷戦がNATO軍対ロシア軍との「熱戦」に転じかねない事態にまで至った。

[A] オバマ大統領最後の仕事

二〇一六年米大統領選でトランプ陣営がロシア政府と共謀しヒラリー・クリントン候補を追い落とそうとしているのではないかとのロシアゲート疑惑はバラク・オバマ政権下で生じた。

オバマ大統領は早い段階から疑惑に強い関心を示し、民主党全国委員会（DNC）へのサイバー攻撃はロシアの仕業であるとの判断を強め、まずは二〇一六年九月四〜五日に中国杭州で開催されたG20（主要二〇カ国）首脳会議の際、やんわりとウラジーミル・プーチン大統領に懸念を伝えた(1)。

その後、二〇一六年一〇月に米情報機関が正式にロシアによるハッキングを通じた選挙介入を認め、オバマ大統領は二〇一六年一〇月三一日には、ホットラインの「赤電話」を使ってプーチン大統領にサイバー攻撃は「軍事紛争」を引き起こしかねないので「やめるべきだ」と強い調子で警告した。このことは、NBCが二〇一六年一二月二〇日になって初めて報じた(2)。

オバマ大統領はさらに一二月九日には米情報機関コミュニティに対し、翌二〇一七年一月二〇日の大統領としての任期が終わるまでに、ロシアによる選挙介入についてまとまった報告を提出するよう指示した。

二〇一六年一二月二九日には、ついに厳しい対ロ制裁を発表した。在米の三五人のロシア外交官の追放、米国内のロシアの施設二カ所の閉鎖、軍参謀本部情報総局（GRU）や連邦保安庁（FSB）などロシアの九団体・個人との接触制限などがその主な内容(3)。オバマ大統領は制裁の理由として、選挙への介入のほか、モスクワでのロシア保安機関による米外交官へのいやがらせも挙げた。

オバマ大統領の指示を受けて情報機関が作成した情報機関コミュニティ評価（ICA）報告は、二〇一七年一月六日に発表された。ロシア当局がプーチン大統領の指示の下、クリントン候補を落選させる目的でDNCなどのサーバーへのハッキングを行ったと結論付けた。オバマ大統領は極めて迅速に対応、それが事実上、最後の仕事となった。（ICA報告については、第5章を参照のこと）

［B］トランプ大統領も対ロ制裁を実施

トランプ大統領は、二〇一六年の選挙戦期間中からロシアとの関係改善の必要を訴え、大統領に就任してからもプーチン大統領に一定の配慮を示した。

大統領就任前の二〇一六年一二月二九日、オバマ大統領が強力な対ロ制裁を発表しても、それを支持するとは言わなかったし、大統領就任を一週間後に控えた二〇一七年一月一三日のウォール・ストリート・ジャーナルとの会見では、イスラム過激派との戦いなど主要な目標でロシアが米国を支援するなら、すべての対ロ制裁を撤回することも検討すると述べた(4)。

大統領就任時、米情報機関も議会も主要メディアも、ロシアが二〇一六年大統領選に介入したとの認識で一致していたが、トランプ大統領の認識は違った。

二〇一七年一月六日に次期大統領として米情報機関首脳からロシアによる選挙介入があったと説明を

受け、同一一日に会見した際には、ハッキングについて「ロシアがやったと思う」と認めた(5)。トランプはそれまで、ハッキングとそれによって盗まれた情報のリーク（漏洩）は民主党内の対立の産物だとか、FBI、CIAによる工作の可能性があるなどと言っていたのだから、米情報機関首脳による説明に納得したかのようだった。

ところが、二〇一七年一一月一〇～一一日にベトナムのダナンで開かれたアジア太平洋経済協力（APEC）首脳会議でプーチン大統領と会った後、ハノイに向かう大統領専用機の中で記者団に対し次のように述べた。「彼は私に会うといつも、そんなことはやっていないと言っている。彼がそう言うのだから、それが真意だ。私は本当にそう思う」(6)。

二〇一八年七月一六日にヘルシンキでプーチン大統領と会談した際にも、プーチン大統領が介入を否定したことを紹介し、ロシアが介入したという「理由がわからない」と述べた(7)。これも米情報機関の結論に異議を唱えるものだとして米国では総好かんを食った。共和党議員も反発、トランプ大統領は翌日、表現を間違えたと言い訳しながら、「ロシアでないという理由がわからない」と言うはずだったと弁明した。

そのほか、二〇一八年一月にはロシアのセルゲイ・ナルイシキン対外情報庁（SVR）長官、アレクサンドル・ボールトニコフ連邦保安庁（FSB）長官、イーゴリ・コーロボフGRU局長の三人の訪米を受け入れた。マイク・ポンペイオCIA長官らが対応し、テロリズム対策を協議した。

二〇一八年三月一八日のロシア大統領選でプーチン大統領が再選されると、トランプ大統領は同二〇日、電話し再選に祝意を伝えた。政権内には祝意を伝えることに反対の声もあったが、それを押しのけた。

こうした経緯を踏まえると、トランプ大統領は基本的には対ロ関係を改善したいと思っていたのだろうと推察されるが、彼が敷いた外交布陣には対ロ強硬派が多かった。

政権発足直後に起用したニッキ・ヘイリー国連大使（在任二〇一七年一月〜二〇一八年一二月）、レックス・ティラーソン国務長官（在任二〇一七年二月〜二〇一八年三月）、ジェームズ・マティス国防長官（在任二〇一七年一月〜二〇一九年一月）、H・R・マクマスター国家安全保障担当補佐官（在任二〇一七年二月〜二〇一八年四月）らはいずれもその範疇に入る。マティス国防長官などは、米国にとっての第一の脅威はロシアだと明言していた。政権発足から一年三カ月ほど経って起用したマイク・ポンペイオ国務長官（前CIA長官）やジョン・ボルトン国家安全保障担当補佐官も同じだ。

ポンペイオはティラーソンの後任に指名され、二〇一八年四月一二日の上院外交委員会における承認聴聞会で、ロシアは「我が国に危険をもたらしている」と述べ、「我々はプーチンが（あらゆる分野で）成功しないようにしなければならない」と強調した。「我々が率先して世界中で民主主義、繁栄、人権を呼びかけなければ、誰がそうするのか……ほかのどの国も（米国のような）力と原則を組み合わせては持っていない」とも述べた。

ボルトンは二〇一八年四月九日、マクマスターの後任として国家安全保障担当補佐官に就任した（在任二〇一九年九月一〇日まで）。彼は以前から、ロシアによる二〇一六年大統領選介入を「戦争行為」と呼び、報復措置を主張(8)、さらに中距離核戦力（INF）全廃条約からの離脱も訴えていた(9)。

もう一人、ボルトン補佐官の引きで二〇一八年七月九日、大統領特別補佐官兼国家安全保障会議（NSC）の大量破壊兵器対策上級部長に就任したティム・モリスンも対ロ強硬派代表に加えられるだろう。ロシアとの関係改善を求める識者の間では、ポンペイオ、ボルトン、そしてモリスンを対ロ強硬三羽ガラスのように評していた(10)。

なお、NSCには対ロ政策担当者として、フィオナ・ヒルが大統領副補佐官兼NSC欧州・ロシア上級部長として加わった（在任二〇一七年四月～二〇一九年七月）。彼女はブルッキングズ研究所でロシアの研究者として高く評価される業績を残していたが、トランプ大統領の対ロ姿勢と合わなかった。（ヒルについては、第6章「［G］ 2(d) フィオナ・ヒルの思わぬ関与」も参照のこと）

トランプ大統領はこうした外交布陣の声、さらに議会の動きも踏まえ、実際には厳しい対ロ政策を展開した。

二〇一七年七月二七日に米議会が制裁強化法（正式名称は「制裁を通じて米国の敵国に対抗する法」）を可決すると、トランプ大統領は八月二日にはそれに署名した。この法律はロシアに加え北朝鮮、イランを制裁対象としているが、大統領がロシアへの制裁を解除する場合には、自分の決定だけでは実行できず、議会が審議するよう定めている。大統領に一定の足かせを付けた厳しい法律で、トランプ大統領は行動の自由を縛るこの法律には異議を唱えていたが、超党派でしかも圧倒的多数の賛成で可決しただけに署名せざるを得なかった。

一方、プーチン大統領は米議会が制裁強化法案を可決した際、ただちに米国の駐ロ大使館や領事館などに勤務する外交官らの数を七五五人削減させる指示を出した。これに対しトランプ大統領は八月三一日、サンフランシスコにあるロシア領事館、ワシントンDCとニューヨークにあるロシアの二施設を閉鎖した。トランプ政権下での制裁合戦が本格化した。

トランプ大統領はその後も二〇一八年三月四日の英国におけるスクリーパリ父娘毒殺未遂事件※を受けて、二〇一八年三月二六日には欧州諸国などとともに、ロシアの外交官六〇人を国外追放、シアトルにあるロシア領事館の閉鎖を決定、同四月にはロシアのクリミア占領、ウクライナ東部の親ロ勢力への軍事支援、シリアのアサド政権支援などを理由にロシアのオリガルヒ（富豪実業家）七人と彼らが経営する一二社、ロシア政府高官一七人、国営兵器貿易会社に制裁を科した。

トランプは大統領に就任してからもプーチン大統領に一定の配慮を示しつつも、実際には対ロ強硬派を側近に登用、核軍縮、シリアやウクライナなどをめぐって対立、また対ロ制裁を追加するなど、対ロ政策を和らげることはなかった。

対ロ強硬派の登用は、誰か上の者から押しつけられたはずもなく、トランプ大統領自らが決めた。ということは、彼自身が対ロ強硬派と認識を共有していたと受け止められる。その一方で、プーチン大統領に対する彼の姿勢にはどこか親密感があるように思える。この矛盾はどう説明できるか。

トランプ大統領は、北朝鮮の金正恩朝鮮労働党委員長と三度（二〇一八年六月一二日、二〇一九年二月二八日、二〇一九年六月三〇日）会っているように、西側世界で忌み嫌われながら実力のある指導者、時の常識から外れた人物に個人的に関心、あるいは親密感を抱いているのかもしれない。一方で、共和党や政府部内の外交方針から基本的に逸脱しないようにしているとも思える。

※**スクリーパリ父娘毒殺未遂事件**

二〇一八年三月四日、英国ソールズベリで発生したロシアの元軍事情報機関工作員とその娘を狙った毒殺未遂事件。元工作員はセルゲイ・スクリーパリ。ダブルエージェント（二重スパイ）で、ロシア当局が逮捕、収監していたが、スパイ交換で英国に送られ、英国在住だった。娘のユーリアは、ロシアから父を一時訪問中だった。英国政府はロシア工作員による神経剤「ノビチョク」を使った犯行と断定、ロシア外交官の追放など対ロ制裁を発表。米国などが同調した。スクリーパリ父娘は退院後、ニュージーランドに移住したという説もあるが、確認されていない。

〔C〕 プーチン大統領の期待と警戒

プーチン大統領は、二〇一六年米大統領選への介入を強く否定した。トランプ陣営との共謀はもちろんのこと、サイバー攻撃によるeメールの取得やその漏洩も否定し続けた。二〇一七年一〇月一九日、世界各国のロシア専門家らを招いて開いている恒例のバルダイ討論クラブの会合で、米国では前例のない反ロシア運動が展開されているが、何の根拠もないと批判、「トランプ氏に負けた人物がすべての責任をロシアに押しつけ、野放図な反ロシア・ヒステリアを煽っている」と述べた(11)。

二〇一八年七月一六日、ヘルシンキでのトランプ大統領との首脳会談後の記者会見では「ロシアは選挙を含め米国の内政に介入したことはないし、介入しない」と強調、さらに共謀についても「共謀をはっきりと示す証拠を一つでも挙げられるか。これはまったくのナンセンスだ」と述べた(12)。

プーチン大統領はロシアによる二〇一六年米大統領選への介入を理由にオバマ大統領が発動した二〇一六年一二月の対ロ制裁には特に対抗措置を取らなかったが、その後の制裁強化には対抗措置を取った。

二〇一九年三月にモラー特別検察官が、ロシアとトランプ陣営の間に共謀の証拠はなかったとする捜査報告をまとめたのを受けて、プーチン大統領は四月九日、サンクトペテルブルクでの国際フォーラムで、「大山鳴動して鼠一匹（ロシア語は гора родила мышь）」と総括した上で、「ロシアと米国が軍備管理を含め我々そして全人類に関心のある問題について対等に全面的に対話を再開できるのであれば、喜ばしいし、我々はその用意がある」と述べた(13)。

こうして米ロ対話が進展するかのようにも思われたが、プーチン大統領は米国の出方をうかがい、関係改善のボールは米国側にあるとの基本姿勢を貫いた。

ロシア議会で外交政策に詳しいコンスタンチン・コサチョフ上院国際問題委員会委員長はモラー報告を受けて、二〇一九年三月二五日、フェイスブックに慎重ながらも、関係改善への期待感を示すコメントを発表した(14)。「我々の関係をリセットするチャンスはある。だが、問題はトランプがリスクを取るかどうかだ。我々には当然、その用意はある。最も差し迫った問題のINF条約とSTART条約から始めたらどうか」と提案した。同時に、ロシアに対し厳しい態度を取るポンペイオ国務長官やボルトン補佐官のような「大鷹(対ロ強硬派のこと)」がいるとも付け加えており、期待と警戒が交錯していた。

そうこうしているうちにトランプ大統領は、今度は、「ウクライナゲート」※をめぐり議会民主党やメディアから責め立てられた。ウクライナゲートとは、トランプ大統領が二〇二〇年大統領選で、個人的、

※ウクライナゲート

トランプ大統領が自らの個人的、政治的利益のためにウクライナ政府を利用しようとしたとの疑惑。二〇一九年八月一二日に、かつてホワイトハウスで仕事をした経験があり、当時CIA職員だった人物が内部告発を上司に提出、これが九月にメディアで報じられた。告発によると、トランプ大統領は二〇二〇年大統領選に出馬したジョー・バイデン候補と彼の息子がウクライナでのビジネスで不正を行ったかどうかをウォロディミル・ゼレンスキー大統領に捜査するよう求め、その見返りにウクライナへの軍事援助などを与えると言ったとされる。

民主党は大統領候補を追い落とすという個人的、政治的動機で外交を利用したと批判、議会でトランプ大統領の弾劾手続きを進め、二〇一九年一二月一八日、民主党が多数派である下院は弾劾決議を採択した。この弾劾決議はいわば起訴に相当、裁判は共和党が多数派である上院で行われ、二〇二〇年二月五日、無罪判決を下し、ウクライナゲートは一応、収束した。

表4　ソ連崩壊後の米ロ関係

(1)　1991年12月〜1996年1月＝蜜月時代

1991年12月25日、ソ連消滅。ロシアのボリス・エリツィン大統領がNATO加盟をめざすと発言。1992年6月17日には米議会で演説、万雷の拍手を浴びる。1993年1月、第二次戦略兵器削減条約（START II）調印。

(2)　1996年1月〜2001年1月＝摩擦

1999年12月、エリツィン大統領辞任。ウラジーミル・プーチンが後任。イエブゲニー・プリマコーフ外相が主導権を発揮して多極的世界をめざす外交を展開。NATOのセルビア空爆、チェチニャ戦争、1999年のNATO拡大（ポーランド、チェコ共和国、ハンガリー）、米国の弾道ミサイル防衛（BMD）欧州配備計画をめぐり確執。一方でロシアが1997年6月、G7への参加を認められ、G7がG8に拡大。

(3)　2001年1月〜2003年3月＝改善

ジョージ・W・ブッシュ大統領とプーチン大統領が2001年6月、リュブリャナで会談、ブッシュ大統領は「私は彼の魂を感じることができた」と発言。プーチン大統領は2001年9月11日の米国同時多発テロの際、迅速にお悔やみを伝え、テロとの戦いでの協調姿勢を強調。プーチン大統領は2001年9月、ブンデスタグ（ドイツ国会）で演説、欧州を選択していることを強調。2002年5月24日、戦略攻撃兵器削減条約（SORT、モスクワ条約）調印。一方で、米国は2002年6月、弾道ミサイル迎撃（ABM）条約を破棄。

(4)　2003年3月〜2008年＝摩擦再燃

米国が2003年3月20日、イラクを攻撃。ロシア当局が2003年10月、プーチンを批判した実業家ミハイル・ホドルコフスキーを逮捕。2003年秋から2005年初めにかけてジョージア（グルジア）とウクライナでカラー革命発生。2004年と2009年にNATOが再拡大。米国はBMDの開発、欧州配備を進めた。2006年にモスクワでジャーナリスト、アンナ・ポリトコフスカヤ、さらにロンドンで元ロシア情報機関員のアレクサンドル・リトビネンコが殺害された。プーチン大統領、2007年2月のミュンヘン演説で米国の一極主義を批判。

(5)　2009年〜2013年＝リセット（再構築）

2009年3月6日、セルゲイ・ラブロフ外相とヒラリー・クリントン国務長官が会談、用意された「リセット」と書かれた小道具のボタンを押し、関係再構築の意思を表明。2010年4月8日、新戦略兵器削減条約（新START）※調印、2010年6月には国連安保理事会での対イラン制裁決議で協調。

(6)　2014年〜2022年＝顕著な関係悪化

2014年2月のウクライナでの「マイダン革命」と呼ばれる政変の後、ロシアが同年3月、クリミアを併合、またウクライナ東部のドンバス地方での親ロ勢力支援を強化し、ウクライナは内戦状態に陥った。米ロが制裁合戦を展開。米国ではロシア政府が2016年大統領選挙に介入しトランプ陣営との共謀もあったとされるロシアゲート事件が発生、関係悪化が加速した。ドナルド・トランプ大統領は2019年2月1日、中距離核戦力（INF）全廃条約を破棄。

(7)　2022年〜現在＝敵対

ロシア軍が2022年2月24日、ウクライナに全面侵攻、ウクライナ戦争が勃発。米国など西側諸国がウクライナを支援、対ロ制裁を大幅強化。

政治的思惑でウクライナ政府の手を借りようとしたとの疑惑だ。

メディアが二〇一九年夏にこの疑惑を報じ、議会が問題視し、挙げ句の果ては議会における大統領弾劾裁判にまで発展した。結局、上院での裁判は無罪で、トランプ大統領が罷免されることはなかったが、トランプ大統領がこんな状態では、プーチン大統領としても積極的に対話を進める気にはならなかっただろう。

ロシアの対米外交はエリツィン時代の一九九六年頃からそれまでの親西側路線を修正してきた。その新外交路線の提唱者はイエブゲニー・プリマコーフ外相（在任一九九六年一月〜一九九八年九月。その後、一九九九年五月まで首相）。彼は米国による世界の一極支配を認めるべきではないとの考えから、ロシア、インド、中国の三国が協力して多極的世界を追求すべきだと主張した。

ロシア外交はそのプリマコーフ・ドクトリンをもとにユーラシア重視、対中接近、トルコ、イランとの関係発展をめざしてきた。オバマ政権やトランプ政権下での相次ぐ対ロ制裁でますますその傾向が強まり、二〇二二年二月のウクライナ侵攻で対西側関係は決裂状態に陥った。それが見直される見通しは今のところない。

※新START

二〇〇九年一二月に失効したSTARTⅠの後継条約。二〇一〇年四月に調印、二〇一一年二月発効。配備済み戦略核弾頭数を一五五〇発に、戦略核運搬手段数を八〇〇に減らすなどが柱。二〇二一年二月に失効する直前、両国は五年間の延長で合意したが、ロシアは二〇二三年二月二一日、条約の履行停止を発表。ただし制限は遵守するとのこと。

2020年	
1月15日	下院がトランプ大統領の権力濫用と議会審議妨害の容疑で弾劾条項を決議、上院に弾劾裁判を求める。
2月5日	上院がトランプ無罪の判決。
8月14日	元FBI職員のケビン・クラインスミスがeメール改竄を認める。
8月18日	上院情報委が最終報告を発表。
8月24日	共和党全国大会がトランプを大統領候補に再指名。
9月30日	コミー元FBI長官が上院司法委員会で証言、バー司法長官のFBI批判に反論。
10月6日	ジョン・ラトクリフ国家情報長官（DNI）、「クリントン・プラン」に関するブレナンCIA長官のメモを公表。
11月3日	大統領選投票、ジョー・バイデンが当選。

2021年	
1月6日	米議事堂襲撃事件。
1月13日	下院がトランプ大統領の弾劾条項を再度可決。今回は蜂起の教唆容疑。
1月20日	バイデン大統領就任。
1月29日	ペイジの通信傍受申請書を作成したFBIのクラインスミスが司法取引。保護観察処分。
2月3日	米ロが新START条約の5年間延長に合意。（ロシアはその後2023年2月21日に条約履行停止を発表）
2月13日	上院がトランプに無罪の判決。
11月3日	スティールに情報を提供していたダンチェンコ起訴。

2022年	
2月24日	ロシアがウクライナに全面侵攻。ウクライナ戦争勃発。
5月31日	クリントン陣営のサスマンに無罪判決。
10月18日	ダンチェンコに無罪判決。

2023年	
1月	ジャーナリストのジェフ・ガースがコロンビア・ジャーナリズム・レビュー誌でロシアゲート報道を総括、批判。
5月12日	ダーラム特別検察官が報告を司法長官に提出。

7月21日	司法省、ペイジに対するFISA申請書を公表。
8月8日	米政府、英国でのスクリーパリ父娘毒殺未遂事件を理由に貿易制限など対ロ制裁。
8月10日	FBIの「クロスファイア・ハリケーン」捜査を率いてきたピーター・ストロク解任。
8月21日	トランプ大統領の元顧問弁護士コーエンがトランプの指示で2人の女性に彼との情事についての口止め料を払ったと検察に供述。
8月21日	マナフォートに有罪判決。
9月7日	パパドプロスに有罪判決。
10月25日	パパドプロスが下院司法委員会・行政監視改革委員会の聴聞会出席。
11月7日	ジェフ・セッションズ司法長官が辞任。
11月29日	トランプの元顧問弁護士のコーエン起訴。
12月12日	コーエンに有罪判決。

2019年

1月24日	トランプ陣営側近のロジャー・ストーン起訴。
2月1日	トランプ大統領が中距離核戦力（INF）全廃条約を破棄。
2月14日	ウィリアム・バーが司法長官に就任。セッションズ元長官の後任。
3月7日と13日	マナフォートに新たな有罪判決。
3月22日	モラー特別検察官報告まとまる（4月18日、ほぼ全文を公表）。
4月27日	下院情報委が共謀なしとする最終報告を発表。
5月13日	バー司法長官がジョン・ダーラム検事にFBI捜査のあり方の検証を指示。（ダーラム検事は2020年10月19日に特別検察官に就任）
5月28日	コミー元FBI長官がワシントン・ポストに寄稿。
7月24日	下院司法委員会・情報委員会がモラー特別検察官の聴聞会。
8月15日	バー司法長官がローマ訪問。
9月27日	バー司法長官とダーラム検事がローマ訪問。ミフスード教授についてイタリア側から説明受ける。
9月	ロシアの元外交官オレグ・スモレンコーフがブレナンCIA長官に情報提供していた可能性を指摘する報道相次ぐ。
10月9日	ダーラム検事のチームがダウナー大使とトムスン参事官に聴取。
12月9日	ホロウィッツ司法省監察総監報告発表。FBIの捜査開始の決定は適切だったが、トランプ陣営幹部に対する通信傍受申請などに問題ありと結論。

2月16日　選挙介入容疑で13人のロシア人と3団体起訴。（別途7月13日にロシア人12人を追加で起訴）

2月24日　下院民主党の調査報告「シフ・メモ」公表。ニューネス・メモに反論。

3月4日　英国で元ロシア軍参謀本部情報総局（GRU）エージェントのセルゲイ・スクリーパリと娘ユリアの毒殺未遂事件発生。

3月12日　下院情報委がロシアによる選挙介入に関する調査を終了と発表。トランプ陣営とロシアの間の共謀はなかったと結論（報告の公表は4月27日）。

3月16日　セッションズ司法長官がアンドルー・マケイブ元FBI副長官を解雇。メディアへの情報漏洩が理由。

3月18日　ロシア大統領選投票。プーチン大統領再選。

3月26日　トランプ大統領が3月4日発生のスクリーパリ父娘毒殺未遂事件を受けて、ロシア情報機関エージェント60人を国外追放、シアトル領事館閉鎖。

3月28日　マイケル・ホロウィッツ司法省監察総監がFBIの捜査について検証開始。

4月6日　米政府、ロシアの高官、実業家らに制裁。選挙介入やシリア戦争介入などが理由。

4月13日　米報道機関のマクラッチー、トランプ大統領の顧問弁護士のマイケル・コーエンが2016年8月か9月にプラハを訪問しロシア当局関係者と会っていたと報じる。（後に虚偽報道であることがほぼ判明）

4月16日　ピュリッツァー賞委員会が「2016年大統領選へのロシアによる介入とそのトランプ陣営との関係」に関する報道が優れていたとしてニューヨーク・タイムズとワシントン・ポストに賞を授与。

4月20日　民主党全国委が、トランプ陣営、ロシア政府、ウィキリークスを2016年大統領選挙でトランプを当選させるため陰謀を企て、米国の民主主義制度を攻撃したとして提訴。（担当判事は2019年7月30日、訴えを却下）

4月27日　共和党議員が多数を占める下院情報委がロシアによる米大統領選介入に関する報告公表。民主党議員はこれに異議、同日、別途「少数派の見解」を発表。

5月17日　トランプ大統領、FBIがトランプ陣営にスパイを送り込んでいたとツイート。その後、「スパイゲート」と喧伝。

6月8日　マナフォートの協力者、ロシアとウクライナの国籍を持つコンスタンチン・キリムニクを起訴。

6月14日　ホロウィッツ司法省監察総監がクリントンeメール事件に対するFBIの捜査の検証報告を発表。

7月13日　大陪審、ロシア人12人を追加で起訴。

7月16日　トランプとプーチン両大統領がヘルシンキで会談。

5月10日	トランプ大統領、ホワイトハウスでロシアのセルゲイ・ラブロフ外相と会談。
5月17日	ロッド・ローゼンスタイン司法副長官がロバート・モラー元FBI長官を特別検察官に任命。モラーがFBIから捜査を引き継ぐ。
5月18日	トランプ大統領が特別検察官の任命を批判。
6月8日	コミー元FBI長官が上院情報委員会で証言。トランプによる解任を強烈批判。
6月26日	CNN、トランプ側近と「ロシア直接投資基金」首脳が2017年1月に会っていたとの6月22日配信の記事を取り消し、担当記者3人は辞職。
7月7日	ドイツ・ハンブルグでのG20開催中にトランプ・プーチン会談。この会談の模様についてトランプは7月9日、プーチン大統領が選挙への介入を否定したなどとツイート。
7月8日	ニューヨーク・タイムズ、トランプ・ジュニアらトランプ陣営幹部が2016年6月9日にロシア人弁護士と会っていたと報道。
7月27日	上院、制裁強化法を可決。
7月30日	プーチン大統領が在ロシアの米国公館の職員を755人減らすよう指示。
7月末	FBI特別捜査班のピーター・ストロク主任捜査官が捜査班から外される。(ストロクは翌2018年8月、FBIを退職)
7月	ミフスードがワシントン・ポストにeメールを送り、自分はスパイでないと主張。
8月2日	トランプ大統領、制裁強化法に署名。
8月31日	米国務省、在米のロシア施設3カ所を閉鎖。
10月3日	パパドプロス起訴。
10月24日	ワシントン・ポストがクリントン陣営の発注でスティール文書が作成されたと報道。
10月27日	トランプ陣営幹部だったマナフォートとリック・ゲイツ起訴。
10月31日	ミフスード、イタリアのラ・レプッブリカ紙と英国のデイリー・テレグラフの取材を受ける。
11月10〜11日	ベトナム・ダナンでのAPEC首脳会議の際にトランプ大統領とプーチン大統領が会談。
11月30日	フリン起訴。
12月30日	ニューヨーク・タイムズ、ダウナー大使からの情報がFBI捜査開始のきっかけだったと報道。

2018年

2月2日	下院共和党の調査報告「ニューネス・メモ」公表。FBIによるトランプ陣営のペイジの通信傍受申請に問題があると指摘。

12月22日	トランプ陣営の安全保障問題担当顧問マイケル・フリンがセルゲイ・キスリャーク駐米ロシア大使と電話。（2人はその後も数度、電話で接触）
12月29日	オバマ大統領、35人のロシア外交官追放など対ロ制裁を発表。

2017年

1月5日	ジェームズ・クラッパー国家情報長官ら情報機関首脳がオバマ大統領に米国情報機関コミュニティ評価（ICA）を報告。ロシアが米大統領選に介入したという内容。
1月6日	クラッパーら情報機関首脳がトランプ次期大統領にICAを報告。別途、コミーFBI長官がスティール文書についてトランプに説明。
1月10日	CNN、トランプ次期大統領とオバマ大統領がトランプに打撃を与えるスキャンダル情報を網羅した文書（スティール文書のこと）について情報機関から説明を受けたと報道。
1月10日	上記CNN報道の直後、米インターネット・メディアのバズフィードがスティール文書を一部黒塗りで公表。
1月11日	トランプ、ロシアの選挙介入のお蔭で大統領選に勝利したという話はまったくのフェイクニュースだとツイート。その後もことあるごとに「ニセ情報」「魔女狩り」「共謀などあり得ない」と批判。
1月20日	オバマ大統領退任、トランプ大統領就任。
1月24日	FBI、スティールの主要情報源のダンチェンコへ第1回聴取開始。26日まで3日間続いた。その後も同年11月まで複数回聴取。
2月11日	FBI、ワシントンDCでマルタ人教授のミフスードに聴取。
2月13日	フリン国家安全保障担当補佐官、辞任。
2月14日	ニューヨーク・タイムズ、トランプ陣営幹部が選挙前にロシアの情報機関職員と何度も接触していたと報道。（FBIは直後に全面的に否定）
2月14日	トランプ大統領がコミーFBI長官にフリン国家安全保障担当補佐官を捜査しないようにという趣旨の意向を伝える。
3月1日	ワシントン・ポスト、ジェフ・セッションズ司法長官が選挙期間中にキスリャーク駐米ロシア大使と接触していたと報道。
3月2日	セッションズ司法長官がFBIのクロスファイア・ハリケーン捜査には関与しないと声明。
3月20日	コミーFBI長官が下院情報委員会で証言。トランプ陣営とロシアの関係を捜査していると公式に認める。
3月29日	ワシントン・ポスト、ベラルーシ出身のビジネスマン、セルゲイ・ミリアンがスティールの重要な情報源だと報じる。（ワシントン・ポストは4年後の2021年11月12日、記事を撤回）
5月9日	トランプ大統領、コミーFBI長官を解任。

9月中旬～10月末	スティールが米国の有力メディアに相次いで調査報告を説明。
9月19日	FBIのクロスファイア・ハリケーン捜査班がスティール文書の最初の6件のメモを入手。
9月19日	クリントン陣営のマイケル・サスマンがFBIにトランプ・オーガニゼーションとロシアのアルファ銀行の間に秘密の連絡チャンネルがあると伝える。（後のFBI捜査で虚偽情報だったことが判明）
9月23日	ヤフーニューズ、トランプ陣営の幹部、カーター・ペイジとクレムリンの関係を米情報機関が捜査していると報じる。
10月3日	FBI捜査班、スティールに聴取。
10月7日	米国家情報長官室（ODNI）と国土安全保障省（DHS）が合同で、ロシア政府が民主党関係者のeメールのハッキングと漏洩を指示し、米大統領選に介入したと発表。
10月7日	ウィキリークス、クリントン陣営（選対本部）会長のジョン・ポデスタのeメールを大量に公表。その後も断続的に漏洩を継続。
10月11日	スティールがキャサリーン・カバレク国務省次官補代理と会う。
10月21日	司法省・FBIがトランプ陣営のペイジの通信傍受の認可を外国情報監視裁判所（FISC）に申請、認可を得る。申請は2017年6月まで計4回なされた。
10月24日	ワシントン・ポスト、クリントン陣営と民主党全国委がスティールに調査を発注していたと報道。
10月28日	コミーFBI長官、クリントンeメール事件で捜査継続を表明。
10月31日	米マザージョーンズ誌、元西側情報機関エージェントがトランプ陣営とロシアの関係を示す情報をFBIに提供と報じる。このエージェントは匿名だが、スティールを指す。
10月31日	ニューヨーク・タイムズがFBIの捜査でトランプ陣営とロシアとの間に怪しい関係は見つかっていないと報道。（具体的にFBIの名前を挙げ、トランプ陣営を捜査していると初めて報じた）
10月31日	オバマ大統領が電話でロシアのウラジーミル・プーチン大統領と会談、米国に対するサイバー攻撃を辞めよと警告。
11月1日	FBI、スティールとの協力契約を打ち切る。
11月6日	コミーFBI長官、クリントン候補の起訴を求めないとの方針を改めて表明。
11月8日	米大統領選投票、トランプ当選。
12月	FBI捜査班、スティールの主要情報源がイーゴリ・ダンチェンコであることを突き止める。
12月9日	ジョン・マケイン上院議員、スティール文書をコミーFBI長官に手渡す。

6月20日	スティールがロシア当局とトランプ陣営の共謀を指摘するメモを作成、クリントン陣営に提出。スティールはその後、同年12月まで順次、メモを送付。これらのメモを合わせたものが「スティール文書」と呼ばれる。
6月20日	スティールが米国の駐イタリア大使館員で旧知のFBIエージェント、マーク・ガエタと接触、7月5日に再び会い調査内容を伝達。
7月 5日	ジェームズ・コミーFBI長官がクリントン候補の起訴を求めないと発表。クリントン候補は国務長官時代のeメール事件で捜査されていた。
7月 6日	グシファー2.0が民主党全国委からハックしたeメールを追加で公表、その後も断続的に漏洩を続けた。
7月18日	ワシントン・ポスト、トランプ陣営が共和党綱領案の修正へ圧力と報道。
7月18〜21日	共和党大会がトランプを大統領候補に指名。
7月22日	情報漏洩団体ウィキリークスも民主党全国委のeメールを大量に公表。
7月24日	デビー・ワッサマン・シュルツ民主党全国委員長が辞任。
7月25〜28日	民主党大会、ヒラリー・クリントンを候補に指名。
7月26日	ダウナー大使、パパドプロスから聞いた情報をロンドンの米大使館に伝達。
7月27日	トランプ候補、クリントンが国務長官時代に紛失したという機密を含むeメールを見つけてほしいとロシアに呼びかけ、クリントンを揶揄。
7月30日	スティールがブルース・オア司法副長官補に調査内容を伝える。
7月31日	FBIがトランプ陣営とロシアの関係を捜査する専従班を発足させる。事件を「クロスファイア・ハリケーン」と命名。
8月2日	FBIの専従捜査班がロンドンでダウナー大使とトムスン参事官に聴取。
8月3日	ジョン・ブレナンCIA長官がバラク・オバマ大統領らにクリントン陣営の選挙戦略に関して報告。その選挙戦略の趣旨は、トランプとロシアの間に怪しい関係があると喧伝しFBIに捜査させること。クリントン自身が7月26日に承認したとされ、「クリントン・プラン」と呼ばれた。だが、そんな選挙戦略は存在しなかったとみられる。
8月12日	グシファー2.0が下院民主党議員ほぼ全員の携帯電話番号とeメール・アドレスを公表。
8月19日	トランプ選対本部会長のマナフォートが辞任。
9月5日	ワシントン・ポスト、米司法当局がロシアによる米大統領選への介入について捜査していると報道。（トランプ陣営を捜査対象にしているとは指摘せず）

ロシアゲート年表

2016年	
3月	ロシア情報機関が米大統領選を視野に民主党関係者へのサイバー攻撃を開始。
3月24日	ドナルド・トランプ陣営のジョージ・パパドプロスがロンドンで、ロシア事情に通じたジョウゼフ・ミフスード教授およびロシア人女性のオリガ・ポローンスカヤと会い、トランプ陣営とロシア指導部との会談の可能性を打診、前向きな返事を得る。
3月28日	ポール・マナフォートがトランプ陣営入り。(マナフォートはその後、トランプ陣営〔選対〕会長に登用されたが、ウクライナでのビジネスについてのスキャンダルで8月19日辞任)
4月	米国の調査会社フュージョンGPSがヒラリー・クリントン陣営の顧問弁護士事務所パーキンズ・クーイにトランプ陣営に対する調査を打診、同意を得る。
4月26日	パパドプロスがロンドンでマルタ人教授のミフスードと会い、ロシア当局がクリントン候補のスキャンダル情報(英語でdirt)を含む「eメールを数千件」保有していると聞く。(ミフスードはそうした話をしていないと否定)
4月29日	民主党全国委員会がサーバーへの侵入に気付く。
5月10日	オーストラリアのアレクサンダー・ダウナー駐英大使がロンドンのワインバーで午後6時からトランプ陣営のパパドプロスと懇談。オーストラリア大使館のエリカ・トムスン政務参事官が同席。ロシア当局がクリントン候補に打撃となる情報を漏洩することで、トランプ候補を支援するかもしれないと伝えられる。(パパドプロスはそうした話を大使に伝えていないと否定)
6月初め	フュージョンGPSが元MI6のクリストファー・スティールにトランプ陣営に対する調査を依頼、正式契約。
6月 9日	トランプ陣営のドナルド・トランプ・ジュニア、マナフォート、ジャリド・クシュナーがトランプタワーでロシアの弁護士、ナタリア・ベセリニーツカヤと会う。(この事実は2017年7月8日にニューヨーク・タイムズの報道で判明)
6月14日	ワシントン・ポストが民主党全国委員会のサーバーがロシア情報機関によってハックされたと報じる。
6月15日	民主党全国委と、サーバーを調査したクラウドストライク社がハックを発表。「グシファー2.0」なる人物がロシア情報機関ではなく自分が民主党全国委のサーバーをハックしたと名乗り出て、盗んだ文書の漏洩を開始。

http://kremlin.ru/events/president/news/60250; Soldatkin, V., & Osborn, A. (2019, April 10). Putin, on Mueller report: 'We said from the start it would find nothing'. *Reuters.*

(14) Косачев о докладе Мюллера: Есть шанс обнулить многое в отношениях РФ и США // RG.Ru. 25.03.2019.
https://rg.ru/amp/2019/03/25/kosachev-o-doklade-miullera-est-shans-obnulit-mnogoe-v-otnosheniiah-rf-i-ssha.html?__twitter_impression=true

*引用先の記事の期日には時間が付記されていることがあるが、本書では時間は省いた。

over Steele dossier, which was 'thirdhand stuff'. *Washington Examiner.*
(15) Perez, E., Sciutto, J., Tapper, J., & and Bernstein, C. (2017, January 12). Intel chiefs presented Trump with claims of Russian efforts to compromise him. *CNN.* この記事の日付は1月12日となっているが、第一報は1月10日付。
(16) Chozick, A. (2019, March 26). After Mueller Report, News Media Leaders Defend Their Works. *The New York Times.*
(17) Sargent, G. (2019, March 26). Trump and Republicans 'on offense'? Nah. It's just the same old gaslighting. *The Washington Post.*
(18) Answers to Readers' Questions on Our Coverage of the Russia Investigation. (2019, May 30). *The New York Times.*
(19) Amary Clare Jalonick, A. C. (2023, June 22). In rowdy scene, House censures Rep. Adam Schiff over Trump-Russia investigations. *AP.*

第11章

(1) Liptak, K. (2016, September 5). Obama has 'blunt' meeting with Putin but 'gaps of trust' on Syria remain, *CNN.*
(2) Arkin, W., Dilanian, K., & McFadden, C. (2016, December 20). What Obama Said to Putin on the Red Phone About the Election Hack. *NBC News.*
(3) The White House. (2016, December 29). *Statement by the President on Actions in Response to Russian Malicious Cyber Activity and Harassment.*
(4) Nicholas, P., Beckett, P., & Seib, G. F. (2017, January 13). Trump Open to Shift on Russia Sanctions, 'One China' Policy. *The Wall Street Journal.*
(5) Collinson, S. (2017, January 11). Trump: 'I think it was Russia'. *CNN.*
(6) Liptak, K., & Merica, D. (2017, November 14). Trump says he believes Putin's election meddling denials. *CNN.*
(7) Trump and Putin met in Helsinki today. Here's how it went down. (2017, July 16). *CNN.*
(8) Schreck, C. (2018, March 23). On The Record: John Bolton, Trump's New Pick For National – Security Adviser. *RFE/RL.*
(9) Bolton, J., & Yoo, J. (2014, September 9). An Obsolete Nuclear Treaty Even Before Russia Cheated. *The Wall Street Journal.*
(10) Ackerman, S. (2018, August 1). John Bolton Brings a Nuclear Superhawk Into the White House. *The Daily Beast.*
(11) President of Russia. (2017, October 19). *Meeting of the Valdai International Discussion Club.* http://en.kremlin.ru/events/president/news/55882
(12) President of Russia. (2018, July 16). *News conference following talks between the presidents of Russia and the United States.* http://en.kremlin.ru/events/president/news/58017/videos
(13) Владимир Путин принял участие в пленарном заседании V Международного арктического форума «Арктика – территория диалога». 9 апреля 2019 года.

(2019, January 19). *Update on Results of Retrospective Review of Russian-Related Election Activity.* https://www.judiciary.senate.gov/imo/media/doc/Edgett%20Appendix%20to%20Responses.pdf
(15) NYU. (2023, January 9). *Exposure to Russian Twitter Campaigns in 2016 Presidential Race Highly Concentrated, Largely Limited to Strongly Partisan Republicans.*
(16) Gill, T. M. (2018, March 7). Americans shouldn't be shocked by Russian interference in the election. The U.S. does it, too. *The Washington Post.*
(17) Shane, S. (2018, February 17). Russia Isn't the Only One Meddling in Elections. We Do It, Too. *The New York Times.*
(18) 前掲注 (18)
(19) William J. Clinton Presidential Library & Museum. (2018, July 13).
(20) Carothers, T. (2018, March 12). Is the U.S. hypocritical to Criticize Russian Election Meddling? *Foreign Affairs.*

第10章

(1) Gerth, J. (2023, January 30). The press versus the president. *Columbia Journalism Review.*
(2) Rogin, J. (2016, July 18). Trump campaign guts GOP's anti-Russian stance on Ukraine. *The Washington Post.*
(3) Schmidt, M., Mazzetti, M., & Apuzzo, M. (2017, February 14). Trump Campaign Aides Had Repeated Contacts With Russian Intelligence. *The New York Times.*
(4) U.S. Senate Committee on the Judiciary. *Senate-FISA2020-001163.* https://www.judiciary.senate.gov/imo/media/doc/Annotated%20New%20York%20Times%20Article.pdf
(5) Rosenberg, M., Godman, A., & Schmidt, M. (2017, March 1). Obama Administration Rushed to Preserve Intelligence of Russian Election Hacking. *The New York Times.*
(6) Shane, S., & Kramer, A. (2017, March 3). Trump Team's Links to Russia Crisscross in Washington. *The New York Times.*
(7) Helderman, R., & Hamburger, T. (2017, March 29). Sergei Millian: High-level access to Trump or unwitting bystander? *The Washington Post.*
(8) Farhi, P. (2021, November 12). The Washington Post corrects, removes parts of two stories regarding the Steele dossier. *The Washington Post.*
(9) Editorial. (2018, July 15). How Do You Say 'Witch Hunt' in Russian? *The New York Times.*
(10) Goldberg, M. (2017, October 30). The Plot against America. *The New York Times.*
(11) Luke Harding, L. (2017). *Collusion: Secret Meetings, Dirty Money, and How Russia Helped Donald Trump Win.* Vintage. 邦訳『共謀——トランプとロシアをつなぐ黒い人脈とカネ』、2018年、集英社。
(12) Strassel, K. A. (2017, November 10). Lifting the Steele Curtain. *The Wall Street Journal.*
(13) The Editorial Board. (2023, May 16). Why the Durham Report Matters to Democracy. *The Wall Street Journal.*
(14) Correll, D. S., & Dunleavy, J. (2019, April 28). Isikoff: Media should have had 'more skepticism'

(32) Comey, J. (2018). *A Higher Loyalty: Truth, Lies, and Leadership*. Flatiron Books.

(33) Apuzzo, M., Goldman, A., & Fandos, N. (2018, May 16). Code name Crossfire Hurricane: The Secret origins of the Trump Investigation. *The New York Times.*

(34) Comey, J. (2019, May 28). James Comey: No 'treason.' No coup. Just lies — and dumb lies at that. *The Washington Post.*

(35) Polantz, K. (2021, January 29). FBI lawyer from Russia investigation sentenced to probation for Carter Page FISA warrant false statement. *CNN.*

(36) Sussmann Indictment. (2021, September 16). https://democracy4all.org/wp-content/uploads/2021/09/Sussmann-Indictment.pdf

(37) Foer, F. (2016, October 31). Was a Trump Server Communicating With Russia? *Slate.*

(38) Savage, C., & Goldman, A. (2021, October 1). Trump Server Mystery Produces Fresh Conflict. *The New York Times.*

第9章

(1) Chozick, A. (2016, November 12). Hillary Clinton Blames F.B.I. Director for Election Loss. *The New York Times.*

(2) Gerstein, J., & Hooper, K. (2022, May 20). Clinton 2016 campaign manager denies approving passing anti-Trump info to FBI. *Politico*; Brock, K. (2022, May 23). Mook's testimony at Sussmann trial: A surprise for Hillary, or a smart defense strategy? *The Hill.*

(3) Kamisar, B. (2018, June 2). Longtime Clinton confidant blames Comey for 2016 loss. *The Hill.*

(4) Chozick, A. (2016, November 12). Hillary Clinton Blames F.B.I. Director for Election Loss. *The New York Times.*

(5) Rucker, P. (2017, May 3). 'I would be your president': Clinton blames Russia, FBI chief for 2016 election loss. *The Washington Post.*

(6) Clapper, J. (2018). *Facts and Fears: Hard Truths from a Life in Intelligence*. Viking.

(7) Jamieson, K. H. (2018). *How Russian Hackers and Trolls Helped Elect a President – What We Don't, Can't, and Do Know*. Oxford University Press.

(8) ジェイミースンの分析については、ニューヨーカー誌が詳しく解説している。Mayer, J. (2018, October 1). How Russia Helped Swing the Election for Trump. *The New Yorker.*

(9) Griffin, D., Fitzpatrick, D., & Devine, C. (2016, April 20). The truth about Hillary Clinton's Wall Street speeches. *CNN.*

(10) Jamieson, K. H. (2018, October 22). How Russia cyber attacks helped Trump to the US presidency. *The Guardian.*

(11) Trump holds joint news conference with Swedish prime minister. (2018, March 6). *CBS News.*

(12) Abramowitz, A. I. (2019, August 8). Did Russian Interference Affect the 2016 Election Results? *Rasmussen Report.*

(13) U.S. Senate Committee on Intelligence. (2017, November 1). *Testimony of Colin Stretch.* https://www.intelligence.senate.gov/sites/default/files/documents/os-cstretch-110117.pdf

(14) Twitter, Inc., U.S. Senate Committee on the Judiciary, Subcommittee on Crime and Terrorism.

(11) Durham Report, 2023, pp. 81-98.
(12) Durham Report, 2023, p. 89.
(13) Durham Report, 2023, p.98.
(14) Ross, C. (2018, July 6). Emails Shed Light On Peter Strzok's Role In Carter Page FISA Process. *Daily Caller.*
(15) Office of the Inspector General, U.S. Department of Justice. (2018, June). *A Review of Various Actions by the Federal Bureau of Investigation and Department of Justice in Advance of the 2016 Election.* https://oig.justice.gov/reports/2018/o1804.pdf
(16) FBI agent Peter Strzok's texts with Lisa Page disparage Trump throughout campaign; The Strzok-Page Texts. (2017, December 13). *CBS News.* https://fbitexts.com/
(17) FBI's Peter Strzok testifies in explosive House hearing on anti-Trump bias. (2018, July 12). *CBS News.*
(18) Sneed, T. (2024, July 26). Government to pay former FBI officials $2 million in settlements over release of anti-Trump texts. *CNN.*
(19) Strzok, P. (2020). *Compromised: Counterintelligence and the Threat of Donald J. Trump.* Houghton Mifflin Harcourt, Boston.
(20) Transcript: Trump And Putin's Joint Press Conference. (2018, July 16). *NPR*; Diamond, J. (2018, July 16). Trump sides with Putin over US intelligence. *CNN.*
(21) Brennan, J. O. (2018, July 17). Twitter.
(22) Katie Bo Williams, K. B. (2017, January 10). Comey: DNC denied FBI's requests for access to hacked servers. *The Hill.*
(23) Office of the Inspector General, U.S. Department of Justice. (2018, June). *A Review of Various Actions by the Federal Bureau of Investigation and Department of Justice in Advance of the 2016 Election.*
(24) Ross, C. (2018, May 17). Cambridge Prof With CIA, MI6 Ties Met With Trump Adviser During Campaign, Beyond. *Daily Caller.*
(25) Trump, D. (2018, May 17). Twitter.
(26) Goldman, A., Schmidt, M., & Mazzetti, M. (2019, May 2). F.B.I. Sent Investigator Posing as Assistant to Meet With Trump Aide in 2016. *The New York Times.*
(27) Clinton Best Option for US-UK 'Special Relationship' – Ex-White House Official. (2016, November 3). *Sputnik International.*
(28) Gerstein, J. (2019, May 24). Intelligence scholar sues Cambridge academic, U.S. news outlets over reports on Flynn links. *Politico.*
(29) McKay, H. (2020, December 15). Who's hiding 'Russiagate' informant Stefan Halper, and why? *Fox News.*
(30) Factbox-Key quotes from Congress' hearing on Russia and the U.S. election. (2017, March 21). *Reuters.*
(31) Lichtblau, E., & Myers, S. L. (2016, October 31). Investigating Donald Trump, F.B.I. Sees No Clear Link to Russia. *The New York Times.*

(49) Mueller Report, Vol. 1, 2019, p. 117.
(50) Becker, J., Apuzzo, M., & Goldman, A. (2017, July 8). Trump Team Met With Lawyer Linked to Kremlin During Campaign. *The New York Times.*
(51) Simons, K., Elbaum, R., & Rafferty, A. (2017, July 11). Russian Lawyer Veselnitskaya Says She Didn't Give Trump Jr. Info on Clinton. *NBC News.*
(52) Karni, A. (2017, July 24). Kushner defends his Russia contacts: 'I did not collude'. *Politico.*
(53) Nakashima, E., Entous, A., & Miller N, G. (2017, May 26). Russian ambassador told Moscow that Kushner wanted secret communication channel with Kremlin. *The Washington Post.*
(54) Miller, G., Helderman, R., Hamburger, T., & Mufson, S. (2017, January 10). Intelligence chiefs briefed Trump and Obama on unconfirmed claims Russia has compromising information on president-elect. *The Washington Post.*
(55) Perez, E., Prokupecz, S., & Watkins, E. (2017, March 2). Sessions did not disclose meetings with Russian ambassador. *CNN.*

第8章

(1) Lichtblau, E., & Myers, S. L. (2016, October 31). Investigating Donald Trump, F.B.I. Sees No Clear Link to Russia. *The New York Times.*
(2) Trump calls Russia reports 'fake news - a total political witch hunt'. (2017, January 11). *Reuters.*
(3) Beauchamp, Z. (2018, Feb 25). The Democratic rebuttal to the Nunes memo tears it apart. *Vox.*; HPSCI Minority. (2018, January 29). Correcting the Record – The Russia Investigations. https://docs.house.gov/meetings/ig/ig00/20180205/106838/hmtg-115-ig00-20180205-sd002.pdf
(4) Datoc, C. (2018, July 22). DOJ releases 412 pages of top-secret FISA documents on former Trump campaign aide Carter Page; U.S. Foreign Intelligence Surveillance Court. (2016, October). *Carter-Page-FISA Document.*
https://www.judicialwatch.org/wp-content/uploads/2018/07/Carter-Page-FISA-Documents.FOIA-Release-1.pdf
(5) Isikoff, M. (2016, September 23). U.S. intel officials probe ties between Trump adviser and Kremlin. *Yahoo News.*
(6) U.S. Senate Committee on the Judiciary. (2020, September 29). Letter from John Ratcliffe, DNI, to Sen. Lindsay Graham.
(7) Singman, B. (2020, October 6). DNI declassifies Brennan notes, CIA memo on Hillary Clinton 'stirring up' scandal between Trump, Russia. *Fox News.*
(8) 原文は以下の通り。"alleged approval by Hillary Clinton on 26 July of a proposal from one of her [campaign] advisors to vilify Donald Trump by stirring up a scandal claiming interference by the Russian security services."
(9) Savage, C., Goldman, A., & Benner, K. (2023, January 26). How Barr's Quest to Find Flaws in the Russia Inquiry Unraveled. *The New York Times.*
(10) Brooke Singman, B. (2020, September 30). Comey says new information that Hillary Clinton drummed up Russia controversy to vilify Trump 'doesn't ring a bell'. *Fox News.*

Trump From Playboy Model's Affair Allegation. *The Wall Street Journal.*
(30) Farrow, R. (2018, February 16). Donald Trump, the Playboy Model Karen McDougal, and a System for Concealing Infidelity. *The New Yorker.*
(31) Watkins, E. (2018, March 22). Karen McDougal tells CNN Trump once tried to pay her after sex. *CNN.*
(32) Stone Indictment. (2019, January 24). https://www.justice.gov/archives/sco/file/1124706/dl
(33) SSCI Report, Vol. 5, 2020, p.28.
(34) Hamburger, T. (2019, April 19). Longtime Manafort associate Konstantin Kilimnik rejects his depiction in Mueller report. *The Washington Post.*
(35) Mueller Report, Vol. I, 2019, p.138.
(36) Solomon, J. (2019, June 6). Key figure that Mueller report linked to Russia was a State Department intel source. *The Hill.*
(37) Shevchenko, V. (2023, June 25). Yevgeny Prigozhin: From Putin's chef to rebel in chief. *BBC.*
(38) Johnson, L. C. (2019, July 11). Mueller Does Not Have Evidence That the IRA Was Part of Russian Government Meddling. *Sic Semper Tyrannis*; Lazare, D. (2019, July 11). Concord management and the End of Russiagate? *Consortium News*; Another nail in Russiagate coffin? (2021, July 11). *RT News.*
(39) Kremlin.ru. (2018, March 10). Interview to American TV channel NBC. http://www.en.kremlin.ru/events/president/news/57027/videos
(40) Grove, T., Cullison, A., & Pancevski, B. (2023, December 22). How Putin's Right-Hand Man Took Out Prigozhin. *The Wall Street Journal.*
(41) U.S. Department of Justice, Office of Public Affairs. (2018, July 13). *Grand Jury Indicts 12 Russian Intelligence Officers for Hacking Offenses Related to the 2016 Election.* https://www.justice.gov/opa/pr/grand-jury-indicts-12-russian-intelligence-officers-hacking-offenses-related-2016-election
(42) Zengerle, J. (2017, December 18). What (if Anything) Does Carter Page Know? *The New York Times.*
(43) Apuzzo, M., Goldman, A., & Fandos, N. (2018, May 16). Code Name Crossfire Hurricane: The Secret Origins of the Trump Investigation. *The New York Times.*
(44) U.S. House Committee on Intelligence. (2017, November 2). *Testimony of Carter Page.* https://intelligence.house.gov/uploadedfiles/carter_page_hpsci_hearing_transcript_nov_2_2017.pdf
(45) The White House. (2018, February 2). *Nunes Memo.* https://irp.fas.org/congress/2018_cr/nunes-memo.pdf
(46) Mueller Report, Vol. 1, 2019, pp.110-122.
(47) Mueller Report, Vol. 1, 2019, p. 110.
(48) U.S. Senate Committee on the Judiciary. (2017, December 15). *Interview of Robert Goldstone.* https://archive.org/details/Senate-Judiciary-Committee-Trump/2017-12-15-Goldstone-Transcript_redacted/mode/1up?view=theater

The New York Times.

(9) U.S. House Committee on Oversight and Reform. (2019, February 27). *Hearing with Michael Cohen.* https://www.congress.gov/116/chrg/CHRG-116hhrg35230/CHRG-116hhrg35230.pdf

(10) Mueller Report, Vol. 1, 2019, p.130.

(11) Myers, S. L., & Kramer, A. E. (2016, July 31). How Paul Manafort Wielded Power in Ukraine Before Advising Donald Trump. *The New York Times.*

(12) Harding, L., & and Collyns, D. (2018, November 27). Manafort held secret talks with Assange in Ecuadorian embassy, sources say. *The Guardian.*

(13) Dilanian, K. (2017, March 17). Russians Paid Mike Flynn $45K for Moscow Speech, Documents Show. *NBC News.*

(14) Ignatius, D. (2017, January 12). Why did Obama dawdle on Russia's hacking? *The Washington Post.*

(15) Entous, A., Nakashima, E., & Rucker, P. (2017, February 13). Justice Department warned White House that Flynn could be vulnerable to Russian blackmail, officials say. *The Washington Post.*

(16) Miller, G., Entous, A., & Nakashima, E. (2017, February 9). National security adviser Flynn discussed sanctions with Russian ambassador, despite denials, officials say. *The Washington Post.*

(17) Schmidt, M. (2017, May 17). Comey Memo Says Trump Asked Him to End Flynn Investigation. *The New York Times.*

(18) Dilanian, K. (2017, June 7). Comey to Testify He Assured Trump He Was Not Personally Under Investigation. *NBC News.*

(19) Hoonhout, T. (2020, April 30). Records Show Strzok Intervened when FBI Moved to Close Flynn Investigation Due to Lack of 'Derogatory Information'. *National Review.*

(20) Government's Motion to Dismiss the Criminal Information Against the Defendant Michael T. Flynn. (2020, May 7). https://cdn.cnn.com/cnn/2020/images/05/07/flynn.pdf

(21) Moreno, J. E. (2020, May 7). Pelosi slams move to drop Flynn case: 'Barr's politicization of justice knows no bounds'. *The Hill.*

(22) Director of National Intelligence. (2020, May 29). *Flynn Transcripts.* https://d3i6fh83elv35t.cloudfront.net/static/2020/05/FlynnTranscripts.pdf

(23) Mueller Report, Vol. 1, 2019, pp. 195-197.

(24) Stone, P., & Gordon, G. (2018, April 13). Sources: Mueller has evidence Cohen was in Prague in 2016, confirming part of dossier. *McClatchy DC Bureau.*

(25) Gray, R. (2017, January 10). Michael Cohen: 'It Is Fake News Meant to Malign Mr. Trump.' *The Atlantic.*

(26) Mueller Report, Vol. 1, 2019, p.139.

(27) Rothfeld, M., & Palazzolo, J. (2018, January 12). Trump Lawyer Arranged $130,000 Payment for Adult-Film Star's Silence. *The Wall Street Journal.*

(28) In Touch. (2018, January 17). 'In Touch' Explosive Interview With Stormy Daniels: Donald Trump Cheated on Melania With Me.

(29) Palazzolo, J., Rothfeld, M., & Alpert, L. (2016, November 4). National Enquirer Shielded Donald

'completely frivolous' Clinton suit. *Politico*

(72) Kalmbacher, C. (2024, February 1). 'No reasonable grounds for bringing a claim': UK High Court tosses Trump data privacy lawsuit over sexually 'perverted' and urine-themed allegations in Steele dossier. *Law & Crime*.

(73) Neutral Citation Number: [2024] EWHC 173 (KB).
https://www.courthousenews.com/wp-content/uploads/2024/02/uk-judge-trump-orbis-steele-dossier.pdf

(74) Gerstein, J. (2021, November 17). Russian entrepreneur drops suit against BuzzFeed over Steele dossier. *Politico*.

(75) Croft, J., & Seddon, M. (2020, July 9). Russian oligarchs win case over 'Trump dossier' ties to Putin. *Financial Times*.

(76) Scarborough, R. (2017, April 25). Ex-spy admits anti-Trump dossier unverified, blames BuzzFeed for publishing. *The Washington Times*; Scarborough, R. (2017, December 20). Faced with libel lawsuit, dossier drafter Christopher Steele hedges on linking Trump to Russia. *The Washington Times*; McCarthy, A. (2018, February 10). Grassley-Graham Memo Affirms Nunes Memo — Media Yawns. *National Review*.

(77) Harding, L. (2017). *Collusion: How Russia Helped Donald Trump Win*. Penguin Random House. 邦訳は『共謀』高取芳彦・米津篤八・井上大剛訳、集英社、2018年。

(78) Mosk, M., Bruggeman, L., & Donovan, C. (2021, October 18). Out of the Shadows: Christopher Steele defiant on dossier, says Trump still 'potential' threat. *ABC News*.

第7章

(1) Mueller Report, Vol. 2, 2019, p78.

(2) U.S. Department of Justice, Office of Public Affairs. (2022, November 18). *Appointment of a Special Counsel*.
https://www.justice.gov/opa/pr/appointment-special-counsel

(3) Goldman, A., & Schmidt, M. S. (2018, September 21). Rod Rosenstein Suggested Secretly Recording Trump and Discussed 25th Amendment. *The New York Times*.

(4) Segers, G. (2019, February 17). What Andrew McCabe told "60 Minutes" about Trump and the 25th Amendment. *CBS News*.

(5) 原文は以下の通り。(I)f we had confidence after a thorough investigation of the facts that the President clearly did not commit obstruction of justice, we would so state. Based on the facts and the applicable legal standards, we are unable to reach that judgement. Accordingly, while this report does not conclude that the president committed a crime, it also does not exonerate him. (Mueller Report, Vol. 2, 2019, p. 8.)

(6) Reilly, K. (2019, April 18). Read Attorney General William Barr's Full Remarks Ahead of the Mueller Report Release. *Time*.

(7) Mueller Report, Vol. 2, 2019, p. 3.

(8) Schmidt, M. (2017, May 16). Comey Memo Says Trump Asked Him to End Flynn Investigation.

affidavit.pdf
(56) Declaration of Olga Aleksandrovna Galkina. (2021, June 8); Scarborough, R. (2021, November 11). Russian journalist's affidavit denies involvement in Steele dossier. *The Washington Times*.
(57) Bertrand, N. (2021, November 17). Fusion GPS testimony brings businessman Sergei Millian back into the spotlight. *Business Insider*; Corn, D. (2017, January 19). Investigators on the Trump-Russia Beat Should Talk to This Man. *Mother Jones*; Maremont, M. (2017, January 24). Key Claims in Trump Dossier Said to Come From Head of Russian-American Business Group. *The Wall Street Journal*.
(58) Cleveland, M. (2020, April 13). Declassified Info: DOJ, FBI Knew Trump Surveillance Was Based On Russian Disinformation. *The Federalist*.
(59) Сергей Миллиан: Дональд Трамп улучшит отношения с Россией // РИА Новости. 13.04.2016 (обновлено: 03.03.2020)
(60) Durham Report, 2023, p. 175.
(61) Horowitz Report, 2019, p. 108.
(62) Belton, C. (2016, November 1). The shadowy Russian émigré touting Trump. *Financial Times*.
(63) Corn, D. (2017, January 19). Investigators on the Trump-Russia Beat Should Talk to This Man. *Mother Jones*.
(64) Maremont, M. (2017, January 24). Key Claims in Trump Dossier Said to Come From Head of Russian-American Business Group. *The Wall Street Journal*; Ross, B., & Mosk, M. (2017, January 31). US-Russia Businessman Said to Be Source of Key Trump Dossier Claims. *ABC News*.
(65) Helderman, R. S., & Hamburger, T. (2017, March 29). Who is 'Source D'? The man said to be behind the Trump-Russia dossier's most salacious claim. *The Washington Post*; Helderman. R. S., & Hamburger, T. (2019. February 8). Sergei Millian, identified as an unwitting source for the Steele dossier, sought proximity to Trump's world in 2016. *The Washington Post*.
(66) Paul Farhi, P. (2021, November 12). The Washington Post corrects, removes parts of two stories regarding the Steele dossier. *The Washington Post*.
(67) U.S. House Committee on the Judiciary, joint with the Committee on Government Reform and Oversight. (2018, October 19). *Interview of Nellie Ohr*. https://www.judicialwatch.org/wp-content/uploads/2019/08/Nellie-Ohr-testimony-Judiciary-Committee-October-2018.pdf
(68) Jerry Dunleavy, J. (2021, January 23). Declassified FBI notes show Steele claimed Fiona Hill knew about dossier source. *Washington Examiner*.
(69) Case No. Donald J. Trump, v. Hillary R. Clinton, et al. (2022, March 24). Complaint for Damages and Demand for Trial by Jury. https://www.courthousenews.com/wp-content/uploads/2022/03/trump-v-clinton-complaint-usdc-florida.pdf
(70) Gerstein, J., & Cheney, K. (2022, November 10). Judge slaps sanctions on Trump lawyers for 'frivolous' Clinton lawsuit. *Politico*.
(71) Cheney, K., & Gerstein, J. (2023, January 19). Judge sanctions Trump, Habba nearly $1 million for

(38) Corn, D. (2016, October 31). A Veteran Spy Has Given the FBI Information Alleging a Russian Operation to Cultivate Donald Trump. *Mother Jones*.
(39) Dunleavy, J. (2020, December 9). Christopher Steele 'frustrated' his dossier appeared in annex of intelligence report, FBI notes show. *Washington Examiner* 9, 2020.
(40) Lichtblau, E., & Myers, S. L. (2016, October 31). Investigating Donald Trump, F.B.I. Sees No Clear Link to Russia. *The New York Times*.
(41) Perez, E., Sciutto, J., Tapper, J., & Bernstein, C. (2017, January 10). Intel chiefs presented Trump with claims of Russian efforts to compromise him.*CNN*.
(42) Ross, C. (2019, March 14). John McCain Associate Had Contact With A Dozen Reporters Regarding Steele Dossier. *Daily Caller*, Exhibit 2.
https://media.washtimes.com/media/misc/2019/03/16/BOOK_Kramer_trans..pdf
(43) Goldman, A., & Savage, C. (2020, July 25). The F.B.I. Pledged to Keep a Source Anonymous. Trump Allies Aided His Unmasking. *The New York Times*.
(44) Danchenko, I., & Gaddy, C. (2006, March 30). *The Mystery of Vladimir Putin's Dissertation*. Brookings Institution, Foreign Policy Program panel. https://www.brookings.edu/wp-content/uploads/2012/09/Putin-Dissertation-Event-remarks-with-slides.pdf
(45) U.S. Department of Justice, Office of Legislative Affairs. (2020, July 17). *FBI February 9, 2017 Electronic Communication*. https://www.judiciary.senate.gov/imo/media/doc/February%209,%202017%20Electronic%20Communication.pdf
(46) Singman, B., & Gibson, J. (2022, October 12). Igor Danchenko trial: Durham hammers FBI over lack of corroboration of Steele dossier used for FISA warrant. *Fox News*.
(47) Department of Justice. (2021, November 3). *Igor Danchenko Indictment*.
https://www.justice.gov/sco/press-release/file/1446386/download
(48) Durham Report, 2023, p. 129.
(49) Hosenball, M. (2017, November 2). Ex-British spy paid $168,000 for Trump dossier, U.S. firm discloses. *Reuters*.
(50) Durham Report, 2023, p. 129.
(51) Stanley-Becker, I. (2021, November 6). A spin doctor with ties to Russia allegedly fed the Steele dossier before fighting to discredit it. *The Washington Post*.
(52) Durham Report, 2023, pp. 144-148.
(53) Inside the Kremlin' Business Trip Members Believe Russia Great for Investments. (2016, October 5). *Sputnik International*.
(54) Cullison, A., & Gauthier-Villars, D. (2020, October 28). Russian in Cyprus Was Behind Key Parts of Discredited Dossier on Trump. *The Wall Street Journal*.
(55) Kessler, G. (2021, November 17). Analysis - The Steele dossier: A guide to the latest allegations. *The Washington Post*; Cohen, M. (2021, November 19). "The Steele dossier: A reckoning." *CNN*; Cullison, A., & Gauthier-Villars, D. (2020, October 28). Russian in Cyprus Was Behind Key Parts of Discredited Dossier on Trump. *The Wall Street Journal*; Declaration of Olga Aleksandrovna Galkina. (2021, June 8). https://media.washtimes.com/media/misc/2021/11/11/Galkina_

(18) Hosenball, M. (2017, November 2). Ex-British spy paid $168, 000 for Trump dossier, U.S. firm discloses. *Reuters*.
(19) Bedard, P. (2022, March 30). Scoop: FEC fines DNC and Clinton for Trump dossier hoax. *Washington Examiner*.
(20) 前掲注 (17)
(21) Colvin, J. (2022, March 31). DNC, Clinton campaign agree to Steele dossier funding fine. *AP*.
(22) U.S. House Committee on Intelligence. (2017, December 21). *Interview of Jake Sullivan*. https://intelligence.house.gov/uploadedfiles/jake_sullivan_testimony_dec_21_2017.pdf
(23) U.S. House Committee on Intelligence. (2017, November 14). *Interview of Glenn Simpson*. https://intelligence.house.gov/uploadedfiles/jake_sullivan_testimony_dec_21_2017.pdf
(24) FBI paid dossier author Christopher Steele, heavily redacted documents show. (2018, August 3). *RT News*.
(25) David Corn, D. (2016, October 31). A Veteran Spy Has Given the FBI Information Alleging a Russian Operation to Cultivate Donald Trump. *Mother Jones*.
(26) *RT News*. (2018, August 3).
(27) Durham Report, 2023, p. 118.
(28) John Solomon, J. (2019, January 16). FISA shocker: DOJ official warned Steele dossier was connected to Clinton, might be biased. *The Hill*.
(29) Transcript: Michael Morell, Fran Townsend, Victoria Nuland on "Face the Nation." (2018, February 4). *CBS News*. https://www.cbsnews.com/news/transcript-michael-morell-fran-townsend-victoria-nuland-on-face-the-nation-feb-4-2018/
(30) Winer, J. M. (2018, February 8). Devin Nunes is investigating me. Here's the truth. *The Washington Post*.
(31) CU FOIA Document Release – Kavalec Memo & Related Records. https://www.scribd.com/document/409446360/CU-FOIA-Document-Release-Kavalec-Memo-Related-Records
(32) Solomon, J. (2019, May 16). Steele's stunning pre-FISA confession: Informant needed Trump dirt before election. *The Hill*; Ross, C. (2019, May 16). Steele Identified Russian Dossier Sources, Notes Reveal. *Daily Caller*.
(33) Steele Additional Filing in London Action. https://ja.scribd.com/document/368706403/Steele-Additional-Filing-in-London-Action
(34) Ross, C. (2019, March 14). John McCain Associate Had Contact With A Dozen Reporters Regarding Steele Dossier. *Daily Caller*.
(35) U.S. House Committee on Intelligence. (2017, November 14). *Interview of Glenn Simpson*. (Transcripts were released January 18, 2018)
(36) 前掲注 (33)
(37) Isikoff, M. (2016, September 24). U.S. intel officials probe ties between Trump adviser and Kremlin. *Yahoo News*.

Ties To Russia. *BuzzFeed News*.
https://www.buzzfeednews.com/article/kenbensinger/these-reports-allege-trump-has-deep-ties-to-russia

(2) Hope, B., Rothfeld, M., & Cullison, A. (2017, January 11). Christopher Steel, Ex-British Intelligence Officer, Said to Have Prepared Dossier on Trump. *The Wall Street Journal.*

(3) 原文は以下の通り。“Further evidence of extensive conspiracy between TRUMP's campaign team and Kremlin, sanctioned at highest levels and involving Russian diplomatic staff based in the US.”

(4) Mayer, J. (2018, March 5). Christopher Steele, the Man Behind the Trump Dossier. *The New Yorker*.

(5) Macfarlane, J. (2019, December 9). Dossier' author Chris Steele met Ivanka Trump years before Russia scandal, source says. *ABC News*; Szalai, J. (2019, December 10). Crime in Progress' Tells the Story Behind the Steele Dossier. *The New York Times*.

(6) Burleigh, N. (2019, December 18). Fusion GPS' Glenn Simpson on the Steele Dossier. *Newsweek*.

(7) Vogel, K. (2017, October 25). The Trump Dossier: What We Know and Who Paid for It. *The New York Times*; NPR. (2019, November 26). Fusion GPS Founders On Russian Efforts To Sow Discord: 'They Have Succeeded' ; Vogel, K., & Haberman, M. (2017, October 27). Conservative Website First Funded Anti-Trump Research by Firm That Later Produced Dossier. *The New York Times*.

(8) U.S. House Committee on Intelligence. (2017, November 14). *Interview of Glenn Simpson*.

(9) Transcripts, *CNN*, Aired November 3, 2017.
https://transcripts.cnn.com/show/acd/date/2017-11-03/segment/01

(10) U.S. House Committee on Intelligence. (2017, December 13). *Interview Transcript of Marc Elias*; Schorr, I. (2022, May 20). Ex-Clinton Campaign Manager Robby Mook Headlines Busy Day in Sussmann Trial. *National Review*.

(11) Dunleavy, J. (2020, May 11). Clinton campaign knew about Fusion GPS plan to have Christopher Steele brief reporters about dossier. *Washington Examiner*; Schorr, I. (2022, May 20). Ex-Clinton Campaign Manager Robby Mook Headlines Busy Day in Sussmann Trial. *National Review*.

(12) Dunleavy, J. (2022, May 18). Marc Elias grilled on role in pushing Russia collusion claims at Durham trial. *Washington Examiner*.

(13) U.S. House Committee on Intelligence. (2017, December 21). *Interview of Jake Sullivan*.

(14) 前掲注 (7) Vogel, K. (2017, October 25).

(15) DNC, Clinton campaign paid for research that resulted in Trump dossier: Report. (2017, October 25). *CBS News*.

(16) U.S. House Committee on Intelligence. *Interview of Handling Agent-I on Dec. 20, 2017.*
https://www.dni.gov/files/HPSCI_Transcripts/2020-05-04-FBI_Special_Agent-MTR_Redacted.pdf; Horowitz Report, 2019, pp. 93-94.; Hosenball, M. (2019, July 9). Trump 'dossier' author grilled by Justice Department watchdogs: sources. *Reuters*.

(17) Entous, A., Barrett, D., & Helderman, R. S. (2017, October 24). Clinton campaign, DNC paid for research that led to Russia dossier. *The Washington Post*.

Sen. Lindsay Graham; Singman, Brooke. (2020, October 6). DNI declassifies Brennan notes, CIA memo on Hillary Clinton 'stirring up' scandal between Trump, Russia. *Fox News*.
(21) Durham Report, 2023, p.83.

第5章

(1) ICA Report, 2017.
(2) U.S. House Committee on Intelligence. (2018, March 22). *Report on Russian Active Measures*.
(3) Miller, G. (2018). *The Apprentice: Trump, Russia and the Subversion of American Democracy*. Custom House.
(4) 2020-06-10 ODNI to CEG, RJ - ICA Annex.pdf
(5) U.S. Senate Select Committee on Intelligence. (2017, June 8). *James B. Comey, "Statement for the Record."*
(6) Ex-FBI Director James Comey's memos.
https://www.documentcloud.org/documents/4442900-Ex-FBI-Director-James-Comey-s-memos.html
(7) ICA Report, 2017, Annex B, p. 13.
(8) ICA Report, 2017, p.1. この部分の原文は以下の通り。"We also assess Putin and the Russian Government aspired to help President-elect Trump'selection chances when possible by discrediting Secretary Clinton and publicly contrasting her unfavorably to him. All three agencies agree with this judgment. CIA and FBI have high confidence in this judgment; NSA has moderate confidence."
(9) Shaw, A. (2017, May 9). NSA chief explains 'discrepancy' over claim that Russia sought to boost Trump. *Fox News*.
(10) Brennan, J. (2020). *Undaunted: My Fight Against America's Enemies At Home and Abroad*. Celadon Books.
(11) Barnes, J. E. (2020, October 1). Brennan Rebuffed Requests to Lower Confidence in Key Russia Finding. *The New York Times*.
(12) U.S. House Committee on Intelligence. (2018, March 22). *Report on Russian Active Measures*.
(13) U.S. Senate Committee on Intelligence. (2020, April 21). *Review of the Intelligence Community Assessment*.
(14) Sperry, P. (2018, May 15). Two Colleagues Contradict Brennan's Denial of Reliance on Dossier. *RealClearInvestigations*.
(15) Matlock, J. (2018, July 3). Former US Envoy to Moscow Calls Intelligence Report on Alleged Russian Interference 'Politically Motivated'. *Consortiumnews.com*.
(16) Ranker 1Q 2015.
https://www.scribd.com/document/260519819/Ranker-1Q-2015

第6章

(1) Bensinger, K., Elder, M., & Schoofs, M. (2017, January 11). These Reports Allege Trump Has Deep

And Wallet. *BuzzFeed News*.
(53) 前掲注 (49)

第4章

(1) Benner, K. & Goldman, A. (2019, October 24). Justice Dept. Is Said to Open Criminal Inquiry Into Its Own Russia Investigation. *The New York Times*; Mate, A. (2019, November 15). The Brennan Dossier: All About a Prime Mover of Russiagate. *RealClearInvestigations*.
(2) Former CIA chief Brennan had concerns about Russian contacts with Trump campaign. (2017, May 24). *ABC News*.
(3) Apuzzo, M., Goldman, A., & Fandos, N. (2018, May 16). Code Name Crossfire Hurricane: The Secret Origins of the Trump Investigation. *The New York Times*.
(4) U.S. House Permanent Select Committee on Intelligence. (2018, March 22). *Report on Active Russian Measures,* p. 47.
https://archive.org/details/Russian-Active-Measures-House-Intel-2018/HRPT-115-1/mode/2up
(5) Miller, G., Nakashima, E., & Entous, A. (2017, June 23). Obama's secret struggle to punish Russia for Putin's election assault. *The Washington Post*.
(6) 前掲注 (5)
(7) Harding, L. (2017, November 15). How Trump walked into Putin's web. *The Guardian*.
(8) Cleveland, M. (2019, October 25). All The Russia Collusion Clues Are Beginning To Point Back To John Brennan. *The Federalist*.
(9) Sciutto, J. (2019, September 9). Exclusive: US extracted top spy from inside Russia in 2017. *CNN*.
(10) Barnes, J. E., Goldman, A., & Sanger, D. E. (2019, September 10). C.I.A. Informant Extracted From Russia Had Sent Secrets to U.S. for Decades. *The New York Times*; Harris, S. & Nakashima, E. (2019, September 10). US Got Key Asset Out Of Russia After Election Hacking. *The Washington Post*.
(11) Елена Чурненко Е, Николай Сергеев, Н. Проживший без вести // Коммерсантъ 10.09.2019.
(12) 前掲注 (10) Barnes, J. E. et al. (2019, September 10) .
(13) Чурненко Е., Сергеев, Н. // Коммерсантъ 10.09.2019.
(14) Песков подтвердил, что ранее Смоленков работал в администрации президента, но был уволен // ТАСС. 10.09.2019.
(15) Sciutto, J. (2019, September 9). Exclusive: US extracted top spy from inside Russia in 2017. *CNN*.
(16) 前掲注 (10)
(17) Arkin, W. M., Dilanian, K., & McFadden, C. (2016, December 15). U.S. Officials: Putin Personally Involved in U.S. Election Hack. *NBC News*.
(18) Miller, G., Nakashima, E., & Entous, A. (2017, June 23). Obama's secret struggle to punish Russia for Putin's election assault. *The Washington Post*.
(19) Athey, A. (2019, September 19). Secretary of State Mike Pompeo Slams CNN Reporting On CIA Asset. *Daily Caller*.
(20) U.S. Senate Committee on the Judiciary. (2020, September 29). *Letter from John Ratcliffe, DNI, to*

(31) 前掲注 (10)

(32) SSIC Report, Vol. 5, 2020, p.488.

(33) Nunes: If Joseph Mifsud is a Russian agent, it would be one of the biggest intelligence scandals. (2019, May 3). *Fox News*.

(34) Helderman, R. S., Harris, S., & Nakashima, E. (2019, June 30). The enigma of the entire Mueller probe: Focus on origins of Russian investigation puts spotlight on Maltese professor. *The Washington Post*.

(35) Hains, T. (2019, May 5). Nunes: Mueller Report "Cherry-Picked" Information To Portray Mifsud As Russian Agent, He Was Really A Western Agent. *RealClear Politics*.

(36) 前掲注 (34)

(37) Scarborough, R. (2019, October 20). Joseph Mifsud identity called Trump-Russia probe origin key. *The Washington Times*.

(38) 前掲注 (34)

(39) Horowitz Report, 2019, p. 312.

(40) Chaitin, D. & Dunleavy, J. (2019, October 24). Italian prime minister distances intelligence services from Clinton 'dirt' tipster Joseph Mifsud. *Washington Examiner*.

(41) Госдума встретила аплодисментами новость о победе Трампа // РИА Новости. 09.11.2016. (2016年11月9日)

(42) Comcy, J. (2019, May 28). James Comey: No 'treason.' No coup. Just lies — and dumb lies at that. *The Washington Post*.

(43) The full transcript of former special counsel Robert Mueller's testimony in front of the House Judiciary Committee and the House Intelligence Committee, delivered July 24, 2019. *NBC News*. https://www.nbcnews.com/politics/congress/full-transcript-robert-mueller-house-committee-testimony-n1033216

(44) Dunleavy, J. (2020, September 3). FBI notes reveal mysterious Maltese professor Joseph Mifsud's false denials to agents — for which he was never charged. *BuzzFeed News*.

(45) Solomon, J. (2018, August 29). What professor really told FBI about Trump, Russia and Papadopoulos. *The Hill*.

(46) Adam, K., Krohn, J., & Witte, G. (2017, October 31). Professor at center of Russia disclosures claimed to have met with Putin. *The Washington Post*.

(47) Brera, P. G. (2017, November 1). Il prof dei contatti russi-Trump: "È vero, ho fatto da mediatore ma sono clintoniano e di sinistra." *la Repubblica*.

(48) Mendick, R., Luhn, A., & Riley-Smith, B. (2017, October 31). Revealed: London professor at centre of Trump-Russia collusion inquiry says: 'I have clear conscience. *The Daily Telegraph*.

(49) Vagnoni, G. & Amante, A. (2019, October 9). The missing Maltese academic at the heart of Washington intrigue. *Reuters*.

(50) 前掲注 (34)

(51) Capone, L. (2019, April 18). Missing Mifsud was hidden in Rome. *Il Foglio*.

(52) Nardelli, A. & Grozev, C. (2019, December 5). The Curious Case Of Joseph Mifsud's Lost Passport

George Papadopoulos sat down with Australian diplomat Alexander Downer. *ABC News*. なお、ジ・オーストラリアン紙の報道は2018年4月28日付だが、見出しなどは掌握できなかった。

(10) Bevan, M. & Jones, R. (2019, May 24). The drink that started the Mueller investigation: George Papadopoulos and Alexander Downer tell us everything. *ABC News*.

(11) Vaughn, E. (2019, May 10). Sky News Interviews Australian Diplomat Alexander Downer; Raises New Questions. *RedState*.

(12) Di Stefano, M. (2019, April 18). Australia Says It's 'Ready To Confirm' A Key Meeting That Led to the Investigation Into Trump's Russia Links. *BuzzFeed News*.

(13) Special Counsel Durham, J. H. (2023, May 12). *Report on Matters Related to Intelligence Activities and Investigations Arising Out of the 2016 Presidential Campaigns,* p.52. 以下、Durham Report, 2023と表記。

(14) Durham Report, 2023, p. 59.

(15) Strassel, K. (2018, May 31). The Curious Case of Mr. Downer. *The Wall Street Journal*.

(16) Turnbull, M. (2020). *A Bigger Picture*. Hardie Grant Publishing.

(17) Crowe, D. (2020, April 18). Downer raised Russia concerns at US embassy without government approval. *The Sydney Morning Herald*.

(18) 前掲注 (10)

(19) Papadopulos, G. (2019). *Deep State Target: How I Got Caught in the Crosshairs of the Plot to Bring Down President Trump*. Diversion Books.

(20) U.S. Senate Select Committee on Intelligence. (2020, August 18). *Russian Active Measures Campaigns and Interference in the 2016 US Election, Volume 5: Couterintelligence and Vulnerabilities*, pp. 10-11. 以下、SSCI Report, Vol. 5, 2020と表記。

(21) 'This Week' Transcript 9-9-18: George Papadopoulos. (2018, September 9). *ABC News*.

(22) Transcript. (2018, September 9). *ABC News*.

(23) Office of the Inspector General, U.S. Department of Justice. (2019, December). *Review of Four FISA Applications and other Aspects of the FBI's Crossfire Hurricane Investigation*, p.51. 以下、Horowitz Report, 2019と表記。

(24) Papadopoulos, G. (2019, April 17). The Russia Probe Started With the Spies Who Marked Me. *The Wall Street Journal*.

(25) SSCI Report, Vol. 5, 2020, pp.497- 500.

(26) Excerpts From the New York Times Interview With George Papadopoulos. (2018, September 7). *The New York Times*.

(27) SSCI Report Vol. 5, 2020, pp.497-500.

(28) SSCI Report Vol. 5, 2020, pp.497-500.

(29) SSIC Report, Vol.5, 2020, p.489.

(30) SSIC Report, Vol.5, 2020, p.488; U.S. House Committee on the Judiciary, joint with the committee on Government Reform and Oversight. (2018, October 25). *Transcript of the Interview with George Papadopoulos*, pp. 41-42.

Sarah G. Wilton, Intelligence Officer, DIA (ret.); Commander, US Naval Reserve (ret.)
Ann Wright, U.S. Army Reserve Colonel (ret) and former U.S. Diplomat

(8) Lawrence, P. (2017, August 9). A New Report Raises Questions About Last Year's DNC Hack, Former NSA experts say it wasn't a hack at all, but a leak –an inside job by someone with access to the DNC's system. *The Nation*; Lawrence, P. (2018, August 13). 'Too Big to Fail': Russiagate One Year After VIPS Showed a Leak, Not a Hack. *Consortiumnews.com*; Exposing the Russian Hacking Fraud by Publius Tacitus. (2018, June 25). *Sic Semper Tyrannis*; Binney, W. and Johnson, L. (2019, February 13). Why the DNC was not Hacked by the Russians. *Sic Semper Tyrannis*; McGovern, R. (2019, May 3). Orwellian Cloud Hovers Over Russia-gate. *Consoriumnews.com*; Johnson, L. (2019, October 2). My Whistleblower Complaint on the Alleged Russian Hack. *Sic Semper Tyrannis*.

(9) McGovern, R. (2018, June 7). Still Waiting for Evidence of a Russian Hack. *Consortiumnews.com*.
マクガバンは元米陸軍情報将校、元CIA分析官。

(10) Seitz, A (2019, September 27). FBI reviewed cybersecurity firm's evidence in 2016 DNC election hack. *AP*.

(11) Kuzmenko, P. & Cobus, P. (2017, March 21). Cyber Firm at Center of Russian Hacking Charges Misread Data. *Voice of America*.

第3章

(1) Transcripts, aired July 29, 2016 – 21:00 ET, *CNN*; York, B. (2019, May 29). Retrospective: Mueller and the fatal flaw of the Trump-Russia affair. *Washington Examiner*.

(2) U.S. Department of Justice, Office of the Inspector General. (2019, December). *Review of Four FISA Applications and Other Aspects of the FBI's Crossfire Hurricane Investigation,* p. 52.
https://oig.justice.gov/reports/2019/o20012.pdf
以下、Horowitz Report, 2019と表記。

(3) LaFraniere, S., Mazzetti, M. & Appuzzo, M. (2017, December 30). How the Russia Inquiry Began: A Campaign Aide, Drinks and Talk of Political Dirt. *The New York Times*.

(4) Mueller Report, Vol. 1, 2019, p. 82.

(5) Republican campaign advisor George Papadopoulos: Sanctions have done little more than to turn Russia towards China. (2016, September 30). *Interfax*.

(6) Mueller Report, Vol. 1, 2019, pp. 82-83.

(7) Cohen, N. (2018, January 20). Why has Britain given such a warm welcome to this shadowy professor? *The Guardian*; Sweeney J. and Bowen, I. (2018, Marchi 21). Joseph Mifsud: The mystery professor behind Trump Russia inquiry. *BBC*; Dunleavy, J. (2020, September 2). FBI notes reveal mysterious Maltese professor Joseph Mifsud's false denials to agents — for which he was never charged. *Washington Examiner*; CV Speakers. https://www.europarl.europa.eu/meetdocs/2009_2014/documents/empa/dv/emuni20100223_04_/emuni20100223_04_en.pdf

(8) Mueller Report, Vol. 1, pp. 81-95.

(9) Probyn, A. & Doran, M. (2018, September 22). What happened when Trump campaign aide

引用注

第2章

(1) Nakashima, E. (2016, June 14). Russian government hackers penetrated DNC, stole opposition research on Trump. *The Washington Post.*

(2) Alperovitch, D. (2016, June 15). Bears in the Midst: Intrusion into the Democratic National Committee. CrowdStrike. https://www.crowdstrike.com/blog/bears-midst-intrusion-democratic-national-committee/

(3) Office of the Director of National Intelligence. (2017, January 6). *Assessing Russian Activities and Intentions in Recent US Elections, Intelligence Community Assessment.*
https://www.dni.gov/files/documents/ICA_2017_01.pdf
以下、ICA Report, 2017と表記。

(4) Special Counsel Mueller, R. S. (2019, March). *Report On The Investigation Into Russian Interference In The 2016 Presidential Election, Volume I and II.* https://www.justice.gov/archives/sco/file/1373816/dl
以下、Mueller Report, 2019と表記。

(5) Here's What We Know About Russia and the DNC Hack. (2016, July 27). *Wired.*

(6) DNC's Servers Hacked by a Lone Hacker. (2016, June 15). *Guccifer 2.0.*
https://guccifer2.wordpress.com/2016/06/15/dnc/

(7) Intel Vets Challenge 'Russia Hack' Evidence. (2017, July 24). *Consortium News.*
VIPSがトランプ大統領に送付した文書の題はWas the "Russian Hack" an Inside Job?
この文書に署名したVIPSのメンバーの名前と地位は以下の通り。
William Binney, former NSA Technical Director for World Geopolitical & Military Analysis, Co-founder of NSA's Signals Intelligence Automation Research Center
Skip Folden, independent analyst, retired IBM Program Manager for Information Technology US (Associate VIPS)
Larry C Johnson, CIA & State Department (ret.)
Michael S. Kearns, Air Force Intelligence Officer (Ret.), Master SERE Resistance to Interrogation Instructor
John Kiriakou, Former CIA Counterterrorism Officer and former Senior Investigator, Senate Foreign Relations Committee
Linda Lewis, WMD preparedness policy analyst, USDA (ret.)
Edward Loomis, Jr., former NSA Technical Director for the Office of Signals Processing
David MacMichael, National Intelligence Council (ret.)
Ray McGovern, former U.S. Army Infantry / Intelligence officer and CIA analyst
Elizabeth Murray, former Deputy National Intelligence Officer for Middle East, CIA
Kirk Wiebe, former Senior Analyst, SIGINT Automation Research Center, NSA

小田 健（おだ・たけし）
ジャーナリスト
1949年北海道生まれ。1973年東京外国語大学ロシア語学科卒，同年日本経済新聞社入社，整理部，社会部，外報部，経済部などを経て，1987-91年モスクワ支局長，1992-96年欧州総局次長，1998-2009年論説委員。2012-16年国際教養大学客員教授。
著書に『ロシア近現代と国際関係：歴史を学び，政治を読み解く』（2017年，ミネルヴァ書房），『現代ロシアの深層：揺れ動く政治・経済・外交』（2010年，日本経済新聞出版）。共訳書に『共産主義の興亡』（2012年，中央公論新社）。

ロシアゲートの闇――現代米国の情報戦を読み解く

2024年12月12日　1版1刷

著　者　小田健

発行者　中川ヒロミ
発　行　株式会社日経BP
日本経済新聞出版
発　売　株式会社日経BPマーケティング
〒105-8308　東京都港区虎ノ門4-3-12
装　幀　野網雄太（野網デザイン事務所）
本文DTP　マーリンクレイン
印刷・製本　三松堂株式会社

ISBN978-4-296-12164-9　Printed in Japan